W0060927

Wo Frauen nichts wert sind

Maria von Welser

Wo Frauen nichts wert sind

Vom weltweiten Terror gegen Mädchen und Frauen

LUDWiG

Verlagsgruppe Random House FSC® N001967
Das für dieses Buch verwendete
FSC®-zertifizierte Papier *EOS*
liefert Salzer Papier, St. Pölten, Austria.

Copyright © 2014 by Ludwig Verlag, München,
in der Verlagsgruppe Random House GmbH
Lektorat: Ellen Venzmer
Redaktion: Ruth Wiebusch, Textbüro Ruth Wiebusch
Umschlaggestaltung: Hauptmann & Kompanie, Zürich
Satz: Leingärtner, Nabburg
Druck und Bindung: Pustet, Regensburg
Printed in Germany 2014
ISBN: 978-3-453-28060-1

www.Ludwig-Verlag.de

INHALT

BUCH 2 – INDIEN

Abgetrieben, zwangsverheiratet, geschlagen und vergewaltigt

BUCH 3 – KONGO

Die Zerstörung der Frauen ist die Waffe dieser Kriege

BUCH 4 – GENITALVERSTÜMMELUNG

Täglich werden in der ganzen Welt tausende Mädchen und Frauen verstümmelt

BUCH 5 – BOSNIEN

Am Ende wünschst du dir nur noch den Tod

GEDANKEN ZUM SCHLUSS

Warum sind Kriege männlich?

EPILOG

Aufruf zu Demonstration, Streik, Verweigerung:

PRÄLUDIUM – WARUM DIESES BUCH?

Wenn Sie dieses Buch in Händen halten, werden Sie sich vielleicht fragen: warum dieses ganze Grauen und Leiden der Welt auch noch in Buchform und komprimiert lesen? Ich möchte Ihnen das gleich zu Beginn beantworten: damit niemand je sagen kann, er habe es nicht gewusst. Damit es einmal aufgeschrieben ist, damit die Millionen leidenden Mädchen und Frauen eine Stimme erhalten.

Während ich diese Zeilen schreibe, geht in London eine wichtige Konferenz zu Ende:»End Sexual Violence in Conflict«:»Beenden wir die sexuelle Gewalt in Kriegen«. Die Schauspielerin Angelina Jolie hat sich dort zur Sprecherin all jener Frauen gemacht, die im Zuge von Kriegen unter Gewalttaten leiden.

Aber nicht nur in Kriegen sind Frauen unsäglicher Gewalt ausgesetzt. Bis heute werden täglich tausende überall auf der Welt vergewaltigt und gefoltert. Sie werden verbrannt und gesteinigt. Ihre Genitalien werden verstümmelt, ihre weiblichen Föten abgetrieben oder ihre Töchter bei der Geburt ausgesetzt. Sie erleiden Grausamkeiten, denen sie schutzlos ausgeliefert sind. Und das nur, weil sie weiblich sind. Tagtäglich sterben mehr Mädchen und Frauen an den Folgen geschlechtsspezifischer Diskriminierung und Gewalt als an anderen Menschenrechtsverletzungen. Das beklagt Jahr für Jahr auch Amnesty International in seinen Berichten.

Doch wer liest die?

Wir sehen und hören in den Medien von Kämpfen in Syrien, von Angriffen der pro-russischen Separatisten in der Ost-Ukraine, von den Dschihadisten im Irak. Wir erfahren vom millionenfachen Hunger im Sudan und von der Entführung von mehr als 200 Schulmädchen in Nigeria. Aber wenig von der weltweiten Gewalt gegen Frauen. Auch darum dieses Buch.

Gewalt gegen Frauen dient deren Einschüchterung, ihrer Verunsicherung. Sie findet überall auf der Welt statt, ausgeübt von Männern. Denn die haben die Macht, die sie gebrauchen und missbrauchen. Vor allem in Krisen- und Kriegsgebieten.

Die gefährlichsten Länder für Frauen sind derzeit Afghanistan, Indien, der Ost-Kongo und Pakistan. So zu lesen bei den Vereinten Nationen. Frauen sind dort nichts wert, Männer alles. Mädchen bekommen weniger zu essen, wenn sie überhaupt das Licht der Welt erblicken dürfen. Jungs werden gefüttert, wenn genug da ist, sie werden gestärkt und gefördert. Mädchen dürfen nicht zur Schule gehen, dürfen nicht lesen und schreiben lernen. Väter halten das für eine Fehlinvestition. Die Missachtung beginnt also schon sehr früh, manchmal bereits im Mutterleib. Das ist ungerecht und ein Skandal. Warum sehen wir weg?

Frauen weltweit: Zahlen und Fakten

Frauen leisten 67 Prozent aller Arbeitsstunden.

Frauen verdienen 10 Prozent des Einkommens weltweit.

Frauen besitzen 1 Prozent des weltweiten Haus- und Grundbesitzes.

Frauen leisten für rund 16 Milliarden Dollar unbezahlte Arbeit.

Frauen erhalten 30 bis 40 Prozent weniger Lohn als Männer – in den gleichen Jobs.

60 bis 80 Prozent aller Nahrungsmittel werden von Frauen in den Entwicklungsländern produziert.

10 bis 20 Prozent aller Managerjobs sind mit Frauen besetzt.

5 Prozent aller Regierungs- und Staatsführer sind Frauen.

60 Prozent aller Kinder, die nicht zur Schule gehen, sind Mädchen.

67 Prozent der 875 Millionen Analphabeten sind Frauen.

Weil ich nicht wegsehen wollte, habe ich mich auf den Weg in diese Länder gemacht. Es ist eine kluge journalistische Grundregel, nur über das zu schreiben, was man selbst gesehen und mit eigenen Augen und Ohren recherchiert hat.

In Afghanistan sagen 86 Prozent aller Frauen, dass sie große Angst vor dem Abzug der internationalen Truppen haben, vermutlich Ende 2014 oder Anfang 2015. Diese Frauen erhoffen sich kaum eine Verbesserung vom Wahlergebnis im Frühjahr 2014 und dem ersehnten Ende der Ära des Präsidenten Hamid Karzai. Sie fürchten, dass die Taliban mit am Tisch sitzen, wenn die Regierungsprogramme besprochen und die Gelder verteilt werden. Nur sechs Prozent der internationalen Hilfsgelder sollen in Frauen- und Kinderprojekte fließen – das empört die Afghaninnen im ganzen Land. Denn nirgendwo sterben so viele Babys nach der Geburt, überleben so wenige Mütter die Geburt ihres Kindes – im Verhältnis eins zu elf! 87 Prozent der Frauen können immer noch nicht lesen und schreiben, und es wird noch Jahrzehnte dauern, bis sich das ändert. 80 Prozent aller Mädchen werden von ihren Vätern verkauft und verheiratet, oft schon, sobald sie zwölf Jahre alt sind. Jungen und Männer dürfen alles – Mädchen und Frauen müssen zu Hause bleiben und sich züchtig vor Fremden verhüllen. Dazu kommen in Afghanistan Korruption und bittere Armut, Aufstände und Rebellionen im weiten, ländlich geprägten Land.

Die Zukunft? Es gibt sie, die mutigen Frauen, die aufbegehren und Hoffnung haben. Ich habe sie getroffen. Frauen, die sich eben nicht unterordnen wollen und ausgrenzen lassen. Die ihr Land verändern möchten, ihren Kindern die Schule ermöglichen und teilhaben wollen am gesellschaftlichen Leben. Auch sie kommen in diesem Buch zu Wort. Denn sie machen Mut.

Nachdem ich Afghanistan hinter mir gelassen hatte, ging es nach Indien. Hier wird inzwischen offen über die dramatisch wachsende Zahl von Gruppenvergewaltigungen an Mädchen und Frauen gesprochen. Alle 20 Minuten eine Vergewaltigung! Unfassbar. Doch hier wagen es die Frauen endlich, dagegen auf die Straße zu gehen.

Die 23-jährige Studentin Nirbhaya, die eine Massenvergewaltigung nicht überlebte, hat mit ihrem Tod im Land ein »Licht entzündet«, wie die Presse bis heute schreibt. Auch als zwei Dalit-Schwestern, Angehörige der untersten Kaste, erst vergewaltigt und dann an einem Baum aufgehängt wurden, demonstrierten tausende.

Indien ist aber zugleich das Land, in dem unverändert und vor allem im Zeichen des wirtschaftlichen Aufstiegs mehr denn je weibliche Föten abgetrieben werden. Wie in Afghanistan verheiratet man die meisten Mädchen bereits unter 16 Jahren, obwohl es gesetzlich verboten ist. Ein Land, in dem die Witwen ausgesetzt und junge Ehefrauen wegen ihrer Mitgift von der Familie des Ehemannes angezündet und verbrannt werden. Dieser Terror hat einen neuen Begriff hervorgebracht: »dowry burning« – Mitgiftverbrennung. Das sind alles unglaublich grausame Geschichten, die nur möglich sind, weil Frauen auch in dieser größten Demokratie Asiens nichts wert sind.

Indien hat 2014 gewählt. Zum ersten Mal in der noch jungen Demokratie nicht die konservativen Mitglieder der Gandhi-/Nehru-Familie, sondern einen Hindu. Was bedeutet das für ein Volk, in dem mindestens 50 Millionen Frauen durch Abtreibung der weiblichen Föten fehlen? Was wird der neue Präsident Narendra Modi verändern für all diejenigen, die mutig auf die Straßen gegangen sind, um gegen die wachsende Gewalt zu demonstrieren? In einem Land, in dem 100 Millionen Mädchen und Frauen durch das menschenverachtende »trafficking« gehandelt und verkauft werden? In dem die Frau als Ware gilt – und sonst nichts wert ist? Werden die Hindus im Parlament die längst überfälligen Gesetze zum Schutz der Mädchen und Frauen umsetzen? Viele Feministinnen im Lande zweifeln. Denn wieder sitzen vor allem Männer im Parlament.

Meine dritte große Recherchereise führte mich in den Ost-Kongo: nach dem Genozid 1994 und drei weiteren Kriegen in den vergangenen 15 Jahren ein bis heute zerstörtes, vernichtetes Land – und dabei unglaublich reich! Der Kongo besitzt all die Bodenschätze, die die Welt braucht. Aber es fehlt an Infrastruktur, um sie zu gewinnen, und an einem stabilen Markt, um sie zu verkaufen. Das Land versinkt in Korruption. Noch immer ziehen rund 50 marodierende Milizen durch Dörfer, Regenwald und über die Berge. Sie rauben, was sie kriegen können, vergewaltigen Mädchen und Frauen, schlachten die Männer ab. Bis jetzt sind in diesen drei Kriegen 5,4 Millionen Menschen umgekommen. Rund 1 000 Frauen werden bis heute jeden Tag (!) vergewaltigt. Es ist das pure Grauen, in diesem Land als Frau geboren zu werden. Aber auch hier, wie überall: Frauen wehren sich,

Frauen tun sich zusammen, Frauen helfen einander. Und nicht zu vergessen: Sie ernähren ihre Kinder und ihre Familien, oft nur von zwei Dollar am Tag – aber sie schaffen es. Da kann man nur voller Bewunderung staunen.

Meine erste Begegnung mit geplanter Gewalt gegen Frauen habe ich für das *ZDF*-Frauenjournal *ML Mona Lisa* im November 1992 machen müssen. Wir recherchierten und stellten fest, dass Vergewaltigung oft als Kriegswaffe eingesetzt wird. Dass die Zerstörung der Frauen und ihrer Familien befohlen worden ist von den serbischen Militärs. Die zutiefst verstörten und verletzten bosnischen Frauen haben lange geschwiegen. Erst jetzt beginnen sie zu reden – was den Männern im heutigen Bosnien nicht gefällt. In diesem Buch kommen sie ebenfalls zu Wort, über 20 Jahre nach den Dramen im Krieg auf dem Balkan.

Darum will dieses Buch auch uns Frauen Mut machen: Mut zum Aufbegehren, Mut zur Veränderung. Damit das Zerstörerische endet und nichts bleibt, wie es ist. Inzwischen forschen Frauen weltweit zu den Themen Gewalt und Krieg und zur Rolle der Männer, die diese Kriege anzetteln.

Wo sind die weiblichen Konzepte dagegen? Was können die privilegierten Frauen der Industrienationen tun, um zum Beispiel den Frauen in muslimischen Ländern zur Seite zu stehen? 690 000 Unterschriften kamen zusammen, als bei Change.org der grausame Fall einer sudanesischen Frau angeprangert wurde, die den Tod durch den Strang erleiden sollte. Nachdem sie 100 Peitschenhiebe erdulden hat müssen. Nur weil sie als Tochter eines muslimischen Vaters und einer christlichen Mutter einen Christen geheiratet hat. Die Scharia nennt das »Unzucht mit einem Mann«. Für eine Muslima steht darauf die Todesstrafe. Der internationale Protest hat die sudanesischen Richter wohl aufhorchen lassen. Die Ärztin kam frei. Aber nur kurz. Als sie das Land verlassen wollte, hat sie das Militär wieder verhaftet. Doch kurz vor Drucklegung kommt die gute Nachricht: Inzwischen ist sie in den USA.

Das ist aber nur ein einziger von Millionen Fällen.

Frauen werden in so vielen Teilen der Welt zu Opfern, einfach nur weil sie Frauen sind, weil sie der »feindlichen« Ethnie, Religion oder Gesellschaftsschicht angehören. Oder weil sie in die »falsche« Familie eingeheiratet haben und vermeintlich nur ein »Ehrenmord« die Ehre der eigenen Familie wiederherstellen kann. Auch hier gilt es, auf die Taten hinzuweisen, die Botschafter im eigenen Land anzuschreiben, Petitionen an die Regierungen zu richten und im Internet aktiv zu werden. Damit klar und deutlich wird, dass Gewalt gegen Frauen eine Menschenrechtsverletzung ist. Dass die Mehrheit der Bewohner dieser Welt, nämlich wir, die Frauen, dies nicht akzeptiert. Denn immerhin machen wir 52 Prozent der Weltbevölkerung aus!

Über den »Wert« von Frauen

»Wir sind es, die den Wert der Frauen bestimmen, und ebendarum sind sie nichts wert.« Honoré Gabriel de Riqueti, Graf von Mirabeau (1749–1791), hat das so drastisch ausgedrückt. Der französische Politiker, Mitkämpfer der Französischen Revolution und zugleich Essayist war dabei ein »homme des femmes«, ein Frauenfreund. Zweimal verheiratet, mit so mancher Liebschaft. Der Graf hat diesen Satz wohl im Wissen formuliert, dass in der damals auch in Europa vorherrschenden Männergesellschaft Frauen nicht ebenbürtig behandelt wurden.

Doch vor allem eine kämpfte vehement für Gleichbehandlung, Gleichberechtigung und damit für die

Macht der Frauen: Olympe de Gouges (1748–1793).
Leider wird sie kaum erwähnt. Denn die Geschichtsschreibung war damals und ist es bist heute: männlich.
So behaupteten die Herren des 18. Jahrhunderts damals in vielen Texten, dass es eine feministische Bewegung während der Französischen Revolution nicht
gegeben habe. Was mehr als falsch ist. Von Anfang an
haben sich Frauen aktiv an der Revolution beteiligt.
Sechs- bis siebentausend Pariserinnen sind nach Ver-
sailles aufgebrochen, um dem König und der Nationalversammlung ihre wirtschaftliche Not vor Augen zu
führen. Sie waren außerordentlich erfolgreich, erreich-
ten erschwingliche Festpreise für Brot und Fleisch und
die Unterschrift des Königs unter die Erklärung der
Menschen- und Bürgerrechte. Allen voran Olympe de
Gouges. Doch das Blatt wendete sich: Das männliche
Imperium schlug zurück. Olympe sah die Gefahr, be-
klagte sich immer wieder über fehlende weibliche Solidarität. Jetzt hieß es öffentlich unter den Männern,
Frauengesellschaften seien gefährlich. Also wurden sie
verboten – vier Tage später richtete man die Kämpferin
Olympe de Gouges auf dem Schafott hin.
Das war der Anfang vom Ende der ersehnten Gleichberechtigung. Aber es kam noch schlimmer. Was Olympe
vorausgesehen und so wütend in ihren Schriften angeprangert hatte, trat ein: Die Frauen verloren nun auch
noch die meisten der bürgerlichen Rechte, die ihnen
nicht zuletzt durch den Einsatz von Olympe de Gouges
während der Revolution zugestanden worden waren.
Lediglich die Volljährigkeit mit 21 Jahren und die Erb-
berechtigung der Töchter blieben erhalten. Wieder standen die Frauen ihr Leben lang unter der Vormundschaft
von Männern, zunächst des Vaters, dann des Gatten.
Sie durften weder Urkunden allein unterzeichnen

noch als Zeuginnen Akten bestätigen. Über ihren Besitz konnte die Frau nur mit Zustimmung des Mannes verfügen. Für Ehebruch wurde sie schwer bestraft, der Ehemann dagegen nur mit einer Geldbuße belegt. Und von Olympe des Gouges kein Sterbenswörtchen mehr. Für zwei Jahrhunderte versank die Kämpferin um die Frauenrechte und um die Gleichberechtigung in den Annalen der Geschichte. Die Chancen von damals wurden vertan und mussten im letzten Jahrhundert mühevoll neu erkämpft werden. Allerdings nur in der westlichen Welt. Afghanistan, Indien oder der Kongo sind davon noch weit entfernt.

In diesem Buch kommen viele der Opfer zu Wort. Es sind bewegende Zeugnisse von Leid, aber auch von Mut. Von unsäglichem Schmerz, aber auch von Wut und Kampfgeist. Von Frauen, die nicht aufgeben wollen und sich wehren. Gegen Kriege und kriegerische Männer. Gegen Gewalt, Schläge, Vergewaltigung und Abtreibung ihrer weiblichen Föten.

Anhand von Einzelschicksalen zeichne ich die schlimme Situation dieser Frauen und Mädchen nach. Ihre Geschichten können unser Herz berühren und unser Mitgefühl wecken.

Denn es ist bitter: Über den Terror gegen die Hälfte der Menschheit wird kaum ein Wort verloren. Das ist ein Skandal. Das muss sich ändern. »Die Frauen tragen die Hälfte des Himmels«, lautet ein Zitat des großen Vorsitzenden Mao. Warum durchleben trotzdem so viele von ihnen die Hölle? Was es heißen kann, als Frau geboren zu werden – das habe ich in diesem Buch aufgeschrieben. Damit es nicht vergessen wird.

Maria von Welser

BUCH 1 – AFGHANISTAN

»Ich möchte die Gelegenheit nutzen,
allen Afghanen zu sagen:
Es kann keinen wahren Frieden und
keine Genesung in Afghanistan geben ohne
die Wiederherstellung der Rechte von Frauen.«

UN-Generalsekretär Kofi Annan
am 4. Dezember 2001 in Brüssel

Sie hoffen und sie fürchten sich – Frauen in Afghanistan

Die lange Reise an den Hindukusch

Dieses Video wurde weltweit Millionen Mal angeklickt: Eine Frau kauert auf einem erdigen Pfad am Rande eines Dorfes. Ihr Gesicht ist abgewandt. Es nähert sich ein Mann in weißer Kleidung, er schießt von hinten gezielt auf den Kopf der Frau, neunmal feuert er ab, auch dann noch, als sie längst zur Seite gefallen ist und regungslos am Boden liegt. Der Mord wurde gefilmt.

»Allah warnt uns, keinen Ehebruch zu begehen, denn das ist falsch«, sagt ein Mann vor der Hinrichtung. Nach der Exekution macht die Kamera einen Schwenk, die Hänge des Dorfes sind zu erkennen. Dort stehen Dutzende Männer, sie haben das Geschehen offenbar beobachtet und

21

jubeln. »Es ist Allahs Befehl, dass sie hingerichtet wird«, sagt einer von ihnen. Andere rufen: »Lang leben die Mudschahedin!«

Das Video ist kaum eine Minute lang. Entstanden ist es nach übereinstimmenden Angaben 2012 im Dorf Kimchok, eine Autostunde entfernt von Kabul. Angeblich hatte die Frau Beziehungen zu mehreren Taliban. Mit der Hinrichtung hätten die Kämpfer die Frau aus dem Weg schaffen und das Ansehen eines Kommandeurs wiederherstellen wollen, heißt es.

Auch der Provinzgouverneur Basir Salangi macht empört die Taliban für die Exekution verantwortlich. Aber: Den Tätern ist nie etwas passiert. Niemand hat sie vor ein Gericht gestellt, sie wurden nie verurteilt.

Dies ist nur ein brutales Beispiel für die Auswüchse von Gewalt in einer sichtlich traumatisierten Gesellschaft. Das ist mir klar. Das weiß ich, habe ich alles gelesen. Aber mit den Frauen reden, mit den Menschen eine Zeit zusammen sein, ist immer noch etwas anders. Darum diese Reise nach Afghanistan. Erfreulicherweise packe ich meinen Koffer, bevor gezielt Journalisten ermordet werden, bevor 2014 die deutsche AP-Fotografin Anja Niedringhaus von einem Polizisten aus Rache für die NATO-Angriffe auf sein Dorf getötet wird.

Afghanistan: Zahlen und Fakten

Mit fast 33 Millionen Einwohnern (zum Vergleich Deutschland: 82 Millionen) und einer Fläche von 647 500 Quadratkilometern (zum Vergleich Deutschland: 357 021 Quadratkilometer) ist Afghanistan dünn besiedelt.

Die Gebirgskette des Hindukusch erstreckt sich bis auf über 7 500 Meter Höhe.

Die Hauptstadt Kabul beherbergt 5 Millionen Einwohner, eine Million davon sind Flüchtlinge.

Etwa 73 Prozent der Afghanen wohnen auf dem Land.

70 Prozent der Afghanen leben unter der Armutsgrenze. Das Durchschnittseinkommen liegt bei 410 Dollar im Jahr.

Die Arbeitslosigkeit beträgt 35 Prozent.

Die Landessprachen sind Dari und Paschtu, die Staatsreligion ist der Islam.

Große Teile des Landes können nicht landwirtschaftlich genutzt werden, da es sich um Gebirge handelt. Dennoch ist die Landwirtschaft wichtigster Wirtschaftsfaktor und macht 60 Prozent des Bruttoinlandsproduktes (BIP) aus.

Das BIP liegt bei etwa 1 000 US-Dollar pro Kopf (zum Vergleich Deutschland: 34 400 US-Dollar).

(Zahlen nach CIA World Factbook, 2008)

Anflug über karge Berglandschaften, tiefe dunkle Schluchten, vereinzelt noch Schnee auf den Nordhängen. In 30 Minuten werde ich in Kabul landen. In der Tasche ein hüftlanges Hemd, mit langen Ärmeln, und das obligatorische Tuch, das die Haare bedeckt. Alle meine Kolleginnen haben mir erzählt, dass ich unter keinen Umständen auffallen sollte bei meinen Recherchen in diesem Land. Mit den afghanischen Männern sei nicht gut Kirschen essen. Man solle sie gerade als westliche Frau keinesfalls irritieren. Der Afghanistan-Reiseführer von »Lonely Planet« hat mir da mit seinem Kapitel über die Kultur der Menschen auch sehr geholfen.

Warum gerade jetzt nach Afghanistan? Hier steht mal wieder eine Wende bevor. Ende 2014 werden die internationalen

Truppen das Land am Hindukusch vermutlich verlassen. Im Frühsommer wurde gewählt. Damit ist die vermeintliche Marionette Amerikas, Hamid Karzai, Geschichte. Was wird dann aus den Frauen und Kindern? Neueste Umfragen sagen: 86 Prozent der Afghaninnen haben Angst vor der Zukunft.

Ich will selbst genau hinsehen. Wie leben die 17,4 Millionen Frauen dort? Die Millionen Kinder? Warum sterben so viele Frauen bei der Geburt ihrer Babys? Warum sind nirgendwo auf der Welt mehr Kinder mangelernährt und wachsen nicht mehr? Unverändert kommt es zu Anschlägen, sterben afghanische Bürger bei Selbstmordattentaten.

Ankunft in Kabul. Nach viereinhalb Stunden Direktflug mit Turkish Airlines aus Istanbul. Fünfmal Kontrollen, nicht wirklich gründlich. Ein Repräsentationsbau: dunkle Gänge, provisorische Schalter. Und das 13 Jahre nach den amerikanischen Bomben. Unser Gepäck kommt auf dem einzigen Band relativ schnell, schneller zumindest als oft in Frankfurt am Main. Doch meinem Begleiter, dem Fotografen Peter Müller, fehlen zwei Passbilder, die er für einen weiteren Antrag zusätzlich zu den bisher schon zigfach ausgefüllten Anträgen nicht dabeihat. Davon wussten wir nichts. »Neue Regeln«, erklärt uns ein freundlicher Beamter. Mit zehn Dollar löst sich auch dieses kleine Problem: Wir sind durch. In der Ankunftshalle kaufe ich mir sofort eine Prepaid-Telefonkarte. Guter Tipp eines Kollegen. Und draußen steht ein lachender Muhammad Omar mit Bart, winkt und hievt unsere Koffer in seinen klapprigen Wagen. Muhammad hat schon oft Europäerinnen gefahren. Er ist die Empfehlung von Monika Hauser von Medica Afghanistan. Medica Afghanistan, das ist eine Frauenorganisation in Kabul und eine Tochterorganisation der Kölner Ärztin Monika Hauser von Medica Mondiale. Also eine vertraute

Adresse. So fühlen wir uns sofort sicher bei und mit Muhammad.

Auf der Fahrt in die staubige, grau-beige Stadt Kabul kommt mir wieder alles in den Sinn, was ich schon 2001 im Fernsehen bei der Bombardierung Afghanistans berichtet habe: Auf der »Achse des Bösen« sollte nicht nur Osama Bin Laden getötet werden. Nein, klares politisches Ziel war auch immer, die Rechte der Frauen quasi »zurückzubomben«, also wiederherzustellen. Nach der unmenschlichen, frauenfeindlichen Herrschaft der Taliban.

Kriege, Kriege, Kriege: ein geschichtlicher Überblick

Wie kam es eigentlich zur Herrschaft fundamentalistischer Muslime in Afghanistan? 1995, nach dem Sieg der Mudschahedin über die sowjetischen Besatzer, tauchten sie erstmals auf.

Schauen wir uns die afghanische Landes- und leider auch Kriegsgeschichte kurz an. Das wohl Einmalige daran sind die zahlreichen Kriege, die von den Angreifern nie gewonnen werden konnten. Sowohl die Briten als auch die Russen mussten sieglos wieder abziehen. Zurück ließen sie ein zerstörtes Land. Aber von Anfang an: Zwischen 1839 und 1919 kam es in den so genannten Anglo-Afghanischen Kriegen zu drei militärischen Interventionen des British Empire. Ziel war es, die britische Vormachtstellung im afghanischen Raum zu sichern und den Expansionsbestrebungen des Russischen Reiches Einhalt zu gebieten. Diese anglo-russische Politik wird auch als »The Great Game« bezeichnet. Wie wir uns erinnern: Die Briten mussten erfolglos abziehen. Nach diesem dritten anglo-afghanischen Krieg kam es zum Frieden von Rawalpindi. Afghanistan war erstmals unabhängig. Und hatte einen König: Der für damalige Verhältnisse sehr fortschrittliche König Amanullah setzte die Gleichstellung von Mann und Frau durch. Frauen erhielten Zugang zu allen öffentlichen Räumen, auch wenn es nur zu ihrem Vergnügen war. Sie konnten gemeinsam mit Männern in Kinos, Theater und Cafés gehen. Sie führten ein emanzipiertes Leben wie nie zuvor und wie nie wieder seitdem. Viele der alten Afghaninnen träumen noch heute von diesen Zeiten.

Fast 60 Jahre Frieden – eine aus afghanischer Sicht unglaublich lange Periode. Aber dann kam es wieder zu einer Reihe von bewaffneten Konflikten, die bis heute andauern. Der erste begann im April 1978 mit einem Staatsstreich durch die kommunistische Volkspartei, der einen Aufstand weiter Teile der Bevölkerung nach sich zog. Im Dezember 1979 intervenierte die Sowjetunion militärisch und setzte eine neue kommunistische Führung ein. Mit der sowjetischen Invasion begann ein zehn Jahre andauernder, grausamer Krieg zwischen der sowjetisch gestützten Zentralregierung und den Widerstandsgruppen der Mudschahedin. Große Regionen des Landes wurden verwüstet. Einige der alten russischen Panzer und abgeschossene Flugzeugreste kann man heute noch in den Schluchten und Tälern finden. Beliebte »Spielzeuge« für die Kinder. Die sowjetische Führung reagierte mit militärischer Eskalation ohne Rücksicht auf die weiter sinkende Popularität ihrer Besatzung. Doch trotz Flächenbombardements und der Entvölkerung weiter Teile des ländlichen Afghanistans gelang es ihnen nicht, den Widerstand der Mudschahedin auszuschalten. Umgekehrt waren die Aufständischen aber nicht in der Lage, die Regierung zu stürzen. Das Ergebnis war eine fatale und blutige Pattsituation Mitte der 1980er-Jahre.

Erst unter der neuen Führung von Michail Gorbatschow nahm die Sowjetunion Abstand von einer rein militärischen Lösung des Konflikts. Man begann, mit den Führern der Mudschahedin-Parteien in Verhandlungen zu treten. Gleichzeitig bereitete Gorbatschow den Abzug der sowjetischen Truppen vor. Zu dieser Zeit kam Muhammed Nadschibullāh an die Macht. Seine zentrale Aufgabe war die Vorbereitung des Abzuges der Russen und die *nationale Aussöhnung* in der Zeit danach. Im November 1987 nahm die oberste afghanische Versammlung, die Loja Dschirga, eine neue Verfassung an und benannte den Staat wieder um in »Republik Afghanistan«. Das Genfer Abkommen zwischen Afghanistan, Pakistan, der Sowjetunion und den Vereinigten Staaten legte im April 1988 schließlich einen vollständigen Abzug der sowjetischen Truppen bis Februar 1989 fest.

So weit, so gut.

Doch schon 1992, also nur drei Jahre später, kam es zu einem innerafghanischen Bürgerkrieg zwischen den Tadschiken und den Paschtunen, nachdem die Tadschiken ein Jahr zuvor ihre Unabhängigkeit erklärt hatten. Wenn zwei sich streiten, freut sich der Dritte: Ab 1994 begann sich in der Provinz Kandahar die Talibanbewegung zu formieren, die mit Unterstützung Pakistans binnen zweier Jahre die Kontrolle über den größten Teil des Landes erlangte. Im September 1996 eroberten die Taliban Kabul, woraufhin sich die verbleibende militärische Opposition in der »Vereinigten Front« zusammenschloss, die weiter gegen die Taliban kämpfte. Doch das Bündnis wurde bis zum Sommer 1998 in den äußersten Nordosten des Landes zurückgedrängt. Die Taliban errichteten eine puritanische Ordnung, die auf einer extremen Interpretation der islamischen Scharia beruht. Die Scharia ist das religiöse Gesetz des Islam. Diese neue Ordnung zeichnet sich nicht zuletzt durch ihre repressiven Maßnahmen gegen Frauen aus.

Vorbei war es mit kurzen Röcken, offenen Haaren und Musikhören. Die gefürchteten »Tugendwächter« setzten ihre Ideen von Islam und Scharia mit brutaler Gewalt durch. Und nicht nur der Kinobesuch war schnell verboten, auch Kinderspielzeug, Fernsehen und jegliche andere Art von Vergnügungen. Die akademische Ausbildung von Frauen wurde als Erstes untersagt. Das Tragen von Stöckelschuhen verboten, weil das Klappern der Absätze die Ruhe stören könnte. Hinter schwarz angemalten Fenstern konnte niemand mehr von außen die Frauen sehen. Wer sich dagegen wehrte, wurde grausam bestraft: mit Peitschenhieben, Amputationen von Füßen und Händen, sogar mit Erhängen im großen Olympic-Stadium unter dem Beifall der männlichen Bevölkerung. Amnesty International berichtete zu dieser Zeit häufig über gravierende Menschenrechtsverletzungen, vor allem an Mädchen und Frauen.

Die Welt sah zu, die Menschen in Afghanistan schienen vergessen. Immer weniger Afghanen konnten lesen und schreiben, die Kindersterblichkeit nahm besorgniserregend zu. Als es 2001 zu einer dramatischen Hungerkatastrophe kam, verhinderten die Taliban, dass Hilfsorganisationen einschreiten konnten.

Dabei widerspricht das allen Lehren des Islam, auch dem arabisch geprägten, den die Taliban vertreten. Und erst recht dem philosophischen Islam, dem etwa zwei Drittel aller Afghanen angehören. Mit seinen Ehrenkodizes und dem Stammesrecht. Immer schon die prägende Kraft der afghanischen Kultur. Alles vorbei. Denn jetzt hatten die Taliban das Sagen.

Unerklärlicherweise hatten und haben die Taliban damals wie heute stetigen Zulauf von radikalen Islamisten. Und: Sie gewährten Al-Qaida Unterschlupf. Al-Qaida nutzte Afghanistan zum Ausbau seiner Operationsbasis und richtete Ausbildungslager ein, in denen tausende junger Islamisten aus aller Welt eine militärische Schulung durchliefen. Als es 1998 zu den Terroranschlägen auf die Botschaften der Vereinigten Staaten in Kenia und Tansania kam, ließ Präsident Bill Clinton die Ausbildungslager in Afghanistan mit Cruise-Missiles (Marschflugkörpern) beschießen. Aber erst die Terroranschläge vom 11. September 2001 veranlassten seinen Nachfolger George W. Bush zum militärischen Angriff auf Afghanistan, gemeinsam mit den Verbündeten der Amerikaner.

Kabul konnte schnell eingenommen werden, ebenso die Provinzhauptstädte Kandahar und Kunduz im November und Dezember 2001. Eine Interimsregierung mit Präsident Hamid Karzai wurde installiert. In Deutschland trafen sich Europäer, Amerikaner und Afghanen zur Petersberger Konferenz, allerdings ohne die afghanischen Frauen am Verhandlungstisch. Dennoch schien alles auf einem guten Weg, auch wenn die Taliban noch vor ihrer Vertreibung dafür gesorgt hatten, dass der Weltfeind Nummer eins, Osama Bin Laden, flüchten konnte. Lange blieb unklar, wohin. Erst 2011 starb er bei einem nächtlichen Überraschungsangriff im Kugelhagel der amerikanischen Special Forces im pakistanischen Abbottabad. Auch das ist jetzt Geschichte.

Doch obwohl sich die Führungsebene der Taliban nach Pakistan zurückziehen musste, führt sie von dort seit 2003 mit zunehmender Intensität einen Kampf gegen die aktuelle afghanische Regierung. Während die Intervention der NATO-Länder von der afghanischen Bevölkerung zu Beginn mehrheitlich begrüßt wurde, gelang es dennoch der neu formierten Talibanbewegung, wieder in Afghanistan Fuß zu fassen. Und sie wurde immer stärker. Es kam zu einer folgenschweren Teilung des Landes: im Süden starke Talibangruppen, im Norden eher Ruhe und Frieden.

Doch die USA konzentrierten sich mehr und mehr auf den parallel geführten Krieg im Irak, und fehlende Gelder wie auch die weiter andauernde Einmischung Pakistans führten zu einer Destabilisierung des noch jungen Staates. Während es im ersten Jahr nach dem Sturz der Talibanregierung nur zu wenigen, vereinzelten Überfällen im Land gekommen war, erlebte die Bevölkerung in den folgenden Jahren mehrere koordinierte Angriffe auf Staatseinrichtungen und ausländische Truppen. Die Operationsgebiete der aufständischen Taliban weiteten sich auf den gesamten Süden des Landes aus.

Mit den ersten ruhigen Wahlen seit 5 000 Jahren afghanischer Kriegsgeschichte hofft das Land, 2014 nun endlich zu politischer und wirtschaftlicher Stabilität zurückzufinden. Ohne Präsident Hamid Karzai – der durfte aus verfassungsrechtlichen Gründen nicht mehr kandidieren.

Immerhin wagten sich trotz der Drohungen der Taliban (»Wir hacken allen Wählern die Finger ab«) sieben Millionen Afghanen an die Wahlurnen. Das sei, so die einhellige Meinung der Wahlbeobachter, ein klarer Erfolg der Demokratie. Ein klarer Erfolg auch für den Einsatz der internationalen Truppen. Noch bis Ende 2014 sind rund 43 250 ausländische Soldaten im Land stationiert, dazu kommen 350 000 afghanische Sicherheitskräfte. Ihnen stehen rund 25 000 Aufständische gegenüber. Wie diese es trotz dieses zahlenmäßigen Missverhältnissen immer wieder schaffen, das Land mit Anschlägen und Selbstmordattentaten zu terrorisieren, ist bitter.

Die Zukunft muss zeigen, ob sich die 13 Jahre Einsatz und die dreistelligen Milliardenbeträge für Truppen und Waffen gelohnt haben, um dem Land und seinen Menschen zu Sicherheit, Frieden und Wohlstand zu verhelfen.

Wahlausgang? Ein monatelanges Gezerre. Erst führte der frühere Finanzminister Abdullah Abdullah, dann im

zweiten Stichwahlkampf angeblich Ex-Weltbank-Volks-
wirt Ashraf Ghani. Allerdings mussten wochenlang Be-
trugsvorwürfe geklärt werden. Es sollte eigentlich die erste
wirkliche demokratische Wahl sein ... Das Verfahren jedoch sieht nicht danach aus. Und was einer der beiden Herren als neuer Präsident dann tatsächlich für die Frauen
bewirken will, ist nirgendwo zu lesen oder von ihnen zu
hören. Frauen – kommen eben nicht vor. Wenngleich circa
35 % der abgegebenen sieben Millionen Stimmen von ihnen
kamen.

Maryam Safi: »Ohne uns Frauen wird es keinen Frieden geben«

»Mein Land hat so viele Jahre unter Krieg gelitten – jetzt
brauchen wir Frieden!« Das sagt die 26-jährige Maryam
Safi voller Überzeugung. Deshalb studierte sie islami-
sches Recht an der Kabuler Universität. Heute lernt sie
für den Master-Abschluss zum Thema »Sozialer Wandel
und Friedensbildung«. Sie will für ihr Land arbeiten und
ihr Volk ermutigen, in Richtung Frieden zu gehen. Ihr
Fokus liegt dabei auf den Frauen- und Kinderrechten.
Denn gerade diese beiden Gruppen seien besonders ver-
wundbar und hätten unter den Kriegsjahren am meisten
gelitten. »Es ist unmöglich, Frieden zu erreichen, wenn
Frauen ausgeschlossen sind. Und vor allem Kinder sind
unsere Zukunft«, betont die junge Studentin engagiert.

Was hat sich inzwischen für die Frauen verändert?

Zuerst die gute Nachricht: Die Situation der Mädchen und Frauen hat sich ein wenig verbessert. Immerhin gehen jetzt mehr als zwei Millionen von ihnen zur Schule. Unter den Taliban mussten sie zu Hause bleiben. Die Frauengefängnisse waren damals überfüllt wie nie zuvor in der Geschichte des Landes. Tägliche Auspeitschungen und Steinigungen lockten die Männer als Zuschauer in die Stadien.

Aber immer noch rütteln uns dramatische Schicksale von Frauen aus Afghanistan auf. Zum Beispiel das grausame Bild der 18-jährigen Aisha auf dem Titelfoto der amerikanischen *Times* im Jahr 2010. Das afghanische Mädchen blickt scheu in die Kamera. Doch nicht ihr Blick, sondern das gewaltige Loch in der Mitte ihres hübschen Gesichtes erschreckt den Betrachter: Man hat ihr die Nase abgeschnitten. Warum? Weil sie ihrem alten Ehemann, der sie geschlagen hat, davongelaufen ist. Mit 13 Jahren hatte ihr Vater sie an ihn verkauft. Nachdem sie weggelaufen war, ging es dem Ehemann um seine Ehre. Er suchte »seine« geflüchtete Frau, fand sie und schnitt ihr ohne zu zögern Nase und Ohren mit einem Messer ab. Das Mädchen – sowieso nichts wert. Ohnmächtig und schwer blutend lag sie in den Bergen, in der Nähe von Kandahar. Durch einen Zufall fanden sie amerikanische Soldaten, die dafür sorgten, dass sie in die USA ausgeflogen wurde. Chirurgen kämpften dort darum, der jungen Frau wieder ein ansehnliches Gesicht und zwei Ohren anzupassen. Es gelang. Doch nach einigen Monaten hieß es: wieder zurück in die Heimat.

Niemand weiß, wo Aisha heute in Afghanistan untergetaucht ist. Auch ich habe es während meiner Recherchen nicht herausgefunden, was ja eigentlich eine gute Nachricht ist. Das Netzwerk der schützenden Helfer funktioniert.

Das Schicksal ereilt Aisha genau während der Konferenz über die milliardenschweren Hilfsleistungen der internationalen Gemeinschaft in Tokio. 56 Staaten wollen Afghanistan auch nach dem Truppenabzug 2014 mit mindestens 16 Milliarden Dollar weiter unterstützen. Deutschland wird mit 430 Millionen Euro jährlich dabei sein. Seit 2002 hat die Bundesrepublik zwei Milliarden Euro Entwicklungshilfe an Afghanistan gezahlt. Das Land soll in einer »Transformationsdekade«, so das Berliner Beamtendeutsch, wirtschaftlich und politisch stabil dastehen.

Das allerdings scheint noch in weiter Ferne. Der Human Development Index listet Afghanistan auf Platz 175 unter 187 Staaten. Denn eine der Bedingungen, Frauenrechte zu installieren und einzuhalten, ist bis heute weitgehend Makulatur. Die Wissenschaftler des Entwicklungshilfeministeriums in Berlin formulieren es sanfter: »Das Wort Frauenrechte ist in Afghanistan weitgehend unbekannt.« Die Bundesrepublik will daher die Förderung künftig auch von Fortschritten bei Frauen- und Menschenrechten abhängig machen. Wie heißt es so schön im Vertragspapier, das ja bekanntermaßen geduldig ist: »Im Falle unzureichender Reformschritte der afghanischen Regierung werden Mittel einbehalten.« Es wird sich zeigen, wie die neue Regierung nach Hamid Karzai ihre Etats zu verteilen gedenkt und die Rechte der Frauen stärkt.

Denn eines erinnern die Frauen in Afghanistan ganz genau: Der ehemalige afghanische Präsident Hamid Karzai trägt Mitverantwortung für das Leiden der Frauen, was westliche Politiker wie alle anderen offen auf den Websites der afghanischen Regierung nachlesen können. Noch im gleichen Jahr der internationalen Geber-Konferenz in Tokio hat er Gewalt gegen Frauen offiziell genehmigt. So heißt es in der von ihm 2010 im Internet veröffentlichten Richtlinie wortwörtlich: »Der Mann ist ein fundamentales

Wesen, die Frau ist ihm untergeordnet.« Und weiter: »Die Frau hat sich den Geboten der Scharia komplett zu unterwerfen.«

Frau gehört Mann. Nie sich selbst!

Vor meiner Reise nach Afghanistan lese ich: Drei von vier Frauen werden zwangsverheiratet, meist sind sie noch keine 16 Jahre alt. Frauen sind Handelsware. Sie gehören den Vätern, den Ehemännern. Nicht sich selbst. Sie sind nichts wert. Nur quasi als Besitz eines Mannes, Vaters, Bruders und später erwachsenen Sohnes.

Ihre Lebenserwartung liegt bei 45 Jahren. Weit unter der von Männern. Auf der ganzen Welt, vor allem in den Industrienationen, ist das umgekehrt. Afghanische Frauen erhalten kaum ärztliche Hilfe, wenn sie erkranken oder schwanger sind. Oder wenn ein Baby kommt. Das liegt unter anderem auch daran, dass männliche Ärzte afghanische Frauen nicht behandeln dürfen. Aber Frauen können als Ärztinnen wiederum nicht ohne die Begleitung eines männlichen Mitgliedes der Familie auf die Straße oder gar an ihren Arbeitsplatz gehen. Das ist vor allem auf dem Land noch so wie unter der Herrschaft der Taliban. Ein Teufelskreis, der Frauen auch hier wieder zu Opfern werden lässt.

Frauen müssen außerdem ihren Ehemännern jederzeit sexuell zur Verfügung stehen (ein Gesetz aus dem Jahr 2009!). Und schließlich: Nirgendwo zünden sich so viele Ehefrauen mit Kerosin an, um sich das Leben zu nehmen, wie in Afghanistan. Allein in Kabul werden in der Brandstation der größten Klinik jeden Tag zehn schwer verbrannte Frauen eingeliefert. Sie halten es einfach nicht mehr aus in ihrer Lebenssituation. Sie wollen nur noch sterben.

Die neueste Studie des afghanischen Gesundheitsministeriums belegt, dass sich von 100000 Frauen fünf umbringen. Am höchsten scheint die Selbstmordrate im westlichen Herat, nahe der iranischen Grenze. »Vor allem die Flüchtlinge aus dem Iran haben bereits relative Freiheit erfahren und sehen sich nun mit repressiven familiären Mustern konfrontiert«, erklärt mir die Ärztin Monika Hauser von Medica Afghanistan. Denn nach islamischem Recht müssen sowohl Braut als auch Bräutigam mit der Hochzeit einverstanden sein. In Afghanistan aber überwiege die Tradition. Hier dürfen nur die männlichen Familienmitglieder die Wahl ihrer Eltern ablehnen oder bestätigen. Männern ist es erlaubt, sich selbst eine Partnerin auszusuchen, Frauen sind davon weit entfernt. Sie haben nichts zu sagen.

Aber noch bitterer wird es, wenn eine Frau nicht den Tod sucht, sondern »nur« aus der Zwangsehe flieht. Dabei erhält sie keinerlei Unterstützung von der Polizei, ganz im Gegenteil. Und schon gar nicht, wenn sie mit einem anderen Mann gesehen wird. Dann wird diese Frau wegen »Verbrechen gegen die Sittlichkeit« eingesperrt. Oft jahrelang. Als mir das eine Rechtsanwältin bei Medica Afghanistan erzählte, wollte ich es gar nicht glauben.

Aber solche Geschichten habe ich von vielen Frauen gehört. Zum Beispiel auch von Fauzia Nawabi. Sie arbeitet für eine unabhängige Menschenrechtskommission in Nord-Afghanistan. 2012 sprach sie mit Mädchen und Frauen, die Suizidversuche überlebt haben. Sie alle hatten sich umbringen wollen, weil ihre Väter sie verkauft und in eine Zwangsehe mit einem meist viel älteren Mann gesteckt hatten. Noch immer ist in Afghanistan die Zustimmung der Frau zu einer Eheschließung nicht nötig. Geschweige denn, dass sich eine minderjährige Tochter dazu äußern darf.

Wobei Fauzia betont, dass die bekannten Schicksale nur die Spitze eines Eisbergs seien. Die meisten Suizide bleiben unbekannt, unregistriert. Auch weil die Familien diese Vorfälle geheim halten wollen – aus Scham.

Erstaunlicherweise sind es vor allem die vermeintlich gebildeten Frauen, die den Selbstmord als einzigen Ausweg aus einer Zwangsehe sehen. Zum Beispiel Nadia. Ihre Familie zwingt sie, einen Mann zu heiraten, den sie nicht will. Ihre Freundin erzählt mir: »Die Familie hat bemerkt, dass sie sich das Leben nehmen wollte, und konnte sie vom Selbstmord abhalten.« Trotzdem ist Nadia nun schon lange Jahre unglücklich verheiratet und erinnert den vermeintlich »schönsten Tag des Lebens« nur noch als Horror. Den Tag, an dem die Familien für eine Nacht alle Sorgen vergessen und ein rauschendes Fest feiern – fernab von Krieg und Gewalt. Da wird dann bis in die Morgenstunden getanzt und gelacht. Die Braut dagegen muss unglücklich aussehen, das ist Pflicht. Weil sie mit ihrer Trauer demonstriert, wie ungern sie ihre Familie verlässt. Bei den meisten Hochzeiten sind Trauer und Tränen allerdings nicht gespielt, weil es eben Zwangsverheiratungen sind.

»Deutschland wird auch am Hindukusch verteidigt.« Das hat der ehemalige Verteidigungsminister Peter Struck einmal formuliert, um den Einsatz der Bundeswehr in Afghanistan zu rechtfertigen. Gegen die schon erwähnte »Achse des Bösen«. Begleitet war der Einsatz von einer aufgeregten Diskussion der deutschen Öffentlichkeit. Der damalige Bundeskanzler Gerhard Schröder versprach nach den Attentaten von 9/11 den USA »uneingeschränkte Solidarität« und betonte »Deutschlands neue Verantwortung auch an weltweiten Militäreinsätzen«.

2014 ziehen die Truppen ab. Aus einem Land, das jeder Kolonialisierung trotzte. Das ein Beispiel ist für seinen nie endenden Kampf um Unabhängigkeit. Was aber geschieht nun mit den Menschen, mit den Frauen und Kindern? Wird es je Frieden geben, nach den vielen Kriegen, nach den Invasionen erst der Briten, dann der Russen und schließlich der NATO? Was kann eine westliche Demokratie ausrichten gegen die tief verwurzelten Rituale, gegen Waffen oder die Burka?

Sima Samar: »Glaubt weiter an uns, wir schaffen das«

Die Vorsitzende der afghanischen Menschenrechtskommission, Sima Samar, ist nach den Wahlen in ihrem Land überzeugt: »Frieden braucht die Beteiligung der Bevölkerung. Natürlich ist auch die Bereitschaft der politischen Führung wichtig, aber es geht vor allem um die Teilnahme der Menschen am politischen Prozess. Keiner der Kandidaten hat einen Zauberstab.« Und an Deutschland gerichtet fordert die Menschenrechtlerin: »Gebt uns nicht auf. Glaubt weiter an uns, wir schaffen das.«

Wo geht's hier zum UN-Compound?

»50 Afghanen – 50 Meinungen!« Genervt erklärt mir unser liebenswürdiger Fahrer Muhammad Omar, warum wir seit über einer Stunde die Jalalabad Road in Kabul rauf- und runterfahren, aber den UN-Compound, also den Stützpunkt mit den UNICEF-Büros, einfach nicht finden. Hier gibt es keine Schilder, keine Hausnummern. Überall Stacheldraht und Sicherheitsleute – 17-mal telefoniere ich mit Alistair von UNICEF. Denn dahin will ich, in die UNICEF-

Zentrale. Eine afghanische Mitarbeiterin versucht Muhammad zu erklären, wo er die schmale Einfahrt in das riesige Gelände findet, wo sich die Vereinten Nationen und ihre Mitarbeiter in Afghanistan niedergelassen haben. Endlich tut sich eine schmale Nische auf. Das soll die Zufahrt zum UN-Compound sein? Drei Sicherheitsschleusen müssen durchfahren und durchschritten werden, dann erst sehe ich das UNICEF-Zeichen. »We made it!«

Peter Crowley ist der UNICEF-Repräsentant in Afghanistan. Sein Etat: 120 Millionen Dollar im Jahr. Für Gesundheits-, Ernährungs- und Ausbildungsprojekte. In einer knappen Stunde erhalte ich ein umfassendes Briefing. Peter erklärt mir, warum sie jetzt alle auf diesem Gelände, dem Compound, leben müssen. Zu viele Attentate habe es gegen die ausländischen Mitarbeiter der Hilfsorganisationen und auch der Regierungen gegeben. Eine Wohnung in der Stadt? Ein Haus mit Garten? Viel zu gefährlich. Trotzdem bewegen sich die Immobilienpreise in Kabul in schwindelerregende Höhen. Weil immer noch zu viele NGOs (Non-governmental organizations, also Nichtregierungsorganisationen) und ausländische Regierungsmitarbeiter zahlen, was von meist korrupten Immobilienmaklern gefordert wird. Von denen sich wiederum die einstigen Wohnungs- und Hausbesitzer betrogen und über den Tisch gezogen fühlen. Etwas, das sich in allen Städten dieser Welt nach Kriegen und Krisen gleichermaßen abspielt. Die Bürger müssen damit zurechtkommen und die hohen Mieten und Hauspreise bezahlen. Ein weiteres bitteres Erbe der Konflikte.

Jetzt aber stemmen wir die schweren Türen des gepanzerten UN-Autos auf, und los geht es aus dem Compound heraus nach Norden. Mit im Team: die Übersetzerin Maryam, Alistair und Farzana von UNICEF. Jede Stunde meldet sich der Fahrer in der Zentrale. Genaue Standortbeschreibung, Zustand der Straße, seine Einschätzung der Sicherheitslage. Zu oft schon sind Mitarbeiter von Hilfsorganisationen Opfer von Attentaten oder gekidnappt worden. Zuletzt gelang es sogar vier 15-jährigen Jungen im Auftrag der Taliban, das stark gesicherte Hotel Serena in Kabul zu entern. Mit Pistolen unter den Socken. Sie erschossen 13 Menschen, darunter vier Ausländer und zwei Kinder. Das Hotel Serena gehört einem der reichsten und gläubigsten Muslime: Karim Aga Khan. Ein gemeinsamer, verbindender Glaube ist also längst auch kein Schutz mehr.

Starke Stimmen

Karla Schefter: »Ich gebe die Menschen nicht auf«

Die deutsche Krankenschwester Karla Schefter ist seit 1993 in Afghanistan. Sie leitete dort den Aufbau eines Krankenhauses in der Provinz Wardak, in einem vom Krieg zerrissenen Land. Doch nach Wardak kann sie schon lange nicht mehr. »Zu gefährlich, vor allem für Ausländer.« Selbstmordattentate und Kidnapping seien dort an der Tagesordnung. Deshalb lebt sie jetzt in Kabul, unterstützt die Frauen in der Hauptstadt. *Ich gebe die Menschen nicht auf* nennt sie ihr Buch. Denn wie kaum eine andere Deutsche kennt sie das Leben in den Provinzen. Die geistige Elite des Landes sei ins Ausland verschwunden und kehre wohl auch nicht mehr zurück. In Kriegszeiten fand kein regulärer Schulunterricht statt, weshalb keine geistige Elite nachwachsen konnte. Die Menschen haben nie die Chance gehabt, sich zu erholen. »Bis heute geht viel zu wenig Geld in die Bildung. Und viel zu viel in die Sicherheitsorgane und das Militär. Zudem sind«, so stellt sie traurig fest, »70 Prozent der Bevölkerung durch die Dauerkriege mental gestört.« Hoffnung könne so etwas Profanes wie der Anblick einer frisch gepflückten Blume sein, meint Karla Schefter. »Man näht ein neues Kleid und stellt es zur Schau. Man feiert eines der islamischen Feste. Es wird geboren und es wird gestorben. Auch das ist irgendwie: Hoffnung.«

Wir lassen auf unserer Fahrt Bagram im Osten zurück. Diese Stadt wurde einst von den Sowjets während ihrer Besatzung erbaut. Jahrtausende nach Alexander dem Großen, der diesen Ort als Lager für seine Invasion in Indien nutzte. Heute ist Bagram weltbekannt als gigantische Militärbasis der Amerikaner. Vor allem aber auch als übles Gefängnis mit ähnlichem Ruf wie Guantanamo. Die Verhörmethoden und Haftbedingungen dort haben das ihre dazu beigetragen, dass die Afghanen kein Wort mehr glauben, wenn die Amerikaner von Menschenrechten sprechen. Wie kann man als afghanische Gesellschaft noch Vertrauen haben zu einem Volk, das mit seinem Militär das Rechtssystem selbst immer wieder untergräbt? Dessen Verhörmethoden und nächtliche Übergriffe die Menschen in diesem Land zutiefst beunruhigen?

Mit einem tiefen Seufzer wende ich mich ab von den in der Ferne flirrenden, hellbraunen Flachgebäuden. Ein Flugzeug blitzt kurz auf in der Sonne. Wir wollen noch weiter nach Norden, zu den Frauen und Kindern.

Dann, nach zwei Stunden Fahrt und 150 Kilometern auf einer relativ ordentlich geteerten Straße, erreichen wir die Provinz Parwan. Eine Kinderklinik ist unser Ziel. Eine ganz besondere. Wir sehen das einstöckige Haus am Ende eines engen, steinigen Weges. Innen ist es dunkel, aber wenigstens kühler als draußen. Im ersten Zimmer liegt die winzige Chausa in einem viel zu großen Erwachsenenbett. Später erfahre ich, dass ihre Mutter bei unserem Besuch gerade auf der Toilette ist. Chausa ist also nicht alleine. Die Augen des Kindes sind fast größer als das ganze Gesicht.

Das Mädchen, wird mir erzählt, ist vier Monate alt. Aber sie wiegt nur ganze zwei Kilogramm. Sie gehört zu tausenden von afghanischen Kindern, die zu klein sind für ihr Alter, die einfach nicht wachsen. Weil sie zu wenig zu essen bekommen. Weil die Mütter keine Milch haben. Oder zu früh das Stillen beenden, beenden müssen. Ihre Kinder sind »mangelernährt«, nicht »unterernährt«. Mangelernährung ist schlimmer. Weil ein Kind dann massive Schäden am Knochengerüst erleidet, weil der ganze kleine Körper keine Widerstandskraft hat. Und weil mangelernährte Kinder besonders ernährt werden müssen. Statistisch leiden je nach Region in Afghanistan 17 Prozent der Babys darunter.

Seit sieben Tagen schon ist Chausas Mutter mit der Kleinen im Krankenhaus. Die Ärzte füttern das winzige Baby mit sogenannter »therapeutischer Spezialnahrung«. Die liefert und zahlt UNICEF mit Spendengeldern. 20 Tage dauert im Durchschnitt so eine Notfalltherapie. Chausa wird überleben. Das sagen zumindest die Ärzte.

Das hofft auch ihre Mutter Amina. Sie erzählt mir aber auch: »Ich mache mir große Sorgen um meine anderen fünf Kinder.« Die werden währenddessen zu Hause von der 14-jährigen Tochter versorgt, was in Afghanistan durchaus normal ist. Mädchen bleiben, sobald sie geschlechtsreif sind, im Haus. Schluss mit Schule und Bildung. Denn jetzt können sie der Mutter helfen, die vielen anderen Kinder zu versorgen und dabei gleich – wie praktisch! – ein wenig Haushalt lernen, für das spätere Leben einer Frau. Von nun an sind sie außerdem wertvolle Ware für den Vater, der sich schon nach einem potenten Ehemann umsieht. Potent heißt: Er hat Geld oder Vieh. Dann geht so ein Mädchen schon mal für ein Schaf oder eine Kuh weg. Oder für 9000 Dollar. Sie bringt so der Familie zusätzliches Einkommen. Das ist ihr »Wert«.

Doch immer mehr Mädchen machen das nicht mehr mit. Sie wehren sich, auch gegen ihre Väter. Wie die 23-jährige Physiotherapeutin Farchunda Nesjatu, die ich in der Kinderklinik treffe. Sie hatte Glück. Ihre Eltern, erzählt sie mir, haben sie ermutigt, einen Beruf zu erlernen. Ihr Vater würde sie nie gegen ihren Willen verheiraten, beteuert sie. »Aber es ist schwer, in Afghanistan einen Mann zu finden, der eine berufstätige Frau akzeptiert«, fügt sie dann noch lachend hinzu.

Sie kümmert sich liebevoll um die winzigen, mangelernährten Babys. Aber vor allem unterstützt sie deren Mütter, die zusammen mit ihren Kindern Tage und Wochen in einem einzigen, aus unserer Sicht ziemlich schmuddeligen Bett liegen. Mütter, die ihre Babys trösten und sie stillen, wenn sie genug Milch haben – was leider oft nicht der Fall ist. Doch eines verbindet sie alle: Sie hoffen verzweifelt, dass ihre Kinder überleben.

In dem kleinen Kinderkrankenhaus liegen in einem Saal 20 Frauen mit ihren Babys. Ihre Angehörigen bringen das Essen, denn das kann die Klinik nicht leisten. Und alle diese Frauen haben zu Hause große Familien. Der Kummer und die Sorgen sind ihnen ins Gesicht geschrieben. Dazu die Hitze des Sommers. Kein Ventilator an der Decke, der die stickige Luft wenigstens umwälzt. An Klimaanlagen gar nicht zu denken ...

Wir kaufen für alle Frauen und Kinder Eis. Viele haben ihre größeren Kinder mit dabei, weil sie sonst niemand betreuen könnte. Ziemlich erschüttert verlasse ich die Klinik. Und frage mich nicht zum ersten Mal: Wohin gehen die Milliarden Dollar all der Staaten, wenn nicht in solche Projekte? Wo versickert das Geld? Warum will Afghanistan von den Hilfsgeldern der internationalen Staaten nur sechs Prozent für Kinder- und Frauen-Projekte ausgeben?

Aus dem afghanischen Frauenleben

Die ersten Lebenswochen sind für ein Neugeborenes in Afghanistan das größte Risiko. Fast jedes siebte Baby stirbt nach der Geburt, durch eigentlich vermeidbare Krankheiten wie Durchfall oder Lungenentzündung. Zwei Drittel der erkrankten Babys werden nicht einmal einen Monat alt. Vor allem in den entlegenen Gebieten in den Provinzen fehlt es an geschulten Ärztinnen und Hebammen. Auch eine Folge der Talibanherrschaft während der 1990er-Jahre.

Über 85 Prozent der Frauen bringen ihre Kinder zu Hause zur Welt. Sie haben dort keinen Zugang zu medizinischer Versorgung. Kaum eine wird vor, während und nach der Entbindung von geschulten Hebammen betreut. So bedeutet jede Schwangerschaft ein lebensbedrohliches Risiko. In kaum einem anderen Land sterben so viele Mütter bei der Geburt ihres Kindes, denn der Weg zum nächsten Gesundheitszentrum ist weit, für werdende Mütter beschwerlich und meist auch gefährlich. Dazu dürfen sich Frauen, vor allem auf dem Land, nicht alleine auf den Weg machen. Aufgrund des Berufsverbotes für Frauen fehlt in ganz Afghanistan eine Generation an Ärztinnen und Hebammen. Das ist besonders fatal, da es Frauen immer noch überwiegend verboten ist, sich von einem Mann untersuchen zu lassen.

Mich wundert es nicht, wenn mir vor allem junge Frauen erzählen, dass sie nichts wie raus wollen aus Afghanistan. Allen voran die wenigen gut ausgebildeten Afghaninnen. »Brain drain«, die Abwanderung der Intelligenz, schreckt inzwischen auch die sonst eher gelassene Regierung auf.

Ein Beispiel sind die 20-jährige Adiba und ihre 14-jährige Schwester Sabrina aus Charikar: Geprägt von und unter Beobachtung der männlichen Gesellschaft, lassen sie sich von unserem Fotografen nicht von vorne ablichten. Sie tragen ein großes Tuch um den Kopf und um die Schultern, den Hidschab. Sie erzählen mir, wie begeistert sie in die Schule gehen, denn eine gute Ausbildung ist ihr Ziel. Und ein Beruf – durch den sie sich eines Tages ernähren können. Wenn es sein muss, auch im Ausland.

Wir reden nur unter uns Frauen: die zwei Mädchen, meine Übersetzerin und ich. Die Männer, die in das Klassenzimmer drängen, werden von mir gebeten, draußen zu warten. Das sind sie wohl nicht gewohnt. Sie sehen mich ziemlich finster an. Dass sie eine westliche Frau bittet, den Raum zu verlassen, entspricht überhaupt nicht den afghanischen Gepflogenheiten. Ich habe jetzt wohl aus Sicht der afghanischen Männer einen großen Fehler begangen. Aber die Mädchen lachen und fühlen sich wie befreit. Erzählen fröhlich und ein wenig kopfschüttelnd, dass ihre Mutter Safia nur in der Burka einkaufen geht. »Ich habe sie früher nicht getragen, weil ich davon immer Kopfschmerzen bekommen habe«, erzählt Safia mir später bei einem Besuch in ihrem Haus. Aber die Nachbarn haben sich den Mund über sie zerrissen. Seitdem zieht sie wieder dieses blaue Totalgewand mit dem kleinen, netzartigen Augenausschnitt über Kopf und Körper, um sich vor männlichen Blicken zu verhüllen.

Jetzt will ich es genau wissen. Ziehe so eine blaue Burka selbst über. Erste Erkenntnis: Darunter ist es unsäglich heiß. Kein Windhauch kommt durch. Das Oberteil sitzt eng und klatscht mir die Haare fest an den Kopf. Das winzige Gitter erlaubt nicht einmal einen Blickwinkel von 180 Grad. Auch wenn ich den Kopf noch so sehr drehe und wende. Ich könnte damit nicht sicher eine Straße überqueren.

Nirgendwo im Koran steht, dass Frauen so herumlaufen müssen. Es ist aus meiner Sicht eine reine Schikane von intoleranten Männern. Ich begreife es nicht: Kann es wirklich sein, dass Männer Begehren entwickeln, wenn sie eine Frau in normaler, westlicher Kleidung ansehen? Vor allem verstehe ich nicht, dass sich keine Frau dagegen wehrt. Später werde ich aber noch erfahren, dass die Burka auch ein guter Schutz sein kann.

Dabei gibt es zur Burka noch eine ganz andere Geschichte: Einst war dieses blaue Ganzkörperkleid das Symbol der feinen Städterinnen, die nicht auf dem Feld arbeiten mussten. Ja – tatsächlich! Denn arbeiten kann man schließlich schlecht mit diesem großen, umhüllenden Gewand. Außerdem fühlten sich die Frauen schon damals damit sicher vor den Blicken von nicht gebundenen, also unverheirateten Männern. Die Burka schützte die Frauen außerdem vor männlichen Angriffen und Vergewaltigung. Erst mit der Machtergreifung der Taliban kam die »Tragepflicht« für Frauen. Auch als Symbol der Anti-Frauen-Politik dieser fundamentalistischen Männer.

Wir Europäerinnen sollten die Freiheit für Afghaninnen aber nicht an der Burka festmachen, erklärt mir später, nach meiner Burka-Probe, noch eindringlich die Übersetzerin Maryam. Viel wichtiger sei es, den Zugang zu Bildung und Berufen für Frauen zu fordern, wie mir auch die Anwältinnen bei Medica Afghanistan immer wieder versichert haben.

Die Burka hat 2014 in Europa aber noch einmal ganz andere Schlagzeilen gemacht: Der Europäische Gerichtshof für Menschenrechte billigte das französische allgemeine Vermummungsverbot. Von der Burka-Trägerin ginge zwar keine unmittelbare Gefahr oder Störung aus. Aber es gelte zu bedenken, dass manche Frauen in die Burka als »Ganzkörpergefängnis« gezwungen würden.

Interessant ist dabei aber auch der gesellschaftliche Aspekt bei der Begründung der Richter. Demnach sei

Verhüllung im öffentlichen Raum eine Grundfrage jeder Kommunikation. Es gehe auch darum, mit seinem Gesicht als Individuum erkennbar und ansprechbar zu bleiben. Verhüllung bedeute Anonymität unter Anwesenden, sie könne einschüchtern und irritieren und mache das Gegenüber zum Objekt – so wie ein Einwegspiegel. Wo man wie bei Verhören die Zuschauer nicht sieht. Jedenfalls sind das interessante Gedanken des Hohen Gerichtes zum Thema Burka.

Die meisten Afghaninnen werden von diesem Urteil nichts lesen und erfahren. Auch nicht die beiden Schülerinnen in Charikar, die mich zu sich nach Hause einladen. Ihre Mutter Safia freut sich. Wir sitzen barfuß bei ihr auf dem Boden. Ich achte darauf, dass meine Fußsohlen auf niemanden zeigen. Das wäre sehr unhöflich. Weil wir nur Frauen sind, umhüllt die Hausfrau ihr schönes, dunkles Haar nur noch mit einem Tuch. Auch die Mädchen ziehen sich hübsch an und legen dann sogar ihre Tücher beiseite. Auf meine Frage, ob sie später einmal eine Burka tragen werden, schütteln sie energisch den Kopf. Nein, nie und nimmer, versichern sie. Ich wünsche mir, dass sich diese jungen Frauen eines Tages besser in der Gesellschaft und Dorfgemeinschaft durchsetzen können als ihre Mutter jetzt.

Afghanische Gastfreundschaft heißt auch immer: große Schüsseln mit Essen. Selbst wenn der Gast, so wie ich, unangemeldet ins Haus gebeten wird. Schnell steht ein riesiger Teller mit herrlichen Wassermelonenstücken vor mir auf dem Boden. Die anderen sehen zu, während ich esse. Nicht alles aufessen, das erinnere ich. Das ist der Brauch. Sonst wird sofort noch mehr aufgetischt.

Die Töchter meiner Gastgeberin, Adiba und Sabrina, sind starke Mädchen, sie machen Mut. So wie 20 andere junge Frauen im Jugend-Kontakt-Zentrum in einem Dorf in der Provinz Parwan, die ich am Nachmittag treffe. Sie alle haben einen Plan und ein Ziel: Sie gehen in die Familien in ihrem Dorf und auch in der Nachbarschaft, sie wollen die Eltern überzeugen, ihre Mädchen länger als nur bis zur Geschlechtsreife in die Schule zu schicken. Damit sie einen Schulabschluss machen und einen Beruf erlernen können.

Die 16-jährige, temperamentvolle Rakhsar erzählt mir von einem erst uneinsichtigen Vater: »Eine Stunde musste ich auf ihn einreden, damit er seine Tochter wieder in die Schule schickt.« Ihre Augen blitzen dabei. Dann sei sie richtig wütend geworden. Kaum zu glauben, wenn man die patriarchale Gesellschaft in Afghanistan zu kennen glaubt. Aber Rakhsar hat sichtlich Power, ist durchsetzungsstark, will eines Tages Journalistin werden. Und: Aufgeben gilt nicht, sagt sie. Schon gar nicht im Afghanistan der jungen Frauen.

In Charikar kämpft auch die Juristin und Leiterin des Lernzentrums, Asma Sadat, unverdrossen für die Rechte der Frauen. So schwierig es auch im Augenblick sein mag. In ihrem Lernzentrum erleben junge Mädchen zum ersten Mal so etwas wie Selbstvertrauen, bekommen das Gefühl, etwas erreichen zu können. Asma Sadat weiß zwar, dass die Frauenrechte in der Verfassung stehen. »Aber das ist eben nur ein Papier«, sagt sie. Darum sei es so wichtig, dass schon die Mädchen ihre Rechte kennenlernen. Ein langer Weg, der da noch für die afghanischen Frauen zu gehen ist.

Shinkai Karokhail: »Man muss die Menschen informieren«

»Was ich erlebt habe, soll meine Tochter nicht mehr erleben.« Das sagt Shinkai Karokhail, Parlamentsabgeordnete für die Provinz Kabul mit dem Blick auf die Wahlen 2014. Sie sieht anders aus als so viele ihrer afghanischen Geschlechtsgenossinnen. Eleganter. Gepflegter. Sie hat Medizin studiert. Ihre Familie war auch nach afghanischen Verhältnissen vermögend. Sie erlebte die russische Besatzung, als die Mädchen in kurzen Röcken durch ein schickes Kabul in Kinos gegangen sind. Doch als herauskam, dass ihr Vater die antisowjetischen Rebellen unterstützte, musste die Familie nach Pakistan fliehen.

Im Exil heiratete Shinkai Karokhail einen Afghanen, bekam vier Kinder und lebte in Pakistan, während die Taliban die Macht in ihrer Heimat ergriffen.

Gleich nach dem Rückzug der Russen gründete sie mit anderen Afghaninnen aus Pakistan das Afghanische Ausbildungszentrum für Frauen (AWEC – Afghan Women's Educational Center), um Flüchtlinge und später auch Frauen in Afghanistan zu stärken und zu unterrichten. Zurück in Kabul wurde sie als AWEC-Direktorin Frauenbeauftragte der afghanischen Regierung und gewann 2005 in der Provinz Kabul die Wahl zur Parlamentsabgeordneten. Karzais Gesetz, das Frauenrechte deutlich beschnitt, konnte sie nicht verhindern. Immerhin gelang es ihr, Ergänzungen zugunsten der Frauen durchzusetzen.

Immer wieder bekommt sie Morddrohungen. Aber sie vertraut auf ihre »großartigen Personenschützer« und gibt nicht auf. Bei den Parlamentswahlen 2010 gewann sie erneut: »80 Prozent der Stimmen kamen von Männern, auch von sehr konservativen und ungebildeten

Männern.« Deshalb ist die Politikerin überzeugt von ihrem
Kampf für die Frauenrechte. »Man muss nur zu ihnen
gehen, mit ihnen über ihr Leben sprechen und ihnen die
richtigen Informationen geben. Das sind keine schlechten Leute.« Viele beschweren sich zu Unrecht, dass die
nun 13 Jahre Militäreinsatz des Westens nichts gebracht
hätten. »Frauen, zumindest in der Stadt, sind sich heute
ihrer Möglichkeiten mehr bewusst. Sie lernen, Beziehungen aufzubauen und politisch zu kämpfen. Frauen sind
in verschiedenen Ebenen der Regierung präsent, auch in
Nichtregierungsorganisationen und in den Medien. Sie
gehen zur Schule, werden Lehrerinnen oder Diploma-
tinnen und repräsentieren Afghanistan im Ausland.« Natürlich weiß sie auch: Frauen in Afghanistan brauchen
noch mehr Aufmerksamkeit. Damit sie eine Zukunft
haben.

Gesucht: eine Frau für Muhammad

Die Rückfahrt am späten Nachmittag nach Kabul dauert
Stunden. Von Verkehr, was ja eigentlich mit Bewegung zu
tun hat, kann man nicht reden. Eher von totalem Still-
stand. Viele Fahrer brechen aus den Autoschlangen aus,
kehren im Pulk um und fahren unverdrossen einfach in
die andere Richtung, quasi die Einbahnstraße falsch herum. »Keiner hält sich in diesem Land an die Regeln«, erklärt mir unser Fahrer Muhammad. Das sei eines der ganz
großen Probleme hier. Aber ich lerne noch ganz andere
kennen.

Während wir in der brütenden Hitze ausharren, nicht
umdrehen wie alle anderen und die Gegenfahrbahn Richtung Kabul nutzen, kommt Muhammad ins Erzählen. Sein

Englisch ist recht gut, die Jahre für Medica Afghanistan haben ihm wohl geholfen. Seine Frau, erzählt er, ist vor zwei Jahren gestorben. Die Frauen hier sterben oft vor ihren Männern, auch wegen der schlechteren medizinischen Versorgung und weil sie immer erst etwas zu essen bekommen, wenn die männlichen Mitglieder der Familie schon satt sind. Heute lebt Muhammad in seinem kleinen Haus in Kabul zusammen mit seiner Tochter. Die ist noch nicht verheiratet. Mit 21 Jahren wohl auch zu alt dafür, meint er ein wenig traurig. Aber jetzt sucht er eine neue Frau. Auch damit seine Tochter vielleicht doch noch heiraten kann. Ob ihm unser Fotograf nicht in Deutschland helfen könnte? Eine deutsche Frau – das wäre es doch! »Ihr müsst zu mir nach Hause kommen, meine Tochter kocht wunderbar, Pulao, mit Reis und Gemüse überbacken. Oder Borani, gebratenes Gemüse mit Joghurtsauce.« Uns läuft das Wasser im Mund zusammen. Wir wissen um die afghanische Gastfreundschaft, nicht erst seit meinem Besuch bei Mutter Safia und ihren Töchtern. Aber könnten wir wirklich ruhigen Gewissens eine deutsche Frau nach Afghanistan verheiraten? Muhammad hat gleich eine gute Lösung: Er will nach Hamburg kommen, sich dort eine Frau aussuchen und dann sofort dableiben. Fotograf Peter verspricht, sich zu kümmern. Das sei ja auch schließlich Männersache – die Frauensuche!

Muhammad ist durch seine Arbeit bei Medica Afghanistan den Umgang mit fremden Frauen gewohnt. Er sieht auch mir allmählich direkt in die Augen. Berühren wird er mich allerdings nie. Die konservative Kultur dieses Landes lässt das nicht zu. Abstand zu halten heißt auch, die Ehre des anderen zu achten. Man vermeidet prinzipiell den Kontakt zu Frauen, die nicht zur Familie gehören. Eine Frau allein irgendwo, auf der Straße, in einem Auto – ganz schön komisch. Das denken sie wohl, die afghanischen Männer.

Wahrscheinlich auch über mich. Obwohl mich mit Peter Müller, dem Fotografen, ein Mann begleitet. So darf mich auch nicht wundern, dass Mohammad überwiegend und am liebsten alle Fragen und Antworten an den »anderen Mann« im Team richtet.

Erst am dritten Tag spricht er auch mich direkt an. Viel später, bei einem Abendessen im Gartenlokal, erwähnt er, dass er es gut findet, dass ich ein Kopftuch trage und meine Haare bedecke. Wobei Kabul eindeutig »liberal« ist – auf dem Land wäre eine Frau ohne bedecktes Haupt ein Skandal. Ebenso, wenn sie nicht mit ihrer Kleidung vollkommen und ganz ihre Körperrundungen verdecken würde. Nichts sollen fremde Männer an ihr sehen oder gar erkennen – das ist die Regel. Und das bis heute, obwohl die Taliban längst Geschichte scheinen. Nackte Arme, ein enges T-Shirt und kurze Hosen sind ein absolutes No-Go. Aber selbst wenn ich mich für die »Totalversion«, nämlich für eine Burka entscheiden würde – jeder Afghane könnte das sofort erkennen: Ich bin mit 1,74 Meter viel zu groß für die Durchschnittsafghanin. Und der Mann würde sich voller Verachtung abwenden, weil er das als eine kulturelle Verunglimpfung empfinden würde.

Auch die Hände zu schütteln ist für einen Afghanen tabu. Interessant ist es allerdings für mich zu sehen, wie sich afghanische Männer stattdessen untereinander begrüßen: Sie schütteln dem Gegenüber nicht die Hand. Nein, ganz anders: Sie ergreifen die Hand des anderen Mannes mit beiden Händen, nehmen sie fast in Obhut, und ziehen sie nah zu sich heran. Dann lassen sie diese Hand wieder frei und führen die eigene, die rechte Hand zum Herzen. Damit der so Begrüßte weiß, woher diese Geste kommt: von Herzen. Ich habe das immer als sehr würdevoll, sehr schön empfunden. Bei Frauen ist das nicht üblich. Weil wir wohl in den Augen der Männer nicht so viel wert sind.

Erfreulicherweise ist der Umgang mit einer afghanischen Frau für eine europäische Frau sehr viel unkomplizierter. Da fallen all diese Rituale weg, da schütteln wir uns die Hände, und wenn wir uns schon ein wenig besser kennen, können wir uns umarmen. Daher machen sich manche NGO-Mitarbeiter in Afghanistan lustig und sprechen von den drei Geschlechtern dieses Landes: männlich, weiblich – und ausländische Frau.

Zum ersten Mal: Afghaninnen demonstrieren

Kurz vor der Dunkelheit erreichen wir unser Hotel. Das Fünf-Sterne-Haus Serena wird seit dem ersten schlimmen Attentat 2008 von drei Sicherheitsgürteln geschützt. Wir legen jedes Mal alle unsere Taschen auf die Laufbänder, die Kamera kommt extra durch den Scan, alles wird gründlich gecheckt. Gründlich genug? Wir wissen noch nicht, dass es im Frühjahr 2014 zum zweiten Mal nicht ausreicht. Dann werden es junge Afghanen schaffen, ins Restaurant einzudringen und herumzuballern. Aber noch beruhigt uns die Hundertschaft von Polizisten und privaten Sicherheitsleuten. Noch gehen wir gelassen durch die Sicherheitsschleusen und lassen uns in den Damen- und Herren-Kabinen abtasten. Das Hotel kommt mir vor wie eine himmlische Oase an Luxus und Sicherheit in einer sonst längst nicht mehr sicheren Umgebung. Morgens hängt ab 7 Uhr die *Afghanistan Times* an der Zimmertüre. Beim Frühstück vom prall gefüllten Buffet lesen wir als Erstes, wie viele Anschläge allein am gestrigen Tag in welchen der 20 Provinzen verübt wurden. Wie viele Tote es zu betrauern gibt, wie viele afghanische Bürger ihr Leben lassen mussten durch wahnsinnige Selbstmordattentäter. Diese Meldungen erklären auch, wenn mal wieder eine Straße in Kabul dicht ist. Wenn nichts mehr geht in der 5-Millionen-Stadt.

Das Grauen ist also längst alltäglich. Doch eine Nachricht erstaunt mich eines Morgens unter all den Attentatsmeldungen dann doch sehr: »Afghanische Frauen gehen auf die Straße!« Ich lese, dass 300 Frauen und Männer in der Provinz Parwan gegen das Attentat auf die beliebte Politikerin und ehemalige Frauenministerin Hanifa Safi demonstriert haben. Unter deren Auto explodierte kurz vor meinem Besuch eine Bombe und zerriss sie. Ihr Mann und ihre Tochter überlebten schwer verletzt, sie selbst ist tot. Hanifa Safi war nicht nur eine erfolgreiche und beliebte Politikerin. Sondern sie war auch bekannt dafür, dass sie ohne Schleier und andere Kopfbedeckungen auf die Straße ging. Sie kämpfte gegen die konservative Auslegung des Islam und war nicht zuletzt wegen ihres guten Englischs oft Interviewpartnerin der BBC. Dass sie sterben musste, ist nur ein Beispiel für das gefährliche Leben von Frauen in der Öffentlichkeit. Immer wieder geraten engagierte Frauen ins Visier der »Aufständischen«, wie man inzwischen die unzähligen Gruppierungen nennt, die gegen die Regierung, aber auch gegen die internationalen Soldaten kämpfen.

Nun scheinen die Frauen aber endgültig genug zu haben, sind wütend und aufgebracht. Es ist neu in Parwan, neu in Afghanistan, dass die Frauen zusammen mit Männern auf die Straße gehen, um zu demonstrieren. Unter ihnen sind viele Mitarbeiter aus dem Frauenministerium, aus den zivilen Gesellschaften des Landes und Vertreter der NGOs. Sie alle fordern die sofortige Inhaftierung der Mörder. Und nicht nur der Mörder von Hanifa Safi, sondern auch der Mörder, die im Dorf der Provinz Parwan die junge Frau mit Pistolenschüssen ermordet haben, was durch das Video bekannt wurde.

Reaktionen in der Regierung? Keine. Wie immer, wenn es um Frauen geht. Die Taliban bestreiten später die Verantwortung für das Bombenattentat auf Hanifa Safi, ihren Mann und ihre Tochter. Denn inzwischen agieren unter dem Oberbegriff »Taliban« viele unterschiedliche kriminelle Gruppierungen. Die keineswegs alle miteinander die gleichen Ziele verfolgen.

Was aber sicher ist: Im ganzen Land wächst die Gewalt gegen Frauen. Vor allem auch die häusliche Gewalt, durch Ehemänner, Väter und sogar durch Brüder. Nicht zuletzt darum haben die afghanischen Frauen große Angst vor dem Abzug der NATO-Truppen, die 2016 endgültig aus dem Land sein sollen. Denn sie fürchten nicht zu Unrecht, dass die neue Regierung im Zuge der Verhandlungen mit den Taliban die wenigen, spärlichen Errungenschaften der Frauen preisgeben wird: das Recht auf Schulbildung, auf Berufsausübung, auf Gesundheitsvorsorge und Unterstützung bei der Geburt. Schon jetzt verhandelt die amtierende Regierung mit den Taliban. Das bedeutet nichts Gutes, sagen mir die engagierten Frauen im Land.

Denn auch im neuen Jahrtausend, so erzählen sie mir, ist es in der afghanischen Gesellschaft üblich: Wenn Frauen aufbegehren, drohen ihnen Schläge von Ehemännern, Brüdern oder Eltern. Oder gar Gefängnis. In Afghanistan sitzen tausende von Frauen ein – wegen vermeintlicher »moralischer Verbrechen«. Das kann schon das Gespräch mit einem fremden Mann auf der Straße sein. Auf jeden Fall aber ist es ein moralisches Verbrechen, wenn die Ehefrau ihren Mann verlässt, egal aus welchen Gründen. Obwohl ein solcher Straftatbestand weder im afghanischen Recht noch in der Scharia existiert. Zwangsverheiratung und die Hochzeit von unter 16-jährigen Mädchen sind nach dem Gesetz verboten. Aber sie werden geduldet. Selbst wenn der Ehemann die Frau in der Ehe schlägt, sie vergewaltigt, ihr die Finger oder die Hand abhackt oder sie zu ermorden versucht – wenn die Frau den gewalttätigen Mann daraufhin verlässt, ist es sehr einfach für ihn, sie bei der Polizei anzuzeigen. Vor allem, wenn seine Familie die Frau in die Finger bekommt. Denn dann geht es nur noch um die Ehre des verlassenen Mannes und seiner Sippschaft, und die Frau wandert ganz schnell ins Gefängnis.

Gefängnis in Afghanistan? Das mag man sich nicht vorstellen. Sicher – angeblich soll es nicht mehr so schlimm sein wie zu Zeiten der Taliban. Aber immer noch zwängen sich 20, manchmal sogar 30 Frauen in einem einzigen Gefängnisloch. Zusammengepfercht wie Hühner in einer Legebatterie. Hygiene? Vergessen Sie es! Die Frauen liegen, wenn sie Platz finden, auf dem nackten Boden. Es gibt ein einziges Loch im Raum, das alle benutzen. Der Gestank ist unerträglich. Und dennoch müssen sie darin ausharren. Das alles ist immer noch Realität, obwohl die Taliban verjagt wurden, obwohl die extreme Form der Scharia der Vergangenheit angehört. Vermeintlich. Denn die Scharia spielt in der afghanischen Gesellschaft eine immer noch wesentliche Rolle.

Die Scharia – von Land zu Land verschieden angewandt

Die Scharia ist unumstößliches Recht für Muslime. Allerdings: Sie wird von Land zu Land verschieden angewandt. Die Verfassungen einiger Länder erwähnen die Scharia als Grundlage oder Quelle (so die Übersetzung) des säkularen, also weltlichen Rechts. Aber nicht in allen islamischen Ländern bestimmt die staatliche Rechtsprechung die Urteile. Es ist manchmal auch eine Mischung aus Scharia und staatlichem Gesetz. Denn Scharia bedeutet übersetzt in etwa »der Weg zur Quelle« und bezeichnet die Summe aller Regeln für das Leben des Gläubigen. Sie ist nicht festgeschrieben, sondern wird aus dem Koran und den Hadithen abgeleitet, den überlieferten Aussagen und Handlungen des Propheten. Damit ist die Scharia Gesetz, juristischer Leitfaden, moralischer Kompass und Alltagsvorschrift zugleich. Wie sehr die Rechtssprechung zur Scharia neigt oder zu den staatlich formulierten Gesetzen, hängt immer von den Männern ab. In Afghanistan jedenfalls überwiegen die Regeln der Scharia bei Weitem. Vor allem, wenn es um Mädchen und Frauen geht.

Kern des alten Scharia-Strafrechts sind die fünf »Hadd«-Verbrechen: Unzucht, wie etwa Geschlechtsverkehr außerhalb der Ehe. Außerdem fälschliche Bezichtigung der Unzucht, Alkoholkonsum, Diebstahl und Straßenraub. Die Strafen dafür sind Peitschenhiebe, Amputation von Gliedmaßen, Enthauptung und Steinigung.

Bei anderen Verbrechen bis hin zum Mord erlaubt die Scharia auch eine sogenannte Kompensation – an Angehörige des Opfers können Ausgleichszahlungen erfolgen, wie eine Ziege, oder die Tochter als Ehefrau für den Sohn der geschädigten Familie. Daneben gilt laut Scharia auch die »Genugtuung«, quasi ein Auge-um-Auge-Prinzip. Aktuell kam es im Iran zu einem Urteil gegen einen Mann, der einer Frau mit Säure das Gesicht verätzt hatte. Sie sollte ihm daraufhin ebenfalls mit Säure das Augenlicht nehmen dürfen. Nach einiger Bedenkzeit verzichtete die blinde Frau jedoch darauf.

Zurück nach Afghanistan: Habiba ist heute 18 Jahre alt. Sie wird mit 15 Jahren von ihrem Vater verheiratet. Als ihr Ehemann sie ständig schlägt und vergewaltigt, läuft sie davon. Aber niemand traut sich, die junge Frau aufzunehmen. Sie geht auf die Polizeistation. Das ist der erste große Fehler. Denn Polizisten sind Männer, halten zu Männern und haben wenig Verständnis, wenn eine Frau von Schlägen und Vergewaltigung erzählt. Schlimmer noch: Sie glauben ihr nicht. Sie habe wohl die Schläge verdient und die Vergewaltigung provoziert. So landet Habiba im Kabuler Gefängnis und bringt dort ihren Sohn zur Welt. Wann sie freikommt? Sie weiß es nicht. Wohin sie dann geht? Keine Ahnung. Sie kann nicht zurück zu ihrer Familie, denn der Vater hat sie ja gegen ein Stück Land verkauft. Frauenhäuser gibt es viel zu wenige in Afghanistan. Da ist sie fast sicherer im Gefängnis aufgehoben. Welch eine Perspektive! Wenn das Gefängnis der einzige Ort ist, an dem sich Frauen in einem Land sicher fühlen können!

Was läuft da schief in Afghanistan, wo doch die internationalen Verbündeten über 30 Milliarden US-Dollar in den Aufbau der afghanischen Sicherheitskräfte gesteckt haben? Aus dem Bericht des United States Institute of Peace (Amerikanisches Friedensinstitut) des Jahres 2009 geht hervor, dass die afghanische Polizei (ANP – Afghan National Police) von der Bevölkerung und vor allem von den Frauen als größere Bedrohung wahrgenommen wird als die Taliban. Menschenrechtsverletzungen, Eintreibung illegaler Steuergelder und die Forderung nach Bestechungsgeldern sind die Hauptgründe für den Vertrauensverlust, berichtet mir Humaira Rasul von Medica Afghanistan. Vor allem die Ausbildung der afghanischen Polizei scheint wohl nicht gelungen, höre ich überall vor allem von den Frauen. Und das ist noch freundlich ausgedrückt. Ein weiterer Grund: Als die neue Polizei im Land aufgebaut wurde, sind sehr viele Polizisten rekrutiert worden – aber nicht auch zeitgleich ausgebildet. So sind heute noch Polizisten völlig ohne Ausbildung im Einsatz. Inzwischen hat die ISAF

(International Security Assistance Force – Internationale Sicherheitsunterstützungstruppe aus 43 NATO- und Nicht-NATO-Staaten) ihren Anfangsfehler erkannt. Die Ausbildung der afghanischen Polizisten dauert heute ganze acht Wochen. Immerhin. Allerdings, so kritisieren afghanische Frauenverbände, erfolgt die Ausbildung von Militärs, nach militärischen Grundsätzen. Zu wenig wird dabei auf Frauen- und Menschenrechte, auf die afghanische Verfassung, Ethik und Moral oder den Umgang mit Gewalt Wert gelegt.

So spüren gerade die Frauen in diesem Land die Gefahr, die von den nicht oder schlecht ausgebildeten Polizisten ausgeht. Klientinnen von Medica Afghanistan berichten regelmäßig von sexuellen Übergriffen durch Polizeibeamte. Von Polizisten, die bei der Anzeige einer Vergewaltigung der Frau selbst die Schuld geben. Im besten Fall verhalten sich die Beamten respektlos oder aggressiv. Sie sind zudem oftmals Analphabeten und haben nie etwas von Frauen- oder Menschenrechten gehört, geschweige denn von den psychischen Auswirkungen von Gewalt oder den Umgang mit Gewaltopfern. Diese Themen kommen in ihrer sowieso schon viel zu knapp bemessenen Ausbildungszeit einfach nicht vor.

Es kommt aber noch schlimmer: Die United Nations Assistance Mission in Afghanistan (UNAMA – eine Mission der Vereinten Nationen, um die Regierung Afghanistans beim Auf- und Ausbau rechtsstaatlicher Strukturen zu unterstützen und die nationale Versöhnung zu fördern) beschuldigt inzwischen die afghanischen Sicherheitskräfte der schwersten Menschenrechtsverletzungen. Das reicht von der schon beschriebenen sexualisierten Gewalt gegen Frauen und Mädchen bis hin zur Rekrutierung von Kindersoldaten und deren sexueller Misshandlung. Etwas, das vor allem in den Kriegen in Afrika längst Alltag ist. Außerdem scheint die Folter von Frauen ein probates Mittel der Beamten in den Gefängnissen zu sein, um deren Willen zu brechen.

Maryam kämpft im Radio und im Provinzrat

Da muss man schon stark sein als Frau, in diesem Land. Wie die 28-jährige, bildhübsche Maryam Durani. Sie kämpft an zwei Fronten für die Rechte der Frauen: einmal in einem von ihr gegründeten Radiosender in der Stadt Kandahar und zum anderen als Mitglied des Provinzrates der Stadt. Ausgerechnet da, wo täglich tausende von NATO-Soldaten Kämpfe gegen die Taliban ausfechten. Maryams Waffen aber sind die Worte. Sie prangert Unrecht an. Sie sendet stundenlang in ihrem Programm Erzählungen und Berichte zu häuslicher Gewalt. Berichtet, wenn ein Mädchen an einen alten Afghanen als Ehefrau verkauft wurde. Ich frage Maryam direkt: Wie kommt sie mit den fundamentalistischen und frauenfeindlichen Taliban zurecht? Die Antwort kommt schnell und präzise: »Ich habe eher indirekte Beziehungen zu ihnen, wir reden hinter den Kulissen«, erzählt sie mir bei uns im Hotel in Kabul. Wenn sie in den Gesprächen nichts erreichen kann, dann macht sie einfach einen Thementag im Radio: »Da hören dann auch die Männer zu, merke ich später an ihren Reaktionen.«

Maryam Durani kommt sittsam im schwarzen, persischen Hidschab gekleidet zusammen mit ihrem Vater zum Interview: »Das ist einfach sicherer.« Denn sie ist erklärtermaßen ein Ziel der Taliban. Jeder dieser radikalen Islamisten mit einem Internetzugang kann sich ein Video ansehen, auf dem Maryam Durani zwischen Michelle Obama und Hillary Clinton steht. Maryam erhält den internationalen

Preis für »Frauen mit Mut«. In der amerikanischen Forbes-liste zählt sie seitdem zu den 100 einflussreichsten Frauen der Welt. Zu Recht. Hat sie Angst in Kandahar, in Afghanistan? »Nein, das hilft auch nicht weiter«, sagt sie auf ihre freundliche Art. Maryam Durani wird nicht aufgeben. Weder ihre Radiosendungen noch ihr politisches Engagement. Ihr nächstes Ziel ist die Einrichtung einer Frauenklinik in Kandahar, um die hohe Sterberate von Müttern bei der Geburt zu bekämpfen. Sie überleben nicht, weil so viele von ihnen schon als Kinder verheiratet werden, ohne »richtige Frauen« zu sein. Wenn sie ein Baby gebären müssen, sind beide in Gefahr: Mutter und Kind.

Beinahe wäre es auch Farzana in einem kleinen Dorf im Westen Afghanistans so ergangen. Das zehn Jahre alte Mädchen wird von ihrem Vater an einen 40 Jahre älteren Mann verkauft. Als Ehefrau, für 9 000 Dollar. Ein stolzer Preis. Sie ist verzweifelt, verspricht weniger zu essen zu Hause, damit sie nicht wegmuss. Sie verspricht, nur noch im Haushalt zu arbeiten und nicht mehr zur Schule zu gehen. Aber der Vater gibt nicht nach. Nur ihre Mutter Habiba unterstützt sie. Denn auch Habiba war einst als Kind verheiratet worden. Sie weiß genau, was ihrer Tochter droht. Auch wenn die Familie bitterarm ist, von weniger als 30 Dollar im Monat zu leben hat: Farzana soll nicht zu diesem alten Mann. Habiba wendet sich an eine Kinderschutzorganisation, die mit UNICEF zusammenarbeitet. Ein religiöser Führer wird eingeschaltet, um zwischen dem unnachgiebigen Vater und dem zukünftigen Ehemann zu vermitteln. Denn selbst im Islam ist die Kinderehe verboten. So die Argumentation des Mediators. Und auch im afghanischen Gesetz steht Kinderheirat unter Strafe. Drei Monate dauern die Verhandlungen. Erst zehn Tage vor der geplanten Hochzeit ist der Vater bereit, dem Bräutigam die 9000 Dollar zurückzuzahlen. Farzana kann bei ihrer Familie bleiben. Welch ein Glück. Aber sie ist nur eine, die diesem Schicksal entkommt. Tausende andere Mädchen werden an alte Männer verkauft und verheiratet. Ohne Rückkehrrecht.

Sie wollen nach Bamiyan? Viel zu gefährlich!

Auf der Karte sind es gerade mal 150 Kilometer von der Hauptstadt Kabul in die Provinzhauptstadt Bamiyan. Doch Ausländer dürfen diese Route längst nicht mehr nutzen. Zu gefährlich, sagen mir die Mitarbeiter von Hilfsorganisationen und ausländischen Regierungen. Immer wieder kommt es zu Überfällen und Kidnapping von ausländischen Regierungsmitarbeitern.

Heute leben rund 10000 Menschen im sogenannten Hazara-Land: ein weites Tal mit Flüssen, von hohen Bergen umgeben. Es gilt als einer der ärmsten Landstriche, aber auch als einer der schönsten. So zog die Gegend von Bamiyan früher nicht nur Touristen an, sondern vor allem auch buddhistische Gläubige. Sie wollten den wunderbaren Buddhastatuen in den großen Felsnischen huldigen. Und noch weit davor machten die Reisenden auf der Seidenstraße hier halt.

Das ist alles Vergangenheit. Vor allem, seit die Taliban im März 2001 die riesigen Buddhastatuen von 38 und 55 Metern mit Dynamit und Panzergeschützen zerstörten. Die Bilder gingen damals um die Welt: Ein einmaliges Kulturdenkmal lag in Schutt und Asche. Jetzt ist in und rund um Bamiyan wieder relativer Friede eingekehrt. Die Taliban lassen diesen Landstrich seit ihrer Gewaltattacke in Ruhe. Bis vor Kurzem regierte hier Habiba Sarabi, die erste weibliche Gouverneurin Afghanistans. Wie das möglich ist in diesem Land? Nur mit unglaublich viel Mut und Kraft.

Ihre Geschichte ist typisch für viele der außergewöhnlichen und kämpferischen Frauen in Afghanistan. Habiba hat einen gewalttätigen Vater. Als die Mutter viel zu früh stirbt, beginnt das Mädchen gegen die Bevorzugung der Brüder und damit auch gegen den Vater zu rebellieren. Ihr Glück ist das Unglück Afghanistans: die russische Besatzung. Wegen der freieren Gesetze und dem gleichberechtigten Leben der Frauen damals kann Habiba Pharmazie in Kabul studieren, heiratet, bekommt Kinder, und alles scheint auf einem guten Weg. Bis die Mudschahedin auf den Plan treten, Kabul zum Schlachtfeld wird und danach die Taliban das Land mit der Stille eines Friedhofs überziehen. Frauen werden unsichtbar. Habiba packt ihre drei Kinder und flüchtet nach Pakistan. Ihr Mann bleibt in Kabul. Fünf Jahre Exil – das will ausgehalten werden. Habiba nutzt die Zeit und hilft Flüchtlingsfrauen, hält Workshops über Frauenrechte.

Heimlich zieht sie in Afghanistan ein Netz von Untergrundschulen hoch. Die von ihr eigentlich verhasste Burka tut gute Dienste – denn sie ist eine erfolgreiche Tarnung bei ihren Reisen in ihr Heimatland. Nach der Vertreibung der Taliban kehrt Habiba mit den Kindern wieder heim und wird relativ schnell Frauenministerin. Ein schwieriger Job. Ohne Etat, ohne die Unterstützung von qualifizierten Frauen. Präsident Hamid Karzai will Habiba eigentlich »entsorgen«, und zwar mit einem gut bezahlten Job im Ausland. Aber Habiba möchte lieber im Land bleiben und Gouverneurin werden, eine Position ähnlich dem Ministerpräsidentenamt in Deutschland. Diesen Posten hatten in Afghanistan bisher nur Männer inne. Plötzlich eine Frau auf diesem Stuhl – für Afghanen unvorstellbar.

Aber: Habiba Sarabi wird Gouverneurin in der Provinz Bamiyan. Und sie ist eine sehr erfolgreiche Politikerin: Straßen werden asphaltiert, Schulen gebaut. Immer mehr Mädchen dürfen Jahr für Jahr zur Schule gehen. Frauen legen die Führerscheinprüfung ab und können den Polizeiberuf ergreifen.

Aber 2013 gibt sie ihren Posten als Gouverneurin auf, da sie sich in Kabul als Kandidatin für die Präsidentschaftswahl 2014 aufstellen lässt – ein Jahr vorher ist Schluss mit anderen politischen Ämtern. Um die Kandidatur bewirbt Habiba sich, weil sie sich ein anderes, ein rechtsstaatlicheres und frauenfreundlicheres Afghanistan wünscht. Wie es ausgehen wird? Im Gespräch mit mir sagt sie, dass wohl vor allem die Frauen wählen gehen werden, als Zeichen für eine neue Zukunft. Schon eine Vize-Präsidentschaft wäre ein großer Sieg für Habiba Sarabi und ein positives Signal. Gouverneurin in Bamiyan jedenfalls wird sie wohl nicht mehr werden können.

Leider – denn eine zupackende Frau in dieser Provinz wäre auch weiterhin dringend nötig. Eine, die sich vielleicht einmischen würde in diese so berührende und für Afghanistan leider auch typische Geschichte eines jungen Paares:

Romeo und Julia im Schatten der Buddhahöhlen

Sie ist seine Julia, er ihr Romeo. Aber ihre Familien wollen sie beide töten. Zakia ist 18 Jahre alt, Mohammad 21. Beide sind Kinder von Bauern, aufgewachsen mitten in den Bergen in der Region um Bamiyan. Dort, wo heute nur noch zwei große dunkle Höhlen an die Sprengungen der Buddhastatuen erinnern.

Zakia und Mohammad sind ein attraktives Paar. Sie zieht sich gerne farbenfroh an, mit einer orangefarbenen Jacke, dazu modisch aktuell ein pinker Schal. Er trägt gerne einen weißen Schal um den Hals, der gut zu seinen schwarzen Haaren passt. Beide haben bernsteinfarbene Augen. Und: Beide waren noch nie irgendwo zu zweit allein, ohne andere Menschen. Aber sie haben ihren Familien ihre Liebe erklärt und dass sie heiraten möchten. Trotz der unterschiedlichen Stammesherkunft. Das ist der große Kummer. Denn ihre Familien haben sie ausgestoßen und zum Tode verurteilt, weil sie die Ehre der Familien beschmutzen.

Zakia hat inzwischen Schutz gefunden in einem Frauenhaus bei Bamiyan. Und obwohl sie laut afghanischem Gesetz als erwachsen gilt, hat sie der örtliche Richter dazu verurteilt, wieder zu ihrer Familie zurückzukehren. Davor aber hat sie panische Angst, denn die Familie würde sie töten, da ist sie sich sicher. Im Frauenhaus will sie auf ihren Geliebten warten, egal wie lange. Das klingt nach Shakespeares Drama »Romeo und Julia«? Ja, und wie wir wissen, geht das nicht gut aus. Denn auch das Afghanistan des 21. Jahrhunderts ist alles andere als ein Märchen. Wenn sich junge Menschen alleine auf den Weg machen und sich für einen anderen entscheiden, mit dem die Eltern nicht einverstanden sind, kommt es schnell zu einem Verstoß aus der Familie, oft gar zu einem Ehrenmord.

Dabei kennen sich Zakia und Mohammad bereits aus Kindertagen. Sie haben gemeinsam in den Feldern rund um ihr Dorf gespielt und später zusammen gearbeitet. Wenn seine Eltern dieser Ehe zustimmten, müssten sie der Familie der Braut ein paar Ziegen zahlen. Das wäre es. Aber eine Ehe aus Liebe ist in Afghanistan »Die Geschichte des Todes«, wie Reza Farzam mir erklärt, eine afghanische Universitätsprofessorin für Soziologie.

Nicht mal in einem Radius von 180 Grad kann die Afghanin in ihrer Burka sehen. Das Kopfteil presst sich fest auf die Haare und macht vielen Kopfschmerzen. Nirgendwo im Koran steht, dass sich Frauen derart verstecken müssen.

Die Schwestern Adiba und Sabrina aus Charikar lassen sich in ihrem Hidschab nur von hinten fotografieren. Aber nach ihrem Schulabschluss wollen sie einen Beruf ausüben und ein eigenständiges Leben führen.

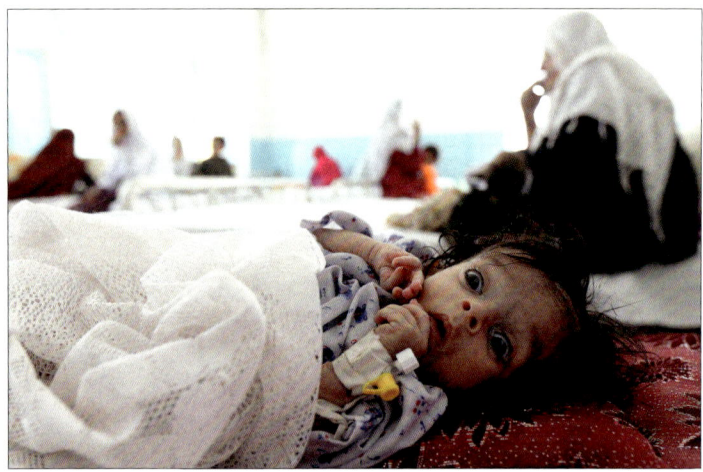

Tausende Neugeborene kommen mangelernährt auf die Welt. Nur eine teure Spezialnahrung kann sie retten. Die kleine Chausa wird so im Krankenhaus in der Provinz
Parwan hoffentlich überleben.

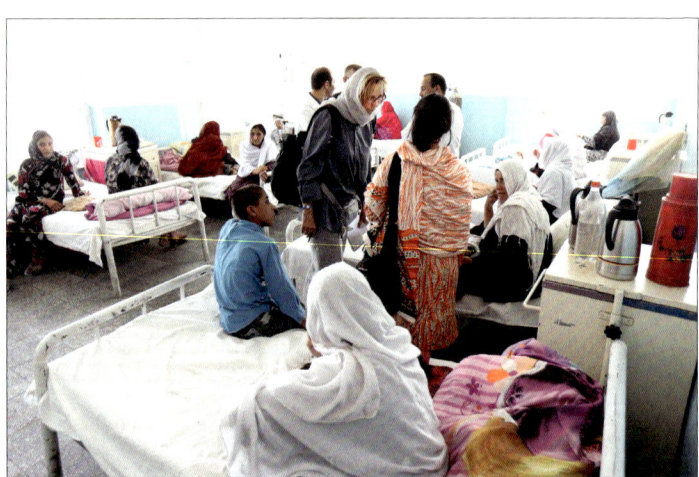

Die Mütter liegen mit ihren kranken Kindern in einem Bett. Sie alle sind hin- und her-
gerissen zwischen der meist großen Familie zu Hause und dem mangelernährten Baby
hier in der Klinik.

Im Müll in den Flussbetten von Kabul finden die Kinder immer etwas Nützliches, das sie auf der Straße zu Geld machen können. Damit unterstützen sie ihre Familien in den Flüchtlingslagern rund um die Stadt.

Keiner kümmert sich um die Millionen Flüchtlinge in den 35 Lagern rund um die Stadt Kabul. Diese Menschen sind seit zehn Jahren auf der Flucht, vertrieben von den Kriegen in ihrem Land.

Sadaf Rahimi hätte es 2012 beinahe nach London zu den olympischen Spielen geschafft: Sie trainiert dreimal die Woche mit 20 anderen jungen Afghaninnen in der
Ghazi-Arena. Zwar mit Kopftuch, aber voller Power.

Ihre Burkas ziehen sie erst aus, als ich die Kamera zur Seite lege: die Frauen aus Guldara, die jedes Wochenende in andere Familien gehen, um dort die Männer zu überzeugen, ihre schwangeren Frauen doch in das Geburtszentrum zu schicken.

Und warum ist das alles so schwierig? Mohammad ist Hazara, Zakia ist Tadschikin. Der eine Schiit, die andere Sunnitin. So begann es: Ein kurzer Blick von Mohammad in Richtung Zakia. Dann ist er sich sicher: Sie liebt ihn. Über eine Verwandte lässt er ihr ein Handy zustecken. Vier lange Jahre sprechen sie vor allem über diesen Weg miteinander. Sehen geht nicht, miteinander reden schon gar nicht. Das verbietet die afghanische Gesellschaft. Aber immer, wenn Zakia alleine ist, ruft sie Mohammad an.

Jahre später schickt Mohammad traditionell seinen Vater vor, um um die Hand seiner Geliebten anzuhalten. Aber Zakias Familie ist empört, auch, als Mohammads Familie ein großes Stück Land als Brautpreis anbietet. Da ergreift Zakia die Initiative und läuft in Mohammads Haus. Mit der Bitte, aufgenommen zu werden und ihn heiraten zu dürfen. Doch Mohammads Familie schickt sie zurück. Zweimal. Mohammad ist verzweifelt. Sein älterer Bruder schlägt ihn so heftig, dass er ins Krankenhaus kommt.

Auch Zakia wird von ihren Eltern geschlagen, als sie das Handy entdecken und konfiszieren. Nachdem Zakia ein drittes Mal in Mohammads Elternhaus geflohen ist, bringt er seine Geliebte ins Frauenhaus. Der Fall geht vor Gericht. Der Richter – ein Tadschike – verbietet die Eheschließung der beiden. Auch, als Zakia ihn mutig daran erinnert, dass sie doch alle Muslime seien.

Seit fünf Monaten wohnt sie jetzt im Frauenhaus. Ohne Kontakt zu Mohammad, geschweige denn zu ihrer wütenden Familie. »Wenn er stirbt, dann sterbe ich auch«, sagt sie traurig. Und: »Ich würde mir das Leben nehmen.« Ihre Familie erzählt vor Gericht eine ganz andere Geschichte, nämlich, dass Zakia lange vorher mit ihrem Cousin verheiratet worden sei. Zakia verneint das heftig – aber der Vater nennt als Beweis 28 000 Afghanis, rund 500 Dollar, die der Cousin ihm schon längst bezahlt habe.

Diese arrangierte – oder besser: gekaufte – Ehe ist aber nie vollzogen worden. Weil, wie der Vater später vor Gericht einräumt, die Hochzeitsfeier zu spät angesetzt worden sei. Inzwischen will der Vater angeblich nur noch, dass seine Tochter nach Hause kommt. Aber Zakia ahnt, was ihr dort blühen könnte: Schläge, gar ein Ehrenmord. Sie hat kein Vertrauen mehr. Und wartet auf ein Wunder.

Werden die Bodenschätze oder der Mohn das Land reich machen?

Die Zukunft der Mädchen und Frauen in Afghanistan wird auch sehr von einem möglichen wirtschaftlichen Wachstum abhängen. Vorausgesetzt, kluge Politiker werden einst die eingenommenen Gelder zum Wohle der Menschen investieren. Denn Geld könnte bald in Mengen fließen. Weil das Land reich ist an Bodenschätzen. Und der »Run« darauf ist in vollem Gange. Auch die deutsche Bundesregierung beteiligt sich am Wettrennen um die im Boden schlummernden Ressourcen des Krisenstaates, genauso wie Russland, China und die Vereinigten Staaten.

Ziel sind die noch unerschlossenen Rohstoffe, die laut einer US-Studie eine Billion Dollar wert sein sollen. Neben Erdgas, Öl und Kohle verfügt Afghanistan über Kupfer, Eisenerz, Gold, Edelsteine, Seltene Erden, Chrom, Talk, Barit und Schwefel. Mit all diesen Schätzen könnte Afghanistan eines der wichtigsten Bergbaugebiete der Erde werden.

Dass die afghanische Regierung die geschätzten Bodenwerte dreimal höher als die Amerikaner einstuft, ist nicht verwunderlich. Afghanistans Bergbauminister Wahidullah Shahrani veröffentlichte aktuell eine Liste von rund

200 Bergbauprojekten. Dabei handelt es sich, so der Branchendienst epo, um kleinere Erschließungsaufträge. Die Details der großen Minenprojekte, etwa eine für 30 Jahre gültige Lizenz zur Ausbeutung der Aynak-Kupfermine, die zum Preis von mehr als drei Milliarden Dollar an chinesische Investoren vergeben wurde, warten auf ihre Offenlegung. Vor allem die NGOs monieren das und fordern Transparenz. So könnten die Bodenschätze eines Tages den Weg in eine gesunde und wirtschaftlich erfolgreiche Zukunft Afghanistans weisen. Nach nun 30 bitteren Kriegsjahren.

Schon heute rechnen Wirtschaftsfachleute der afghanischen Regierung mit einem jährlichen Wachstum von drei bis vier Prozent. Immer in der Hoffnung, dass die afghanischen Warlords nicht wieder ihre alten Kämpfe um diese Ressourcen anzetteln.

Ein paar Sätze zum Mohnanbau. Denn was in keiner Bilanz der Regierung auftaucht, ist der Anbau von Schlafmohn, aus dem Heroin hergestellt wird. Das Land produziert jährlich 150 Milliarden Portionen des weißen Pulvers. Das 20-Fache der Erdbevölkerung!

Seit der Invasion der Alliierten 2001 ist die Heroinerzeugung um mehr als das 40-Fache gestiegen. Keine Rede mehr davon, dass Afghanistan einst die Herstellung von Drogen stoppen wollte. Damit das passiert, haben allein die Amerikaner bis 2014 zehn Milliarden Dollar für die Drogenbekämpfung bereitgestellt. Nach Ansicht des zuständigen US-Inspektors John Sopko sind die amerikanischen Anti-Drogen-Maßnahmen in Afghanistan aber gescheitert. »Es ist uns nicht gelungen, die Verbindungen zwischen der Drogenkultur, der Drogenproduktion und den Aktivitäten afghanischer Kämpfer zu zerstören«, so Sopko im Jahr 2014 in einem CNN-Interview. Von der afghanischen Drogenproduktion profitieren bis zu drei Millionen Bauern. Hunderttausende von Menschen konsumieren das Heroin. Und es werden immer mehr. »Die Weltgemeinschaft verliert den Krieg gegen den afghanischen Rauschgifthandel«, resümiert auch der Sonderbeauftragte des UN-Generalsekretärs für Afghanistan, Ján Kubiš.

Eines muss man sich vor Augen führen, wenn man die Geschichte von Afghanistan erzählt: Die Taliban haben es geschafft, unter ihrer Herrschaft den Anbau von Mohn weitgehend zu stoppen. Aber nach dem Einmarsch der Truppen der internationalen Koalition ist die Drogenproduktion wieder drastisch gestiegen. Dabei sind sich die NATO-Generäle einig, dass die Zerstörung der Mohn-Plantagen die Bauern wütend machen würde. Wütend auf die ausländischen Soldaten. Was wiederum den NATO-Truppen die Erfüllung ihrer Mission stark erschweren könnte. Und so ist nichts geschehen auf den Mohnfeldern. Daher basiert momentan ein Großteil des Bruttoinlandsproduktes Afghanistans auf dem Opiumanbau. Eine bittere Bilanz.

Zumal die USA, aber auch Großbritannien und Frankreich sowie der Nachbar Russland ernsthaft unter den afghanischen Drogen leiden. Beispielsweise stammen 95 Prozent der Opiate auf dem britischen Markt aus Afghanistan. Auch Russland hat sich seit ein paar Jahren aus einem reinen Transitland für die Drogen in einen der größten Heroinabnehmer gewandelt. Ärgerlicherweise sind sich aber der Westen und Russland über die Lösung des Problems uneinig. Moskau ist der Meinung, man müsse sofort mit der Vernichtung der Anbauflächen für Mohn beginnen. In den westlichen Ländern glaubt man dagegen, die Mohnfelder und Drogenlabors würden von selbst verschwinden, wenn die afghanische Wirtschaft einen Aufschwung erlebt und es gelänge, die Bauern für die Entwicklung der Landwirtschaft zu gewinnen. Kaum jemand zweifelt grundsätzlich an dieser Idee. Aber für ihre Umsetzung wird man Jahre oder gar Jahrzehnte brauchen. Die Vernichtung wäre eine Sofortlösung. Denn leider fordert das afghanische Heroin weltweit bis heute schon mehr Todesopfer, als je unter den Kugeln der Taliban gestorben sind.

Allein unter den Frauen höre ich Geschichten, die man nicht glauben mag

Die Frauengeschichten in Afghanistan gehen unter die Haut. Als Europäerin ist man fassungslos. So geht es jedenfalls mir in Guldara, einem Dorf im Norden. Da hockt die 39-jährige Rogol mit 18 anderen Frauen auf einem verschlissenen blauen Teppichboden in einem kleinen Haus. Eigentlich ist es eher eine verfallene Steinhütte. Die Frauen sind in ihren Burkas den kleinen Hügel heraufgekommen, denn wir haben uns vor dem Frauenzentrum des Dorfes verabredet. Die Männer mussten zurückbleiben, auch unser Fotograf und der Fahrer sind nicht erwünscht. Keine Männer weit und breit – das war die Bedingung.

Vor der Türe der Steinhütte ziehen wir nach gutem afghanischem Brauch unsere Schuhe aus. Bei den Afghanin nen geht das schnell. Sie tragen alle Plastik-Flipflops. Ich brauche mit meinen Turnschuhen ein wenig länger. Maryam, meine afghanische Übersetzerin, stellt mich den Frauen vor, erklärt, dass ich über die Situation der Frauen und Kinder schreiben möchte. Das freut sie alle sichtbar. Sie nicken mir freundlich zu. Ich erzähle ein wenig von den Frauen in Deutschland, wie sehr wir uns für das Leben und das Schicksal der Afghaninnen interessieren. Die Frauen ziehen sich jetzt doch ihre Burkas aus. Es ist klar, dass wir länger miteinander reden und hier hocken werden. Einige verhüllen ihr Haar noch mit einem Schleier. Ich achte wieder darauf, dass meine Fußsohlen unter meinem Gesäß versteckt sind und nicht auf einen Menschen zeigen.

Rogol beginnt als Erste ihre Geschichte zu erzählen. Acht Fehlgeburten hat sie durchlitten. Aber ihre Familie, das heißt vor allem ihr Mann, hat sie nie zum Arzt gehen lassen. Erst als das UNICEF-Frauenprojekt in der nahen Deh-Now-Klinik in Guldara eingerichtet wird, bringt sie ihr Mann dorthin. Deh Now heißen in Afghanistan alle Orte mit Krankenstationen, einem Amt und sonstigen Einrichtungen für eine funktionierende regionale Struktur. Dort stellen die Ärzte fest, dass eine einfache Impfung Rogol helfen kann: Ihre fünf folgenden Kinder kommen alle ohne Komplikationen zur Welt, und zwar zu Hause, wie bei über 85 Prozent aller Frauen in Afghanistan. Hausgeburten aber sind nicht ungefährlich. Oft kommt es dabei aus hygienischen Gründen zu Infektionen. Deshalb sterben so viele Frauen in Afghanistan wie sonst nirgendwo auf der Welt bei einer Geburt.

Rogol erinnert sich an ihre erste Geburt: »Meine Schwiegermutter hat mich in das dunkelste Eck im Stall gesteckt, damit niemand meine Schreie hört. Überall Dreck, Abfälle und die Tiere. Mit ihrem Knie hat sie mir immer wieder fest in den Rücken gestoßen oder mich an den Schultern hochgezogen und geschüttelt. Das war alles so schrecklich.« Rogol lächelt zwar bei ihrer Erzählung, aber ihre Not, ihre Angst sind immer noch spürbar. Die anderen Kinder hat sie in der Geburtsstation von Deh Now zur Welt gebracht. Ohne die Schwiegermutter und ohne die Tritte in den Rücken. Die Kinder haben alle überlebt – und vor allem auch sie selbst.

Damit es anderen Müttern nicht so ergeht wie ihr, arbeitet Rogol freiwillig mit den anderen 17 Frauen im Geburtszentrum. An den Wochenenden geht sie in die Familien rundum in ihrer Gemeinde. Versucht den Vätern klarzumachen, wie wichtig es für ihre Frauen und ihre Babys ist, dass sie in einer sauberen Umgebung gebären können. Damit die Babys überleben, damit die Mütter überleben. Die eigenen, meist schlimmen Erfahrungen motivieren diese 18 Frauen in Guldara. Sie können zwar weder lesen noch schreiben, wie 78 Prozent aller afghanischen Frauen zwischen 15 und 24 Jahren. Aber UNICEF hat Bilderbücher für sie malen lassen. Die zeigen sie bei ihren Hausbesuchen den Frauen und ihren Männern. So erreichen sie, dass die Babys in einer Mütterstation mit Unterstützung einer ausgebildeten Hebamme zur Welt kommen – und eben nicht in einem dreckigen Eck im Stall.

Nach drei Stunden bedanke ich mich für die Offenheit der Frauen, für ihre Geschichten, die mich noch lange bewegen werden. Ob ich auch Kinder habe? »Ja, zwei Söhne, die sind schon groß«, erzähle ich. »Warum nur zwei?«, fragt mich Rogol. Wie ich es denn geschafft hätte, nicht weiter schwanger zu werden? Da erzähle ich von der Pille, die wir Frauen in den Industrienationen seit nun 40 Jahren einnehmen und damit ungewollte Schwangerschaften verhindern können. Die Afghaninnen schütteln ungläubig ihre Köpfe bei der Übersetzung von Maryam.

Noch lange danach stecken sie die Köpfe zusammen, um über »die Pille« zu reden. Ich kann mir gut vorstellen, dass die Aussicht, jedes Jahr schwanger zu werden, jedes Jahr gebären zu müssen, nicht unbedingt der Traum einer Frau ist. Denn von Empfängnisverhütung wollen die afghanischen Männer nichts wissen. Und keine der Frauen käme auf die Idee, mit ihrem Ehemann darüber zu sprechen.

Jetzt ziehen wieder alle ihre hellblaue, in der Sonne silbern schimmernde Burka über den Kopf. Außerhalb des Hauses ist das auf dem Land einfach Pflicht. »Sonst schlägt mich mein Mann«, sagt die schon 55-jährige Safi. Weil beim

Anblick der eigenen Frau andere, nicht verheiratete Männer womöglich auf keine guten Gedanken kommen ... Was für eine Welt: mit der ständig drohenden Gewalt der Männer, der Väter und oft auch der erwachsenen Söhne leben zu müssen. Die wiederum nichts anderes als Gewalt bei den eigenen Vätern und Brüdern gesehen und gelernt haben.

Die gebildete Jugend will nichts wie weg

Unter den Taliban gab es im ganzen Land nur sechs Universitäten. Alle gleichermaßen verwahrlost. Heute existieren 31 staatliche und mehr als 70 private Hochschulen. 250000 Frauen und Männer sind dort eingeschrieben, tausende Studenten und Studentinnen machen ihre Abschlüsse. Und das ist überlebensnotwendig für die Zukunft. Denn Afghanistan ist eines der Länder mit der jüngsten Bevölkerung weltweit. Nach Angaben der Vereinten Nationen sind über 70 Prozent der Afghanen unter 25 Jahre alt. Da ist eine gebildete, junge Generation für viele der Weg zum Fortschritt.

Die hübsche Jamshed aus Kabul zum Beispiel, 22 Jahre alt, hat einen Masterabschluss in Wirtschaftswissenschaften in der Tasche, absolviert in Deutschland. Doch sie befürchtet: »Tausende Frauen, die wie ich studiert haben, müssen bald wieder zu Hause bleiben. Ihr Potenzial bleibt ungenutzt und geht verloren.« Nämlich dann, wenn nach dem Abzug der NATO-Truppen radikal-islamische Kräfte an die Macht gelangen sollten.

Jamsheds Befürchtungen teilen viele Frauen. Auch Maryam Faisir. Sie ist 19 Jahre alt und studiert an einer Privatuniversität Zahnmedizin. Dafür zahlt ihr Vater jeden Monat 120 Dollar, was in Afghanistan eine Menge Geld ist.

Er arbeitet in einem Ministerium und verdient dort weit weniger. Woher das Geld wirklich kommt, wage ich nicht zu fragen. Das ist wohl ein anderes Kapitel.

Wenn Maryam fertig ist mit ihrem Studium, will sie nichts wie weg aus Afghanistan: »Am liebsten in die Vereinigten Staaten von Amerika«, erzählt sie mir, als wir uns in ihrem Hörsaal unterhalten. Ihre Eltern unterstützen sie nicht nur finanziell, sondern auch in ihrem Wunsch, nur einen Mann zu heiraten, der auch mit ihrer Berufstätigkeit einverstanden ist. Den muss sie aber erst einmal finden, in einem Land, in dem Männer daran gewöhnt sind, dass Frauen wie ein Eigentum zu Hause Haushalt und Kinder versorgen. »Auch meine Kommilitoninnen wollen ins Ausland. Frauen sind in diesem Land wenig wert, die Sicherheit ist immer noch ein großes Problem, und wie es mit der Wirtschaft weitergeht, weiß auch keiner.«

Obwohl sie ihre Heimat kritisch sieht und wenig Hoffnung für die Zukunft hat, scheint Maryam auf der anderen Seite ihrer muslimischen Religion und den Traditionen eng verbunden. Sie trägt den persischen Hidschab. Das schwarze Tuch liegt eng am Kopf an, damit kein einziges Haar herausspitzt. Ihre Füße stecken trotz der modischen Sandalen in dicken Socken. In Kabul hat es an diesem Julitag 37 Grad! Beim Blick auf ihre Socken und Sandalen frage ich mich, ob das das richtige Outfit für eine Berufstätigkeit in den erträumten Vereinigten Staaten von Amerika ist? Da wird Maryam wohl umdenken müssen und ganz schnell Hidschab und Socken ablegen.

35 Flüchtlingslager rund um Kabul

Direkt neben der privaten Universität guckt sich Fotograf Peter Müller in einer Seitenstraße um, da er im Gespräch mit der Studentin als Mann nicht erwünscht ist. Dabei entdeckt er ein riesiges Flüchtlingslager. Eines von 35, wie ich später erfahre. Diese Lager ziehen sich wie ein Ring um die Stadt.

Magisch angezogen balancieren wir über große Steine und Felsen hinein: Im grauen Dunst und Staub der Fünf-Millionen-Metropole Kabul gehen die löchrigen Lehmhütten unter. Über eine Million Flüchtlinge vegetieren in diesen Lagern – unter ärmlichsten Bedingungen. Insgesamt sind in Afghanistan 450 000 Menschen von ihren angestammten Wohnorten vertrieben worden, dazu kommen 5,7 Millionen Flüchtlinge, die meisten aus Pakistan. Wie soll ein Land mit rund 32 Millionen Einwohnern solche Probleme lösen?

Und hinter jeder nüchternen Zahl steckt ein menschliches Schicksal. Meistens das eines Kindes. Einige von ihnen winken uns zu, als wir zögerlich über diese graubraune Steinwüste sehen. Wir sollen ihnen folgen. Seit vier Jahren sind sie hier, erfahre ich später von einer alten Frau. Vorher seien sie vor den russischen Soldaten aus Kunduz nach Pakistan geflohen. Ihre Hütten aus Khak – so heißt der Lehm – bröckeln bei 37 Grad Hitze vor sich hin. Ich mag mir gar nicht vorstellen, wie diese Behausungen aussehen, wenn es in Strömen regnet – was oft passiert. Oder wie eisig kalt es sein mag, wenn in Kabul auf 1 800 Metern Höhe der harte Winter Einzug hält.

Die Menschen versuchen in ihrer Armut noch ein Mindestmaß an muslimischer Tradition zu pflegen: Ein löchriger, grün-weißer Plastikteppich liegt vor der Hütte der alten Frau. Sie ist wohl die Großmutter der Kinder, die uns hierhergelockt haben. Darüber schützt ein Dach aus Plastikplanen vor der heute brennenden Julisonne. Ich ziehe selbstverständlich meine inzwischen staubig-dreckigen Turnschuhe aus, bevor ich in den inneren Bereich eintrete. Ganz afghanische Gastfreundschaft wird mir ein Tschai angeboten – ein heller Tee in einem nicht gerade sauberen Glas. Es fällt mir schwer, ihn abzulehnen. Diese Geste berührt mich und ich nehme den Tee. Wovon sie hier leben? »Nachbarn kommen manchmal vorbei und bringen Kleidung und Essen. Sonst hilft uns niemand«, erzählt mir die 52-jährige Maryam, Mutter von acht Kindern. Ihr ältester Sohn hat einen kleinen Job und trägt aus einem Lebensmittelgeschäft die Ware zu den Käufern nach Hause. Die geben ihm dann manchmal auch etwas Trinkgeld.

Was das von 30 Jahren Krieg so schwer gebeutelte Land mit seinen Flüchtlingen machen wird? Keiner weiß es, keiner will es wissen. Es ist ein menschliches Drama, das sich hier vor den Toren Kabuls abspielt.

Ein Drama auch deshalb, weil es die Frauen aus diesen Flüchtlingslagern wohl nie in eine der 30 Frauenkliniken in der Stadt schaffen. Ihre Kinder kommen in den Elendshütten zur Welt. Niemand kümmert sich um die gebärende Mutter, um das neugeborene Baby. Dabei gibt es inzwischen Kliniken, wie das Malalai Maternal Hospital im Zentrum Kabuls: Wenn ein fortschrittlich denkender Mann seine schwangere Frau unterstützen will, sucht er mit ihr den Weg zum Beispiel dorthin. Die Frauen erscheinen ganz traditionsgemäß entweder mit ihren Männern oder Vätern. Sollte eine Frau bei Geburtskomplikationen einen Kaiserschnitt benötigen, muss zwar eigentlich – das ist Gesetz – der Mann oder Vater seine Einwilligung geben. Aber: »Wenn wir die Einwilligung nicht bekommen, dann machen wir trotzdem eine Sectio, um Mutter und Kind zu retten«, erzählt mir Dr. Hafiza Omarkhil. Die 40-Jährige ist eine von 300 Ärztinnen in dieser Klinik. Täglich kommen hier mindestens 200 hochschwangere Frauen an. Ihre Männer warten im Vorhof unter den Bäumen. Oft Stunden und Tage.

Vollkommen verdeckt vom Hidschab kommt mir im Krankenhaus eine junge Frau mit einem Bündel im Arm entgegen. Ein Lächeln von mir, ich zeige mit dem Finger auf das Bündel, und sie deckt mir glücklich strahlend ihre Tochter auf. Gerade drei Stunden alt, da geht die Mutter schon mit dem Baby im Arm nach Hause. Sie umarmt mich, was Afghaninnen sonst nicht tun. Aber ihr Glück lässt sie alle Konventionen vergessen. Wir verstehen uns von Frau zu Frau. Die Freude nach einer Geburt ist auf der ganzen Welt die gleiche. Da spielen Sprachen wie Farsi oder Dari oder Deutsch keine Rolle mehr.

60 000 Kinder leben auf den Straßen Kabuls

Wir fahren in diesen Tagen umhüllt von Staub und Hitze von Projekt zu Projekt, von Interview zu Interview. Ich habe oft das Gefühl, zu wenig vom wirklichen Leben mitzubekommen, vor allem auch vom Leben der Kinder. Mittags, bei 39 Grad, mache ich mich darum auf den Weg zu einem Markt. Es herrscht eine eher trockene Hitze in der Stadt, für mich als Europäerin ganz gut zu ertragen. Zwar stören mich der Schal auf den Haaren, mein langes Hemd und die langen Hosen – gerne wäre ich luftiger gekleidet. Das geht aber nicht, nicht in Afghanistan, und auch nicht in der Hauptstadt Kabul.

Wie überzuckert sind die lehmfarbenen Häuser von feinem Sand. Sie stehen eng beieinander. Diese Stadt, die einst für nicht einmal eine Million Einwohner konzipierte wurde, platzt aus allen Nähten. Sind es wirklich fünf Millionen? Oder doch mehr? Auch bei der Stadtverwaltung ist man sich da nicht sicher. Denn die Flüchtlinge in den Lagern rund um Kabul werden einfach nicht mitgezählt.

Unter einer Brücke verläuft ein mickriges Rinnsal. Das Flussbett ist allerdings breit. Da muss im Winter mehr Wasser fließen, hoffe ich für die Menschen hier. Denn Wasser ist schließlich Leben … Die Stadt hat aber keine Kanalisation. Die einstigen Abwassergräben sind längst zugemüllt. Den Geruch muss ich nicht beschreiben. Generatoren sorgen für Elektrizität. Aber nicht immer, nur hin und wieder. Inschallah – so Gott will. Daran gewöhnt man sich.

Zwei Jungen mit langen Stöcken sammeln gerade Abfall und stecken ihn in Säcke. Nicht, um dort sauber zu machen, wie bei uns in Europa, wenn die Städte und Parks im Frühjahr gereinigt werden. Nein, diese Kinder wollen den Abfall verwerten, ihn zu Geld machen. Eine kleine Chance für ein Nan, ein Stück gebackenes Brot, gegen den nagenden Hunger.

Die Vereinten Nationen schätzen, dass allein in Kabul 60 000 Kinder auf der Straße leben. Das sind keine Waisen, sondern einfach nur Kinder armer Eltern. Sie versuchen, ein wenig Geld zu verdienen. Indem sie Schuhe putzen, Müll sammeln oder wohlduftenden Rauch über einen Passanten blasen, um ihm Glück zu wünschen. 50 bis 100 Afghanis (ein bis zwei US-Dollar) am Tag sind ein guter Verdienst. Viele von ihnen unterstützen damit ihre verarmten Eltern, und sehr oft ihre verwitweten Mütter. Diese Kinder gehen nicht zur Schule, weil sie sonst kein Geld nach Hause bringen könnten. Aber auch, weil die meisten Schulen Geld kosten. Was wiederum die Eltern nicht haben. So wundert es nicht, wenn 70 Prozent aller schulpflichtigen Kinder in Afghanistan keine Schule besuchen. Nicht besuchen können.

Kind sein in Afghanistan –
ein paar erschütternde Fakten

Wenn man bedenkt, dass Kinder die Zukunft sind, dann steht es nicht gut um Afghanistan. Jedes dritte Kind unter fünf Jahren ist untergewichtig. Jedes zweite wird vor seinem 18. Geburtstag verheiratet. Vor allem die unverändert andauernde Gewalt macht es schwer, ein sicheres Umfeld für Kinder zu schaffen. Jedes Jahr kommen tausende Menschen durch Minen und andere explosive Kriegswaffen ums Leben, die zum Teil noch Überreste der russischen Besatzung sind. Über 70 Prozent dieser Opfer sind Kinder.

Ein weiteres Manko: Sauberes Trinkwasser ist knapp, die sanitäre Versorgung schlecht – was die Gefahr für Krankheiten erhöht. Afghanistan ist beispielsweise eines von vier Ländern weltweit, in dem Polio noch immer nicht ausgelöscht ist. Über eine halbe Million Kinder unter fünf Jahren sind zudem von akuter und schwerer Mangelernährung bedroht.

Während der harten Winter fällt die Schule für viele Kinder aus. 1,5 Millionen Mädchen im Grundschulalter sind ohnehin vom Unterricht ausgeschlossen. Das ist mehr als die Hälfte. Dazu kommt erschwerend, dass Mädchen meist ab der Geschlechtsreife gar nicht mehr zur Schule gehen dürfen. So besuchen diejenigen Mädchen, die überhaupt in eine Schule gehen, oft nur die Grundschulklassen eins bis drei. Da wundert es nicht, wenn nur jede achte Frau über 15 Jahren lesen und schreiben kann. Das sind gerade mal fünf Prozent der afghanischen Frauen.

Ein besonderes Hindernis für Mädchen sind die weiten Schulwege. Viele Eltern haben Angst, sie allein gehen zu lassen. Andere möchten nicht, dass sie gemeinsam mit Jungen im Klassenzimmer sitzen. Daher sind in den wenigen noch vorhandenen Schulen auf dem Land – drei Viertel wurden während der Kriegsjahre zerstört – die Kinder nach Geschlechtern aufgeteilt: Vormittags lernen die Mädchen, nachmittags die Jungen. Oder umgekehrt. Auch fehlende sanitäre Anlagen spielen eine Rolle bei der Entscheidung der Eltern, ihr Töchter nicht zur Schule zu schicken. Jede zweite der noch bestehenden Schulen in Afghanistan besitzt keine separaten Toiletten für Mädchen. Außerdem fehlen 40 000 Lehrer, besonders qualifizierte Lehrerinnen – denn unter den Taliban durften Frauen ihren Beruf nicht ausüben.

All das geht mir durch den Kopf, auf meinem Weg von den müllsammelnden Jungen unter der Brücke zum Markt. Da mischen sich Frauen mit Burka mit denen im persischen Hidschab, der immerhin die Augen frei lässt. Andere Frauen gehen tatsächlich nur mit einem Tuch über dem Kopf einkaufen. Darunter ist das Haar streng weggebunden. Die Arme und Beine stecken in langen Ärmeln und langen Hosen. In Kabul scheint die Gesellschaft toleranter als auf dem Land. Hier sind die Frauen »sichtbar«. Auf dem Land kam mir Afghanistan frauenlos vor, überall nur Männergesichter. Und dazu diese Kinder mit Gesichtern, die so viel älter aussehen, als sie wirklich sind. »Witwen-Gesichter«, wie Roger Willemsen in seiner *Afghanischen Reise* sie beschreibt. Kindlich und alt zugleich. Der Alltag ist hart für sie, das Essen knapp und die Gewalt in der Familie täglich spürbar. Schmerzhaft spürbar. Vor allem für kleine Mädchen.

Wie eine Spirale: Die Gewalt nimmt zu

In meinen Interviews erfahre ich von afghanischen Frauen immer wieder: Die häusliche Gewalt nimmt zu. Sie nimmt nicht ab, wie die Frauen nach dem Abzug der Taliban, nach der ersten Hoffnung Anfang der 2000er-Jahre geglaubt hatten. Das bestätigt mir später auch die Afghanische Unabhängige Menschenrechtskommission (AIHRC). Im Vergleich zum Vorjahr sei die Gewalt der Männer gegen Mädchen und Frauen um fast 25 Prozent gestiegen.

Auch die Form der Gewalt verändert sich. Männer schlagen ihre Frauen nicht mehr »nur«. Erstmals 2009 berichtet die *Afghanistan Times* von Ehemännern, die ihren Frauen Körperteile abschneiden: Finger, Zehen. Dann verbrennen sie die Glieder. Ich bin fassungslos. Steht das in der Scharia? Was macht die Männer nur so grausam? Immer wieder höre ich auch die Klagen der Frauen: Denn die Regierung unterstützt in keiner Weise ihre Rechte. Auch wenn es das Gesetz fordert. Auch wenn es ein Frauenministerium gibt. Das sei aber ein zahnloser Tiger, wie mir einige sagen. Ohne Etat, und damit ohne Einfluss – und ohne qualifizierte Mitarbeiter.

Alles scheint sich gegen die Frauen zu wenden. Wo doch auf der anderen Seite so viel Hoffnung war.

Denn aktuell kommt auch noch ein neues Gesetz heraus, das die Strafverfolgung bei familiärer Gewalt gegen Frauen faktisch verhindert. Die Gesetzesvorlage wurde 2014 noch unter Hamid Karzai vom afghanischen Parlament verabschiedet und liest sich zunächst ganz harmlos: »Folgende Personen dürfen nicht vor Gericht als Zeugen befragt werden: verteidigende Anwälte, Ärzte, Kinder und Verwandte des Angeklagten.« Das klingt auf den ersten Blick nicht ungewöhnlich. Aber der Teufel steckt im Detail. Wenn Männer in Afghanistan ihre Frauen, Kinder oder Schwestern angreifen oder misshandeln, darf nach diesem neuen Gesetz kein Verwandter wie Eltern, Großeltern oder Geschwister vor Gericht gegen sie aussagen. Damit sind fast alle potenziellen Zeugen einer Anklage ausgeschlossen, selbst wenn sie bei den Gewaltattacken dabei waren. Denn in Afghanistan, wie überall auf der Welt, finden die meisten Gewaltakte gegen Frauen innerhalb der Familienstrukturen statt – und nicht außerhalb.

»Befürworter dieses Gesetzes argumentieren«, so Samira Hamidi von der afghanischen Frauenrechtsorganisation ECW (Empowerment Center for Women), »dass Verwandte nicht objektiv sein können und dass ihre Aussagen zu Racheakten führen.« Das hält sie für wenig überzeugend. Tatsache sei eher, dass mit diesem Gesetz die Verfolgung häuslicher Gewalt erheblich erschwert werde und den Tätern faktisch Straffreiheit garantiert wird. Auch viele andere Organisationen sehen den Frauenschutz dadurch massiv bedroht. Einige argumentieren gar, dass dieses Gesetz gegen die Menschenrechte verstößt. Und die afghanischen Frauen? Sie wollen das nicht zulassen. Sie wollen sich wehren.

Wieder in der Diskussion: die Steinigung

Doch es kommt noch schlimmer: Man mag es kaum glauben, aber da wird, 13 Jahre nach der Vertreibung der Taliban aus Afghanistan, tatsächlich wieder über Steinigung als Strafe gesprochen. Natürlich sind es vor allem die konservativen Kräfte in Afghanistan und Mitglieder der alten Regierung, die sich durch diese Diskussion Aufwind und Popularität erhoffen. Und Pluspunkte in den Verhandlungen mit den Taliban. Denn längst wird nicht mehr nur hinter verschlossenen Türen mit den Taliban verhandelt. Der HPC (High Peace Council – Hoher Friedensrat von Afghanistan) hat sogar ganz offiziell den Auftrag dazu.

Es mag einem wie ein Albtraum vorkommen, dass es in Afghanistan bald wieder Steinigungen als Strafe geben könnte. Bisher ist es nur vereinzelt zu solchen Scharia-Umsetzungen gekommen. Wie im Einsatzgebiet der Bundeswehr im Distrikt Dascht-e-Archi der Provinz Kundus. Hier wird im August 2010 ein unverheiratetes Liebespaar öffentlich gesteinigt. Angeblich haben der verheiratete, 28-jährige Abdul Qayom und die 20-jährige Sedeqa eine Liebesbeziehung. Behaupten jedenfalls die Mullahs im Dorf. Es ist die erste derart grausame Exekution seit 2001. Vor allem auch gefordert von den religiösen afghanischen Führern. Die möchten wieder die Scharia mit all ihren brutalen Strafen einführen.

Wie ein *Al-Jazeera*-Reporter später berichtet, wird das Paar gemeinsam auf ein offenes Feld gebracht. Über 100 Taliban umringen sie. Aber nicht nur als Zuschauer, sondern vor allem auch als Täter. Sie bewerfen die beiden mit Steinen, nachdem einer der Mullahs das religiöse Urteil verlesen hat. Sie werfen so lange, bis beide tot auf der Seite liegen.

Wird sich Afghanistan also wieder rückwärts bewegen, in Richtung Mittelalter? Die Steinigung ist eine jahrtausendealte Art der Hinrichtung. Unfassbar grausam liest sich die Scharia-konforme Ausführung einer »korrekten« Steinigung, wie sie der Azhar-Theologe al-Dschaziri (1882–1942) beschreibt. Ich möchte Ihnen dies nicht ersparen: »Die Steinigung erfolgt mit mittelgroßen Steinen, weder mit leichten Kieseln – die Qual würde zu lange dauern – noch mit Felsbrocken – die durch die ›Grenz‹-Strafe beabsichtigte Peinigung würde verfehlt –, sondern mit Steinen, die die hohle Hand ausfüllen; man nehme sich davor in acht, das Gesicht (des Schuldigen) zu treffen, weil der Prophet dies (einem Hadith zufolge) verboten hat ... Der Ehebrecher ist während des Vollzugs der ›Grenz‹-Strafe nicht anzubinden oder zu fesseln; auch ist für ihn keine Grube auszuheben. Für die Ehebrecherin kann eine ihr bis zur Brust reichende Grube ausgehoben werden. Während des Vollzugs darf ihre Schamgegend nicht entblößt werden. Deshalb sind die Kleider an ihr festzuschnüren, so daß ihr Leib nicht sichtbar wird.« (Zitiert nach Abd al-Rahman al-Dschaziri: Kitab al-fiqh ’ala l-madhahib al-arba’a, in Nagel, Tilman: *Das islamische Recht.*)

Die Steinigung wird heute noch in einigen vom Islam geprägten Staaten und Regionen ausgeübt, unter anderem in Afghanistan, in der indonesischen Provinz Aceh, im Iran, Irak, Jemen, in Nigeria, Pakistan, Somalia, im Sudan, Saudi-Arabien und in den Vereinigten Arabischen Emiraten. In Brunei wurde sie im Jahre 2014 wieder eingeführt. Man stelle sich das vor!

Eines muss uns allen klar sein: Diese als besonders grausam geltende und relativ langsame Hinrichtungsart verstößt gegen die Allgemeine Erklärung der Menschenrechte. Das Verbot der Folter und grausamer erniedrigender Strafen (Art. 5) wurde in den Internationalen Pakt über bürgerliche und politische Rechte (Art. 7) aufgenommen und durch die Anti-Folter-Konvention der UNO konkretisiert. Steinigung für Tatbestände wie Ehebruch bricht zudem das Verhältnismäßigkeitsprinzip.

Im afghanischen Nachbarland Iran ist laut Paragraf 83 des Strafgesetzbuches seit der Gründung der islamischen Republik 1979 die Todesstrafe durch Steinigung bei Ehebruch vorgeschrieben. Dabei werden die Opfer wie oben beschrieben bis zu den Knien im Erdboden eingegraben und komplett mit einem undurchsichtigen Tuch verhüllt, welches zumeist weiß ist. Die Steine dürfen nicht größer als die werfende Hand sein, um den Tod des oder der Verurteilten hinauszuzögern. Der Richter sorgt für den Mindestabstand zum Verurteilten. Bei einem Geständnis darf der Richter den ersten Stein werfen. Wenn der Beschuldigte durch Zeugenaussagen verurteilt wurde, werfen die Zeugen den ersten Stein.

Allein im August 2010 waren im Iran elf Personen zur Steinigung verurteilt, darunter sieben Frauen. Seit Ende 2002 gibt es ein »Steinigungsmoratorium«. Die Initiative des iranischen Parlaments zur Abschaffung der Steinigung wurde zwar vom iranischen Wächterrat blockiert. Im Februar 2003 wurde aber vom Vorsitzenden der Justiz, Ayatollah Mahmud Hashemi Shahrudi, zugesagt, die Steinigung als Hinrichtungsform abzuschaffen. Dies hatte jedoch nur empfehlenden Charakter; die Reformierung des Strafgesetzes steht bis heute aus.

Ein aktueller Fall bewegte die Öffentlichkeit ganz besonders: Anfang Juli 2010 wandten sich zwei iranische Jugendliche an die internationale Presse, um die drohende Steinigung ihrer Mutter, Sakineh Mohammadi Ashtiani, zu verhindern. Nach Auskunft der Sprecherin des internationalen Komitees gegen die Steinigung haben die iranischen Behörden Anfang November 2010 den Weg für die Hinrichtung Ashtianis (nicht unbedingt durch Steinigung) frei gemacht. Nach internationalen diplomatischen Interventionen, unter anderem seitens des französischen Außenministers, wies die offizielle iranische Presseagentur am 3. November 2010 »westliche Medienberichte« zurück und gab bekannt, Ashtiani sei gegenwärtig bei »guter Gesundheit«. Die Strafe wurde Anfang 2011 in eine zehnjährige Gefängnisstrafe umgewandelt. Der internationale Protest hatte also Erfolg.

Zurück zu Afghanistan. Wurden schon in der Vergangenheit mehr Frauen als Männer gesteinigt (warum eigentlich?), scheint sich die Diskussion im Lande des Hindukusch auch jetzt wieder vor allem um die vermeintlichen sexuellen Vergehen von Frauen zu drehen. Inwieweit kann weibliche Sexualität die gesellschaftliche Ordnung gefährden? Wieso hinterfragt niemand den Koran? Wo sind die klugen weiblichen Mullahs? Da wird doch glatt behauptet, dass unkontrollierte weibliche Sexualität durch ihre übermächtige Kraft zum gesellschaftlichen Chaos (fitna) führt? Was wiederum das religiöse und soziale Zusammenleben der Menschen gefährden würde. Der Menschen? Eher: der Männer. Denn genau das Gegenteil ist doch der Fall. Nur weil Männer beim Anblick einer nicht verhüllten Frau anscheinend den Verstand verlieren, der dann eher in die Lendengegend sinkt, deshalb müssen Frauen bei größter Hitze im Hidschab herumlaufen? In der sichtbeengten Burka die Straße überqueren und sich deshalb gefährden? Die Hälfte der Muslime weltweit sind Muslimas – also weiblich. Das lassen die Frauen allesamt unkommentiert so stehen? Wehren sich nicht? Sie sollten auf die Straße gehen, wie einst Lysistrata mit ihren Genossinnen im alten Griechenland. Sich verweigern und die Männer zwingen, ihnen wirklich gleiche Rechte einzuräumen. Bleibt nur zu hoffen, dass sich die neue, jetzt erstmals demokratisch gewählte Regierung in Afghanistan nicht auf alte islamische Gesetze zurückbesinnt. Damit die im Gesetz verankerte Gleichheit der Geschlechter tatsächlich umgesetzt wird.

Auch bei Medica Afghanistan ist man empört über die aktuelle Entwicklung. Das neue Gesetz, das Aussagen von Familienangehörigen bei Straftaten im Familienkreis nicht anerkennt, hebelt das einst so begrüßte Gesetz zur »Eliminierung von Gewalt gegen Frauen« quasi aus. Das ist ein böser Rückschritt. Im Medica-Büro in einem unauffälligen

Stadtteil Kabuls kümmern sich engagierte Afghaninnen schon seit Jahren um ihre Mitbürgerinnen. Und jetzt scheint wieder so vieles an Fortschritten gefährdet zu sein.

Auch Farkhunda Zahra Naderi beobachtet leider eine wachsende frauenfeindliche Tendenz, speziell in der Volksvertretung. Sie gehört zu den 69 weiblichen Abgeordneten im Parlament, für die ein Viertel der Sitze reserviert sind. Auch auf internationalen Druck hin. Gerade um den Machtwechsel und die Neuwahlen 2014 herum scheint sich an der Regierungsspitze die Stimmung gegen Frauen zu verschlechtern.

Das sieht auch Heather Barr von Human Rights Watch so. Sie erlebt dies in allen gesellschaftlichen Bereichen. Die Frauenquote für die afghanischen Provinzräte wurde von 25 Prozent auf 20 Prozent herabgesetzt, und sie führt auf:»Es gibt eine landesweite Debatte, ob die Steinigung als Strafe wieder eingeführt werden soll. Dazu kommt die Ernennung von ehemaligen Taliban als Kommissare in der unabhängigen Menschenrechtskommission.« Die engagierte Frauenrechtlerin ist tief beunruhigt. Polizistinnen werden ermordet, die Misshandlungen von Mädchen werden kaum geahndet. Und das alles bereits vor dem Abzug der internationalen Truppen.

Was tun gegen die Gewalt?

Zum Glück gibt es aber auch Frauen, die Hoffnung haben und Hoffnung machen. Wie Humaira Rasuli. Sie leitet Medica Afghanistan. Humaira hat nach dem Verlauf der Wahlen im Frühjahr 2014 endlich »ein positives Gefühl«, wie sie mir in einem Skype-Gespräch erzählt. Positiv deshalb, weil sieben Millionen Afghaninnen und Afghanen überhaupt zur Wahl gegangen sind, trotz der schon erwähnten üblen Drohungen der Taliban, jeder Frau und jedem Mann die Finger abzuhacken, wenn man daran die »Wahltinte« findet (was bei elf Afghanen dann auch tatsächlich geschehen ist!). Humaira ist aber dennoch ganz stolz und sagt: »Es ist das erste Mal in Afghanistan, dass demokratisch gewählt wurde. Was für ein Erfolg.« Die Frauenrechtlerin ist begeistert, vor allem von ihren weiblichen Landsleuten. Denn es ist für Humaira der größte Erfolg, dass 35 Prozent der Wähler Frauen waren. Sie alle sind trotz des miserablen Wetters, des Regens, des kalten Windes, in die oft stundenlang entfernten Wahllokale gegangen, nur um ihre Stimme mit dem Tintenfinger abzugeben. Humaira ist aber auch stolz auf die Sicherheitsleistung der afghanischen Armee. Sie haben es geschafft, dass es eben nicht zu Attentaten kam, nicht zu Gewaltanschlägen mit Verletzten und Toten. Das hat keiner vor den Wahlen so vermutet. Schon gar nicht die ausländischen Beobachter.

Die Kehrseite dieser positiven Entwicklung: Die Frauen von Medica Afghanistan erleben einen Zulauf wie noch nie. Immer mehr Afghaninnen kommen zu ihnen in die bescheidenen Räume eines Privathauses mitten in Kabul. Weil die Gewalt im häuslichen Bereich zunimmt. Aber neu ist, dass sich immer mehr Frauen dagegen wehren, den Mut haben, zur Beratung wie hier zu Medica Afghanistan zu gehen.

Monika Hauser hat Medica Mondiale ins Leben gerufen. Medica Afghanistan ist eine erfolgreiche, eigenständige Tochter der Kölner Ärztin. Sie erklärt noch einmal genau, was Medica Afghanistan tut: »Wir unterstützen die Frauen zum Beispiel durch psychosoziale Beratung. Sie können ihre Geschichte erzählen, um dadurch entlastet zu werden. Viele Frauen sind depressiv, sie wollen nicht mehr leben, wegen der Gewalt, die sie tagtäglich erleiden. Bei uns können sie mit einer Fachfrau sprechen, die solidarisch an ihrer Seite steht und sie nicht für etwas verurteilt, an dem viele Frauen meinen, selbst schuld zu sein. Unsere Beraterin kann der Frau erklären, dass sie schwere Menschenrechtsverletzungen erlebt oder überlebt hat und dass es mittlerweile auch in Afghanistan Gesetze gibt, die das kriminalisieren und verurteilen, was ihr geschehen ist. Das kann sie mit der psychosozialen Beraterin besprechen, um wieder Kraft und Mut für ihr Leben zu schöpfen. Daneben hat sie auch die Möglichkeit, mit einer Juristin von Medica Afghanistan den Mann anzuzeigen, weil er ein Verbrechen an ihr begangen hat.«

Die Polizei ist immer noch ein reiner Männerverein

Wie es einer starken Frau in dieser Männergesellschaft ergehen kann, erlebe ich an einem Nachmittag in Kabul: Ich lerne Lailoma Ahmad kennen, 42 Jahre, Kriminalkommissarin. Eine von drei Frauen in ihrer Abteilung und eine von ganz wenigen Frauen bei der Polizei. In ihrem Ressort gibt es 230 männliche Kollegen.

Sie hat mir ein Interview zugesagt. Aber es kommt anders. Zweimal geht sie rein in den riesigen Gebäudekomplex, zweimal kommt sie wieder heraus. Sie sucht ihren Vorgesetzten, hat noch keine Erlaubnis für das Interview. Inständig bittet sie unser Fotograf Peter Müller wenigstens um ein Foto. Dann lehnt sie sich an die mit Stacheldraht bewehrte Mauer der Hauptwache. Angespannt. Sichtbar unter Druck. Meine Fragen will sie später im Büro beantworten.

Schließlich dürfen wir doch hineingehen. Durch unzählige Taschen- und Körperkontrollstationen. Zu oft sind in den letzten Monaten Bomben von Selbstmordattentätern vor Behörden explodiert. Sogar in Burkas gehüllte Talibankämpfer haben jüngst einen Anschlag auf das Hauptquartier der Polizei im Bezirk Sarobi verübt. Dabei kam ein Polizist ums Leben, drei weitere wurden verletzt. Der Selbstmordattentäter sprengte sich vor dem Eingang des Gebäudes mit einem Kleinlaster in die Luft. Dann stürmten drei weitere Attentäter in Burkas in den Innenhof des Gebäudes und schossen auf die Einsatzkräfte von Polizei und Armee. Die Angreifer wurden später getötet.

Kein Wunder also, dass gerade in den Polizeistationen große Anspannung und sichtlich Hektik herrscht. Hunderte von Männern laufen durch die Gänge, wir müssen zum Vorgesetzten von Lailoma Ahmad. Der ist aber nicht da. Also gehen wir zu seinem Vize – der kaum aufsieht, als wir hereinkommen. Geschweige denn, dass sich auch nur einer der vier Polizisten im Büro erhebt. Wir sitzen wie vor einem Richter, zugleich völlig unbeachtet. Die anwesenden Herren bekommen Tschai angeboten, wir nicht. Wir sind ja auch nur drei Frauen. Ich will Lailoma eine Frage stellen. »Später«, winkt die Übersetzerin ab. Aber ein Später gibt es nicht. Der Vize schüttelt nach einer halben Stunde nur ungnädig und wortlos den Kopf, scheucht uns genervt mit einer herablassenden Handbewegung aus seinem Zimmer. So als würde er lästige Fliegen verscheuchen. Lailoma lächelt tapfer. Ich bin ziemlich fassungslos. Im Gang ruft sie noch: »Ich rufe Sie an, dann beantworte ich alles!« Der Anruf kommt nie.

Mädchen boxen sich in die Zukunft

Ganz anders begrüßt man uns im Olympic, dem großen Kabuler Sportgelände. Mit der berüchtigten Ghazi-Arena, die heute vor sich hin rottet. Ein Ort des Schreckens. Wo einst, vor gerade mal 13 Jahren, die Taliban ihre Schauprozesse abgehalten haben. Wo tagelang die Erhängten an den Masten baumelten, zur Abschreckung der Bevölkerung. Vor allem Männer standen auf den Rängen, denn die Frauen durften nicht aus dem Haus. Sie schauten zu und klatschten bei den Auspeitschungen und anderen grausamen Scharia-Urteilen Beifall. Die Bilder haben mich schon damals schaudern lassen.

Dort also sind wir jetzt angemeldet, und dort sind wir offenbar willkommen. 20 boxende junge Mädchen warten auf uns. Vier von ihnen lernen wir genauer kennen; sie heißen Shafika und Faima, Shegofa und Sadaf, und sind zwischen 14 und 22 Jahre alt. Sadaf Rahimi ist der Star. Sie hoffte 2012 auf eine Teilnahme bei den Olympischen Spielen in London. Ihr Trainer Mohammad Saber Sharifi ist stolz auf sie, wie auf alle seine Mädchen: »Wir haben es diesmal zwar nicht nach London geschafft, aber das nächste Mal sind die Mädchen dabei!« Davon ist er überzeugt. Schließlich war er früher selbst aktiv im Ring, noch zu Zeiten der russischen Besatzung. Und beinahe wäre er in den Nationalkader aufgenommen worden.

Heute trainieren die Mädchen dreimal die Woche im Zentrum, in T-Shirts mit langen Armen und in langen Hosen. Viele haben sich auch ein Tuch fest um den Kopf gebunden. Sie kämpfen gegen die Schatten der Vergangenheit und gegen das Misstrauen der Gegenwart. Sie erleben die Gewalt zu Hause, auf der Straße. Was ihnen selbst noch bevorsteht, ahnen sie nicht. Alle Eltern haben schriftlich zugestimmt, dass ihre Töchter nach der Schule zum Boxtraining gehen und an Wettkämpfen teilnehmen dürfen. Sadaf Rahimi musste, wie alle ihre Teamkolleginnen, viele Widerstände überwinden. Konservative Männer haben ihre Familie bedroht. Denn eine boxende Frau verstößt ganz klar gegen alle afghanischen Gesellschaftsregeln.

Warum boxt ein Mädchen? Ihre Leidenschaft entbrennt mit elf Jahren. Sie kämpft mit einem älteren Cousin, und der Junge muss offenbar kräftig einstecken. Aber ganz fairer Sportsmann, rät er der Cousine danach, doch Boxerin zu werden. Das ist der Startschuss.

Meine Frage, ob alle afghanischen Frauen boxen sollten, irritiert die Mädchen. Sie wissen natürlich um die übliche häusliche Gewalt. »Aber«, erklärt mir Faima, »so ist eben unsere Gesellschaft.« Zu Zeiten der Taliban wäre Boxen für Frauen undenkbar gewesen. Unter diesem autoritären Regime war ihnen jegliche sportliche Aktivität verboten. Und auch heute noch steckt Frauensport selbst in der Millionenstadt Kabul in den Kinderschuhen. So sind die boxenden Mädchen stolz auf ihre Pionierarbeit. »Seit ich boxe, fühle ich mich glücklich und frei«, sagt Shafika. Das funktioniert aber nur, weil auch ihr Vater ihre Boxkarriere unterstützt. Von der der Trainer sagt, dass sie erst ganz am Anfang stehe.

Diese boxenden Mädchen sind so etwas wie eine Sportelite unter den jungen Menschen in Afghanistan. Dazu gibt es noch Mädchen, die Basketball spielen und einige, die sogar Fußball kicken. Schmächtige, nicht gerade hochgewachsene junge Frauen, mit Kopftuch. Die trotzdem sicher köpfen, Pässe schlagen, Bälle stoppen. Denn es gibt hunderttausende anderer Kinder in Afghanistan, die keine solchen sportlichen Chancen haben. Die ums Überleben kämpfen, statt um Punkte oder Tore. Wie traurig.

Die Pubertät trennt Mädchen und Jungen

Um solche Kinder sorgt sich Aschiana, eine Nichtregierungsorganisation mit 180 freiwilligen Mitarbeitern. Aschiana heißt auf Farsi »Nest«. Über 10 000 Kinder werden von der Organisation betreut, erhalten Unterricht im Lesen und Schreiben, in Zeichnen, Sport und in Musik. Mittags gibt es ein warmes Essen. Bevor die Kinder dann wieder hinausgehen in die Lager oder in die Stadt, um ein paar Afghanis zu verdienen.

Wir gehen in die Klassenzimmer. Hier sitzen etwa 30 Mädchen und Jungen gemeinsam in den Bänken. Noch muss man sie nicht trennen, erst zu Beginn der Pubertät. Die Lehrerin lässt uns fotografieren. Die Kinder rutschen aufgeregt auf ihren Bänken herum. Alle Schüler dieser Klasse können schon lesen. Alle hier sind Waisen oder Halbwaisen aus Kriegszeiten, haben Tote und Verletzte gesehen, leiden an Traumata. Kein Wunder.

Wenn die Kinder mit der Pubertät nach Geschlecht getrennt werden, erhalten die einen nachmittags, die anderen vormittags Unterricht. Schwierig ist allerdings: Wie können die Lehrer die persischsprachigen und die paschtusprachigen, die Hazaras und die Tadschiken gemeinsam unterrichten? Bei ihrer kriegerischen Geschichte?

In einigen Schulen Kabuls will man darum die Schuluniform einführen. Eine, die den Alltagsschmutz nicht so annimmt, aber die Unterschiede ausgleicht. Bei Aschiana geht das nicht, dafür ist kein Geld da. Das wenige will man unverändert in die Kinder investieren. Dazu gehen die Aschiana-Mitarbeiter auch persönlich in die 35 Flüchtlingslager rund um Kabul. Genau dahin, wo seit vier, fünf Jahren die vertriebenen Afghanen, aber auch die Flüchtlinge aus Pakistan zu überleben versuchen. Sie bringen Kleidung, Essen und sauberes Wasser. All die Dinge, um die sich eigentlich eine verantwortungsvolle Regierung kümmern müsste.

Das findet auch Mohammad Yousef, der Mann, der das wunderbare Aschiana-Projekt leitet. Er führt uns in ein kleines Büro, übervoll mit Papieren, Akten und mit zwei Stühlen, die ein wenig klapprig wirken. Direktor Mohammad Yousef stört das alles sichtlich nicht – er ist aus anderen Gründen wütend: »Die afghanischen Politiker sind nicht sozial engagiert. Sie kümmern sich nicht um die Menschen hier, sondern nur um sich selbst und ihr Einkommen.« Und noch eine bittere Bilanz zieht er nach elf Jahren Präsenz der internationalen Truppen: »Was hat sich für uns Menschen hier wirklich verbessert? Es ist unsicherer und korrupter geworden, und es sterben jetzt mehr Zivilisten als früher.« Die tägliche Lektüre der *Afghanistan Times* gibt ihm recht. Auf sein Projekt ist Mohammad Yousef allerdings stolz: Inzwischen gibt es schon Ableger in Herat und Mazar-e Sharif. Ebenso in der Nähe der Flüchtlingslager. »Wenn wir es schaffen, nur 100 Kinder jeden Monat in das Bildungssystem zu bringen, lohnt sich unsere Arbeit schon. Damit nicht mehr jedes fünfte Kind in den Straßen Kabuls ums Überleben kämpfen muss.«

Was den Aschiana-Direktor aber zusätzlich aufregt, ist die allgegenwärtige Korruption. Davon erzählt mir jeder in Afghanistan, das bewegt die Menschen neben ihrer unsicheren Lebenssituation am meisten. Gerade die Regierung sei schuld daran, denn die sei vor allem durch und durch korrupt, höre ich überall. Präsident Karzai stand in seiner Amtszeit ständig im Fokus der Kritik. So hatte er noch persönlich im Juni 2012 in einer theatralischen Rede die Bekämpfung der Korruption in seinem Land zur Chefsache gemacht. Passiert ist jedoch nichts. Afghanistan rangiert in der Liste der korruptesten Länder der Welt weiter unter den Top 5. Bisher ist nicht eine einzige Anklage wegen Korruption erhoben worden. Kein Wunder, denn der ehemalige Präsident sei – so ist überall in ganz Afghanistan hinter vorgehaltener Hand zu hören – selbst Teil des Systems gewesen. Seine eigene Familie würde die Hand aufhalten, wo immer es möglich sei. Und die Amerikaner, die ihn einst als Führer der Übergangsregierung auf den Thron hoben, haben ihn auch wegen dieser Vorwürfe inzwischen fallen gelassen. Auch Geschichte.

Starke Stimmen

Fawzia Koofi: »Wir steuern auf eine wirtschaftliche Krise zu«

Die afghanische Menschenrechtsaktivistin Fawzia Koofi, die früher als Englischlehrerin arbeitete und sich für UNICEF engagierte, hat große Furcht davor, dass 2014 die NATO-Truppen abziehen. Schon vor den Wahlen kritisierte sie die Karzai-Regierung für ihren Kurs der Annäherung an die Taliban.

Fawzia Koofi ist das 19. Kind unter 23 Geschwistern und hat dadurch gelernt, für ihre Rechte zu kämpfen. Heute ist sie Politikerin, kandidierte sogar bei den Präsidentschaftswahlen. Das hat aber nicht geklappt. Dennoch will sie sich weiterhin in die politische Szene einbringen. »Vor allem wir Politiker müssen Vorbilder sein im Kampf gegen die Korruption«, sagt sie. Das fange in den eigenen Familien an. Schließlich habe es in den letzten Jahren keine einzige Verurteilung von Regierungsmitgliedern gegeben, obwohl unzählige Fälle von Korruption nachgewiesen wurden.

Sie will auch weiterhin für die Rechte der Frauen kämpfen. Schließlich machen Frauen 55 Prozent der Bevölkerung aus, also mehr als 17 Millionen. Und 2004 haben immerhin 44 Prozent von ihnen Hamid Karzai gewählt. Das habe er aber wohl vergessen.

Inzwischen fürchtet Fawzia Koofi, dass der Westen Afghanistan aufgeben könnte. Nun sei ja die internationale Gemeinschaft damals im Namen von Sicherheit und Stabilität angetreten – zwölf Jahre später sei davon leider nicht viel zu bemerken.

Wenn mit dem Abzug der NATO-Truppen auch die Entwicklungshilfe und alle anderen finanziellen Hilfen gestoppt würden, dann sieht sie schwarz für ihr Land: »Wir steuern auf eine wirtschaftliche Krise zu. Denn jetzt werden viele Menschen ihre Arbeit verlieren. Es besteht die Gefahr, dass sie dann in Extremismus oder Kriminalität abrutschen.«

Einige, fügt sie noch hinzu, habe sie bereits bei den Taliban wiedergefunden. Da sei Geld wohl kein Problem.

Filme können den Blick öffnen

Gegenwart dagegen sind die Medien. Filme, Internet. Keiner in Kabul ohne ein mobiles Telefon. Und mit einer großen Leidenschaft für Bilder. So sitzt Roya Sadat in Kabul im Keller der hauseigenen Filmproduktion. Ein Studio und ein Schneideraum. Sie hat die Filmproduktion zusammen mit ihrem Mann, einem Filmemacher und Dozenten an der Kabuler Universität, gegründet. Hier ist die Idee des Filmfestivals für Frauen in Herat, ihrer Heimatstadt, entstanden: »Früher gab es ein Kino in Herat. Die Taliban haben es zu einer Moschee gemacht. Später wurde es zum Ministerium für Verkehr und Transport. Mit dem Frauenfilmfestival will ich an eine Filmvergangenheit anknüpfen, die es in der Stadt gegeben hat. Vieles davon ist verschüttetgegangen.«

2013 hatte das Festival Premiere. Es gab Veranstaltungen über vier Tage. Eine Begegnung mit Filmen zu Frauen- und Menschenrechten und über Werke weiblicher Autoren. Treffpunkt: die historische Festung im Zentrum von Herat. Ein geschützter Ort, wo geschützte Begegnungen abseits des rumorenden Basars und seiner neugierig-argwöhnischen Blicke möglich sind. »Es kamen hunderte von Zuschauern«, erzählt Roya Sadat, »Frauen, ganze Familien, mehr noch sogar als in Kabul. Die Menschen in Afghanistan müssen Filme, vor allem ausländische, sehen, damit sich die Kultur verändern kann. Viele kennen nur indische Fernsehserien und halten dies für die Welt des Films. Wirkliche Filme aber können ihren Blick öffnen und verändern, vor allem wenn sie von Frauen aus aller Welt handeln.«

Royas Schwester Alka ist unabhängige Dokumentarfilmerin. Autodidaktin, seit Langem schon. Momentan produziert sie einen neuen Film, eine Arbeit über afghanische Spezialkräfte im Kampf gegen die Taliban: »Ich habe mir viele Dokumentarfilme über den Krieg in Afghanistan angeschaut. Die meisten handeln vom ausländischen Militär in Afghanistan. Ich wollte bewusst keinen Film darüber machen. Was es nicht gibt, ist ein Film über das afghanische Militär und wie es dort aussieht. Das erscheint mir wichtig, auch diesen Teil des Kriegs abzubilden. Ich bin froh, dass ich es gemacht habe. Als afghanische Frau unter Soldaten – das war aber nicht einfach.«

Eine zierliche Frau beim afghanischen Militär, dort, wo es knallt – wirklich ungewöhnlich, gerade für afghanische Verhältnisse: »Ich hatte zunächst kein Vertrauen in die Soldaten. ›Gibt es hier verkappte Taliban?‹, dachte ich. Oder, dass sie mir nur Schlechtes wünschen – lauter solche Gedanken. Es gab Anschläge nicht weit von uns. Jeder Tag war wirklich sehr schwierig. Die ersten ein bis zwei Wochen haben die Soldaten nicht mit mir gesprochen. Anfangs kam ich mit Kopftuch und arabischer Kleidung, sehr konservativ. Ich vermutete, dass sie das wollten, keine Jeans oder moderne Kleider.« Der Film wurde ein großer Erfolg.

Im Alltag, so sehen es die beiden Schwestern heute, hat sich für Frauen in Afghanistan doch so manches zum Guten gewendet. Einige arbeiten als Reporterinnen, andere studieren Film an der Universität in Kabul. Roya Sadat hat einen zweijährigen Sohn. Während sie redet, drückt sie den Kleinen ihrem Mann in die Arme und erklärt: »Wir brauchen mehr Frauen im öffentlichen Leben. Auch im Film. Der Krieg hat die Tür für Frauen lange zugemacht, auch für Frauen als Zuschauerinnen in den Kinos. Wir müssen verstehen: Es geht! Es ist wieder möglich! Und es lohnt sich, daran zu glauben. Da müssen wir weitermachen. Das ist eine Anstrengung, ein Kampf für die Frauen in der Gesellschaft.«

Muhammads Lieblingslokal

Mit Fahrer Muhammad und Übersetzerin Maryam gehen wir abends in sein erklärtes Lieblingslokal: von außen unscheinbar, in einer staubigen Straße mit riesigen Löchern. Aber: Es ist sicher. Das ist in Kabul wichtig. Weil doch immer wieder gerade die Lieblingslokale der Ausländer Ziele von Selbstmordattentätern werden.

Unser kleines Restaurant wirkt von außen überhaupt nicht wie ein Lokal, in dem es etwas Ordentliches zu essen geben könnte. Zwei wackelige Stühle und ein Plastiktisch stehen vor der Türe. Aber innen ist viel Platz, hier genießen Einheimische Chicken Kebab und kühle Getränke. In zwei Tagen beginnt Ramadan, also der Fastenmonat – da muss man vorher noch richtig gut essen. Durch das Lokal hindurch führt uns Muhammad in einen hübschen Garten. Flamingos laufen herum, Enten und Gänse. Fast wie in einem Zoo. Wir steigen auf die typischen afghanischen Hochbetten und setzen uns im Schneidersitz auf die bunt gemusterten, großen Teppiche. Tische gibt es nicht. Dafür eine Plastikfolie, die vor uns wie eine Tischdecke ausgebreitet wird. Junge Afghanen, die Söhne des Besitzers, versorgen uns freundlich. In einem großen Plastikbecher kommt der beste Mango-Juice meines Lebens. Dickflüssig, wunderbar im Geschmack. Einfach Mango pur. Dazu dann gebratenes Hühnchen mit sämigem Spinat, gut gewürzt. Die Männer bekommen Pommes frites. Der Lärm, der Staub und die Hektik der Stadt bleiben hier draußen. Und heute Abend scheinen sie alle hierherzukommen, die Kabuler mit ihren Kindern und Eltern. Da wird gefeiert. Das Leben könnte so schön sein. Wir brauchen jetzt nur noch eine Frau für Muhammad.

Am letzten Tag, nach all diesen aufwühlenden Erlebnissen und eindringlichen Gesprächen, will ich mir Kabul noch einmal von oben und ein wenig aus der Ferne ansehen. Muhammad fährt uns auf eine Anhöhe, hoch über Kabul. Die schroffen Berge umringen den Stadtkessel. Nichts als Staub und Fels. Nichts, was das Auge erfreut.

Auf dem grauen Platz hier oben üben junge Burschen Buzkashi, ein wildes Reiterspiel, das eigentlich traditionell in einer großen Arena aufgeführt wird. Sie galoppieren auf mich zu, reißen wild am Maul ihrer Pferde, damit sie direkt vor meinen Füßen schnaubend steigen. Ich soll wohl Angst bekommen. Eine Europäerin auf ihrem Terrain – das passt ihnen anscheinend nicht.

Vor uns sehe ich das Mausoleum des letzten Königs, Mohammed Sahir Schah. Er ist 2007 gestorben. Dieses riesige, quadratische Mammutgebäude hat viele Millionen Dollar gekostet. Geld, welches das Land an anderen Stellen so dringend brauchen würde. Zwei Frauen in ihren hellblau schimmernden Burkas gehen auf einem schmalen, staubigen Pfad hinunter zu den Lehmhäusern. Zwei Kinder laufen hinter ihnen her. Die Fünf-Millionen-Stadt ist von einem dunstigen, grauen Schleier überzogen. Dahinter, wie auf einem Gemälde, die kargen Konturen der bis zu 7000 Meter hohen Berge. Was für ein Land, was für ein hartes Leben. Kein Wunder, dass die Menschen den Kampf ums Überleben mit aller Grausamkeit gelernt haben.

Wahlergebnisse und Hoffnungen

Sieben von zwölf Millionen wahlberechtigter Afghanen sind zur ersten demokratischen Wahl 2014 gegangen. Bei der Stichwahl haben wiederum rund 60 Prozent der Bürger teilgenommen. Das ist, so sagen alle Beobachter, ein großer Erfolg. Auch wenn, wie berichtet, die Taliban ihre Drohungen zum Teil wahr gemacht und am Tag der Stichwahl mindestens elf Männern nach ihrem Wahlgang den mit Tinte markierten Finger abgeschnitten haben. Inzwischen hat sie die afghanische Polizei verhaftet und erschossen.

Ausgezählt wurde erst mal bis Anfang Juli 2014. Aber dann war noch lange nicht alles klar. Der einstige Sieger aus dem ersten Wahlgang plötzlich Verlierer. Sein Gegner angeblich weit vorne. »Wahlbetrug«, schreien die einen, »endlich der Richtige« die anderen. Erst US-Außenminister Kerry kann die Streithähne als Vermittler einen. Es wird noch mal ausgezählt. Zum dritten Mal, unter den Argusaugen von internationalen Beobachtern. Bis dann die Regierung wirklich steht – noch ein langer Weg im Wahljahr 2014. Bis dann die Wahlversprechen Wirklichkeit werden, sich die Sicherheitslage verbessert hat, gar die Korruption wirklich bekämpft wird – das kann noch Monate dauern. Für die Menschen, die so tapfer gewählt haben und sich endlich Frieden und Sicherheit wünschen, ein bitterer Weg. Was wird wohl aus diesem Land, aus den Frauen, Kindern, den Alten und den patriarchalen Männern?

Ich sitze bequem im Flugzeug. Zum Abschied hat mich Muhammad dann doch noch umarmt. Für einen Afghanen sehr erstaunlich. Wir haben noch viel gelacht, die zehn Kontrollen bis zum Check-in gelassen absolviert. Ein tiefer Atemzug. Quo vadis, Afghanistan? Noch ein letzter Blick auf die kargen hohen Berge und in die tiefen dunklen Täler. Bleibt bei allem Erlebten auch viel Hoffnung? Die Menschen waren so besonders liebenswürdig, höflich und achtsam der Fremden gegenüber. Die Frauen haben sich so schnell geöffnet und aus ihrem täglichen Leben erzählt. Die jungen Mädchen sind so unbeschwert und fröhlich. Dabei auch mutig, weil sie so vieles anders machen wollen als ihre Mütter und Väter. Drücken wir ihnen die Daumen. Für Veränderungen, Gerechtigkeit, Gleichheit. Für ein lebenswertes Leben. Auch wenn es nicht immer leicht sein wird in diesem kargen Land. Leicht war dort das Leben nie. Mir bleibt ein warmes Gefühl. Und Hoffnung.

Forderungen an die Politiker in Afghanistan und der Welt

FRAUEN MÜSSEN IN ZUKUNFT MIT VERHANDELN UND REGIEREN

Frauen müssen gleichberechtigt in alle Friedens- und Sicherheitsprozesse einbezogen werden. Bisher fanden neun große Afghanistankonferenzen rund um die Welt statt. Zwei davon 2001 und

2011 in Petersberg bei Bonn in Deutschland. Immer fehlten die Frauen an den Verhandlungstischen. Sie fehlten in Gremien, Institutionen und auch bei allen anderen großen Konferenzen. Gerade aber in der neuen afghanischen Regierung müssen Frauen sichtbar und mit Einfluss vertreten sein. Schließlich machen sie 55 Prozent der afghanischen Bevölkerung aus. Außerdem ergibt sich ganz logisch aus der UN-Sicherheitsratsresolution 1325, dass Frauen gleichberechtigt in die Friedensprozesse mit einbezogen werden. Leider ist die Wirklichkeit eine andere: Die wenigen Frauen in den Gremien und in der Politik müssen hart darum kämpfen, überhaupt einen Platz am Verhandlungstisch zu erhalten. Insbesondere im Hohen Friedensrat in Afghanistan sollten sie laut Gesetz mindestens 30 Prozent der Sitze erhalten.

KEINE AUFGABE VON FRAUENRECHTEN
IN DEN VERHANDLUNGEN MIT DEN TALIBAN

Entscheidend wird aber auch sein, dass die neue Regierung ab 2014 keinesfalls die mühsam errungenen Frauenrechte auf dem Verhandlungstisch mit den Taliban opfern darf. Viele Frauen sind gerade auch deshalb zur Wahl gegangen, damit dies nicht passiert. Menschen- wie Frauenrechte müssen ein zentraler Bestandteil eines möglichen Friedensabkommens mit den Taliban sein.

DEUTSCHE GELDER MÜSSEN AUCH IN FRAUENPROJEKTE
FLIESSEN

Die deutsche Bundesregierung hat bisher rund 15 Millionen Dollar für das afghanische Friedens- und Reintegrationsprogramm ausgegeben. Es wäre wichtig, darauf zu dringen, dass die neue Regierung mindestens 25 Prozent für die Unterstützung afghanischer Mädchen und Frauen ausgibt.

SICHERHEITSAUSBILDUNG MUSS SICH UM FRAUEN- UND MENSCHENRECHTE KÜMMERN

Die bisher mehr als mangelhafte Ausbildung der Sicherheitskräfte in Afghanistan muss endlich auch den Fokus auf Ethik und Moral legen – und auf Frauen- und Menschenrechte, auf die afghanische Verfassung und die Gesetze zum Schutz von Mädchen und Frauen. In die Ausarbeitung und Umsetzung der Ausbildungspläne sollten afghanische Frauenrechtsexpertinnen mit einbezogen werden. Vor allem, wenn es um den Schutz von Frauen vor sexualisierter Gewalt geht.

MEHR FRAUEN IN DIE POLIZEI

Die internationale Gemeinschaft muss sich bei der neuen afghanischen Regierung dafür einsetzen, dass der Frauenanteil in der Polizei und insgesamt in der Justiz erhöht wird. Auch, um weiblichen Opfern Ansprechpartnerinnen zu sichern und um die Wahrung der bisherigen neuen Gesetze zum Schutz der Frauen zu gewährleisten. Daneben ist es wichtig, weitere Gesetze zu verabschieden. Zum Beispiel das Familiengesetz, das schon seit Jahren im Justizministerium liegt.

DER HOHE FRIEDENSRAT MUSS NEU ZUSAMMENGESETZT WERDEN

Der Hohe Friedensrat (HPC – High Peace Council) mit 69 Mitgliedern soll zwar mit den gesprächsbereiten Taliban verhandeln. Aber da er nicht demokratisch gewählt wurde, sondern von der Regierung noch unter Ex-Präsident Hamid Karzai bestimmt wurde, muss er auch neu zusammengesetzt werden. Unter den Mitgliedern gibt es Personen mit nachweislichen Verbindungen zu radikal-islamischen Gruppierungen, einige hatten gar Regierungsämter während der Talibanherrschaft inne. Manche wurden schon von der UN-Terrorliste gelöscht, vermutlich wegen ihrer Mitgliedschaft im HPC. Aber: Ihnen allen stehen nur neun Frauen und zwei Männer gegenüber, die aus der Zivilgesellschaft kommen. Was zu großen Protesten vor allem der afghanischen Frauenrechtlerinnen geführt hat. Wie, so deren Argumentation, kann dieses Gremium über Frieden verhandeln, wenn die Mehrzahl der Mitglieder sich besser mit Krieg auskennt? Mediatoren, unabhängige Mitglieder der Zivilgesellschaft, lokale Führungspersönlichkeiten, Beobachter mit internationaler Erfahrung und Menschen, die das Handwerkszeug aus Friedensprozessen mitbringen, sind bisher nicht vertreten.

INTERNATIONALE POLITIKER DÜRFEN AFGHANISTAN NICHT VERGESSEN

Nach den Wahlen 2014 und dem Abzug der internationalen Truppen darf die Welt Afghanistan nicht vergessen. Das Land und die Menschen brauchen weiterhin Hilfe und Unterstützung auf dem Weg in eine funktionierende Demokratie. Nicht zuletzt, damit Menschen- und Frauenrechte geschützt werden können.

BUCH 2 – INDIEN

Abgetrieben, zwangsverheiratet, geschlagen und vergewaltigt

Welche Zukunft hat ein Land,
in dem Mädchen und Frauen nichts wert sind?

Sie werden abgetrieben, misshandelt, zwangsverheiratet, geschlagen und vergewaltigt: Laut der Vereinten Nationen ist Indien das zweitgefährlichste Land für Frauen auf der Welt. Nach Afghanistan. Was ist da los? Was geht da vor? Was sind das für Männer, die Frauen so behandeln? Leider ganz normale Männer. Aber gewohnt an patriarchale Strukturen. In denen Mädchen und Frauen weniger wert sind als sie selbst.

Dass die Welt seit Kurzem noch kritischer auf die Situation der Frauen in Indien sieht, hat mit dramatischen Vergewaltigungsfällen zu tun. Vor allem mit dem Schicksal einer 23-jährigen Frau. Sie »entzündete ein Licht für ein besseres Indien«, so schreiben die Zeitungen bis heute. Es ist die Geschichte einer besonders grausamen Massenvergewaltigung mit tödlichem Ausgang.

Dabei beginnt alles so harmlos für ein junges Paar an diesem 16. Dezember 2012 in Delhi. Nirbhaya geht mit ihrem Freund ins Kino. Sie sehen sich *The Life of Pi* an. Wollen sofort nach dem Film nach Hause. Delhi ist bei Dunkelheit auch für zwei junge Menschen nicht unbedingt ein sicherer Ort. Sie warten an der Bushaltestelle mitten in der Stadt unter einer großen Autobahnbrücke. Da kommt endlich ein Bus. Aber es ist der falsche: ein Privatbus mit getönten Scheiben, in dem sechs junge, betrunkene Männer auf Randale aus sind. Sie locken die beiden in den Bus – und dann beginnt das Grauen. Die Männer im Alter von 17 bis 28 Jahren malträtieren wie besinnungslos die junge Frau mit einer rostigen Eisenstange. Sie vergewaltigen sie mehrfach. Pfählen mit der Stange ihre gesamten Innereien. Zerstören ihren Unterleib. Dann schlagen sie auch ihren Freund zusammen. Vergewaltigen wieder und wieder wechselseitig die Inderin und werfen die beiden nach 45 Minuten völlig nackt und blutend auf die Straße. Dann wollen sie die junge Frau noch mit dem Bus überfahren. Aber das misslingt.

Seit dieser Gruppenvergewaltigung steht das Land unter Schock. Wochenlang demonstrierten Männer und Frauen gegen die unverändert ansteigenden Vergewaltigungszahlen. Die Polizeistatistik ist erschütternd: 2012 sind allein in der Hauptstadt Neu-Delhi die Anzeigen von Vergewaltigungen von 706 im Vorjahr auf 1 450 gestiegen. Eine andere Statistik sagt: Alle 20 Minuten wird eine Frau vergewaltigt.

Hier einige aktuelle Beispiele: Im April 2013 wird eine Fünfjährige in Madhya Pradesh 48 Stunden lang von zwei Männern missbraucht. Sie stirbt wenig später an ihren inneren Verletzungen.

Im August desselben Jahres wird eine Siebenjährige tagelang in einer Zugtoilette vergewaltigt. Kurz danach machen sich fünf Männer über eine 22 Jahre alte Fotografin in Mumbai her. Im Oktober wird eine 16-Jährige von einer Gruppe Männer vergewaltigt, sie erstattet Anzeige, wird aber aus Rache von derselben Gruppe noch einmal vergewaltigt. Dieses tapfere Mädchen geht wieder zu Polizei.

Zwei Monate später zünden zwei der Täter das Mädchen an. Sie stirbt. Fast genau ein Jahr nach Nirbhaya.

In Mumbai sitzen die Vergewaltiger der Fotografin in einem fast leeren Gerichtssaal und scheinen nichts zu verstehen. Nie zuvor ist eines ihrer Opfer zur Polizei gegangen, sagen die Männer. Warum also jetzt diese Frau? Ein Zeuge erklärt vor dem Richter: »Sie waren wie ein paar Kinder, die einen Hund gefunden hatten, dem sie ein paar Feuerwerkskörper an den Schwanz gebunden haben, nur um zu sehen, was passiert.«

Der Grundtenor in der patriarchalen indischen Gesellschaft ist es, der diese Gewalt erst möglich macht. Und das Kastenwesen.

Zwei Schwestern, 14 und 15 Jahre alt, werden von Bewohnern ihres Dorfes im Bundesstaat Uttar Pradesh kurz nach den Wahlen im Frühjahr 2014 als vermisst gemeldet. Laut Polizei gingen sie aufs Feld, weil sie zu Hause keine Toilette haben. Kurz darauf findet man die Mädchen: aufgehängt an einem Baum. Fünf Männer hatten sie vorher vergewaltigt, darunter zwei Polizisten. Wohl auch darum hat die Polizei die Anzeige des Vaters wegen seiner vermissten Kinder nicht aufgenommen. Außerdem ist er ein Dalit, ein Mitglied der untersten Kaste. Das Ganze ereignet sich eineinhalb Jahre nach der Vergewaltigung von Nirbhaya. Die Kommentatorinnen in den großen Zeitungen schreiben zu Recht: »Was muss noch alles passieren, damit sich endlich etwas für uns Frauen ändert?« Zwei amtierende Politiker scheinen unbelehrbar. Sie behaupten, dass eine Vergewaltigung »manchmal gut, manchmal schlecht« sei.

Zahlen und Fakten: Frauen in Indien

48,46 Prozent der Bevölkerung Indiens sind Frauen, aber nur 26,1 Prozent von ihnen haben Arbeit.

80 Prozent der Frauen arbeiten auf dem Land, aber nur neun Prozent von ihnen besitzen eigenes Land.

Nur zehn Prozent der Positionen in Ministerien und nur elf Prozent der Sitze im Parlament haben Frauen inne.

Auf jede Inderin kommen statistisch 2,55 Geburten, das heißt, sie bringt in ihrem Leben im Schnitt 2,55 Kinder zur Welt. In Deutschland sind es 1,3.

Die Zahl der Geburten von Mädchen in Relation zu 1 000 Jungen hat sich laut *World Factbook* im Jahre 2013 auf 893 Mädchen zu 1 000 Jungen verringert (in Vergleich dazu USA: 955 Mädchen zu 1 000 Jungen).

Mädchen sind bei den Geburtenzahlen unterrepräsentiert, bei den Todeszahlen von Babys allerdings überrepräsentiert. Die Sterberate für Babys bis zum ersten Lebensjahr ist bei Mädchen um 61 Prozent höher als bei Jungen.

Mehr als 100 000 Frauen sterben jährlich durch Schwangerschaft oder Geburt. Die Sterblichkeitsrate für Frauen bei einer Geburt liegt demnach im internationalen Vergleich an zweiter Stelle. Auch, weil nur 42 Prozent aller Geburten von einer Hebamme oder einem Arzt begleitet werden.

Allein 2011 haben 300 000 Mädchen unter 15 Jahren ein Baby geboren.

Ultraschalluntersuchungen werden hauptsächlich zur Geschlechtsbestimmung eines Babys gemacht. Da sie nicht nur verboten, sondern auch teuer sind, machen diese Untersuchungen vor allem Frauen aus der vermögenderen Gesellschaftsschicht.

Alle Statistiken beweisen, dass sich Frauen vor allem dann sterilisieren lassen, wenn sie die Zahl der gewünschten Söhne geboren haben.

All drei Minuten wird in Indien ein Verbrechen gegen eine Frau begangen.

39 Prozent der indischen Männer und Frauen halten es für vertretbar, wenn ein Mann seine Frau schlägt.

Vergewaltigung in der Ehe wird nur als solche betrachtet, wenn die Ehefrau unter 16 Jahre alt ist.

16,5 Jahre ist das durchschnittliche Alter, in dem eine Inderin heiratet. Laut UNICEF wurden zwischen 2002 und 2011 18 Prozent der Mädchen vor ihrem 15. Lebensjahr und 47 Prozent vor ihrem 18. Lebensjahr verheiratet. Davon 56 Prozent in ländlichen Gegenden.

Zwei Drittel aller Frauen in Neu-Delhi haben allein in einem Jahr sexuelle Belästigung erlebt.

Die Selbstmordrate indischer Frauen im Alter zwischen 15 und 44 Jahren liegt bei 11,3 Prozent.

1961 schon wurde die Mitgift verboten. Seitdem sind alle Mitgiftforderungen im Zusammenhang mit Eheschließungen gesetzeswidrig.

Die beiden Dalit-Mädchen und Nirbhaya scheinen die Menschen im ganzen Land wohl am meisten zu berühren. Und in der Folge auch politische Veränderungen zu bewirken. Als Reaktion auf das allgemeine Entsetzen nach Nirbhayas Tod verabschiedete das damalige Parlament innerhalb

weniger Monate ein verschärftes Gesetz gegen Vergewaltiger: das »Justice Verma Law«. Was erstaunlich ist, da ein
neues Gesetz in Indien normalerweise sehr lange braucht,
bis es formuliert ist und umgesetzt werden kann. Wenn
man sich die anderen bisherigen Gesetze zum Schutz von
Frauen und Kindern ansieht, vergingen bis zur Verabschie-
dung immer viele Jahre: 2006 das Gesetz zum Verbot von
Kinderheirat. 2005 ein Gesetz, das häusliche Gewalt unter
Strafe stellt. 1999 erklärte der Oberste Gerichtshof sexuelle
Belästigung am Arbeitsplatz oder in anderen Institutionen
als Straftatbestand. 1994 wurde es verboten, das Geschlecht
eines Kindes vor der Geburt zu bestimmen. 1993 wurde das
Antidiskriminierungsgesetz zum Schutz von Frauen ver-
abschiedet. Und 1961 bereits entschied das Parlament, die
Mitgiftzahlung unter Strafe zu stellen. Das wäre alles kon-
struktiv, höchst demokratisch und frauenfreundlich. Wenn
es denn umgesetzt würde, die Vergehen vor Gericht kämen
und die Täter bestraft würden. Mit einer funktionierenden
Gerichtsbarkeit und Jurisprudenz. Dem ist aber nicht so.
Und das ist für Frauen und Mädchen dramatisch.

Erstmals im Fall von Nirbhaya ermitteln die Polizeibeamten schnell. So schnell wie nie zuvor: Innerhalb von 15 Tagen werden die Täter gefasst. Nach bereits neun Monaten
kommt es zum Prozess. Ein Eilverfahren. Vier der sechs Täter spricht der Richter in allen Punkten schuldig: Kidnapping, Gruppenvergewaltigung und kaltblütiger Mord. Die
Strafe: Tod durch Hängen. So schnell ist in der Geschichte
Indiens noch nie ein Urteil gesprochen worden. Sonst dauerte das oft mehrere Jahre. In diesem Fall jubeln die Inder
und ziehen mit Bannern durch die Straßen.

Ein fünfter Täter kommt bereits in der Haft ums Leben.
Ob er Selbstmord begangen hat oder ermordet wurde, wird
noch untersucht. Doch der sechste im Bunde der Schrecklichen, der 17-jährige Fahrer des Busses, wandert auf Grund

seines Alters nach Jugendstrafrecht nur für drei Jahre ins Gefängnis. Dabei soll er der eigentliche Anführer sein.

Das alles schreibt die Presse weltweit. Auch, dass seitdem die Inder und Inderinnen auf die Straßen gehen. Sie demonstrieren gegen die wachsende Gewalt gegen Frauen. Dalits (die »Unberührbaren«) genauso wie Studenten, Juristen, Aktivisten, Brahmanen (Angehörige der obersten indischen Kaste), Hausfrauen und Frauenrechtlerinnen – alle gemeinsam. Zum ersten Mal seit der Kampagnen gegen Witwenverbrennung und gegen die vorgeburtliche Geschlechtsbestimmung in den 1990er-Jahren. Es entstehen jetzt Men-Say-No-Blogathons, Stop-Rape-Now-Petitionen und Delhi-Gang-Rape-Rap-Songs (Blogs, in denen Männer sich zu einem Nein zu Gewalt bekennen, Petitionen mit den Slogans »Stoppt Vergewaltigung jetzt« und Rap-Songs gegen Gruppenvergewaltigung, gesungen von den bekanntesten indischen Gruppen). In Bussen werden Sicherheitskameras eingebaut. Die staatliche Waffenschmiede entwirft einen leichten Lady-Revolver, der in Erinnerung an das Opfer »Nirbheek« heißt – »furchtlos«. Obwohl Waffen in Indien eigentlich verboten sind. Alle forderten und fordern unverändert härtere Gesetze und die Todesstrafe für Vergewaltiger. Als wenn das die Gesellschaft ändern könnte.

Vor allem aber kritisieren sie das Verhalten der Polizei und der Menschen am Tatort. Denn dort, unter der Autobahnbrücke, sind Bürger wohl einfach an den beiden blutenden und bewusstlosen Opfern vorbeigegangen. Auch, weil viele Menschen in Indien Angst haben, in polizeiliche Ermittlungen zu geraten. Die oftmals nicht fair geführt werden und nicht selten schlecht für den Einzelnen ausgehen. Weil man nie weiß, wie sich die Polizei verhält.

Kurz nach der Vergewaltigung legt ein Polizeibeamter zudem in einer Fernsehsendung seinen Finger in die Wunde: Wie könne man von der Polizei erwarten, dass sie sich plötzlich anders verhält und effizienter ermittelt, wenn es doch vom Typ her immer die gleichen Männer seien, die auch diese junge Frau in der Gruppe vergewaltigt haben? In der Fernsehshow wird auch noch eine Untersuchung erwähnt, nach der 90 Prozent der Polizeibeamten in Neu-Delhi der Meinung sind, dass eine Frau die Vergewaltigung wohl selbst herausgefordert habe. Sie hätte eben nicht alleine aus dem Haus gehen dürfen oder sich nicht so aufreizend anziehen. Ist es nicht seltsam, dass Frauenkörper Männer zu solchen Reaktionen verführen? Könnte es nicht sein, wird in der Talkrunde zu Recht diskutiert, dass die Probleme eher bei den Männern liegen? Warum zum Beispiel ist es für Frauen erlaubt, bei Tageslicht aus dem Haus zu gehen, aber verboten, sobald es dunkel ist?

Starke Stimmen

Kavita Krishnan: »Bewahrt die Freiheit der Frauen – nicht ihren Körper!«

Die AIPWA, die All India Progressive Women's Association, ist eine mächtige, viel gehörte Stimme in Indien. Ihre Sprecherin Kavita Krishnan regt sich immer wieder auf, wie wenig Polizei, politische Parteien, Juristen und das Justizministerium aufseiten der Frauen argumentieren. Sie pochten immer noch und immer wieder auf ihre patriarchalischen Positionen. Vor allem jetzt, in der indienweiten Diskussion nach der Vergewaltigung der Studentin im Dezember 2012. Kavita Krishnan ist froh über und dankbar für die Proteste der Straße, sie hofft, dass diese nicht aufhören. Sie sollen ganz im Gegenteil anwachsen, stärker werden. Denn dort liegt die Antwort: »Bewahrt die Freiheit der Frauen – nicht ihren Körper!« Und schon gar nicht durch die Überwachungskameras, die jetzt installiert werden sollen. Die Antwort sei nicht die Todesstrafe oder chemische Kastration. Wenn schon die Verurteilungsquote für Vergewaltiger so niedrig sei, wie könne dann die Todesstrafe eine Lösung bei einem solchen Verbrechen sein? »Es gibt in unserem Land«, so prangert sie an, »eine Kultur, die eine Vergewaltigung rechtfertigt. Zum Beispiel, wenn Männer, wie manche Politiker behaupten, von Frauen zu einer Vergewaltigung herausgefordert werden, wenn sich Frauen provokant kleiden.« Das empört die Frauenrechtlerin. Deshalb müsse auch die Politik in diese Diskussion mit einbezogen werden. Frauen müssen laut sagen, was ihnen durch eine Vergewaltigung geschieht – und Politik muss zuhören! Denn wir Frauen müssen das Recht haben, frei und ohne Angst zu leben. Das ist ihre Meinung.

Auf der Suche nach den Ursachen

Nirbhayas Schicksal ist es, was mich, neben der vernichtenden Sicherheitsstatistik der Vereinten Nationen zur Lage der indischen Frauen, nach über 20 Jahren jetzt, 2013, wieder nach Indien reisen lässt. Damals habe ich das erste Mal in Indien für *ML Mona Lisa* gedreht. Was hat sich wohl alles verändert, vor allem für die Frauen? Außer dass das Land jetzt 1,2 Milliarden Menschen zählt und einen wirtschaftlichen Aufschwung ohnegleichen erlebt? Ich bin sehr gespannt.

Ankunft auf dem nagelneuen Riesenflughafen. Exotisches und indisches Ambiente! Zwei überlebensgroße Elefanten auf hohen Podesten zeigen, wo man ankommt. Indien ist nicht mehr rückständig und arm, nein, heute zählt es zu den am stärksten boomenden Nationen der Welt. Im Spitzenkampf mit China. Die Zahl der indischen Milliardäre ist siebenstellig. Einer von ihnen hat seiner Frau sogar einen Airbus gekauft: Der Stahlmilliardär Mittal erwarb den europäischen Arcelor-Konzern und besitzt heute den größten Stahlkonzern der Welt. Das alles fällt mir jetzt zu Indien ein.

Am Flughafen funktionieren Passkontrolle und Gepäckausgabe schnell und wohlgeordnet, wie man sich das in einem modernen Land so vorstellt. Die Zeiten des stundenlangen Wartens an kaputten Gepäckbändern sind Vergangenheit. Auf extrabreiten Straßen verfliegt die Fahrtzeit in die Stadt im Nu. Noch ist es früh am Morgen. Der leichte Nebel vermischt sich mit der Sonne zu einem geheimnisvollen Glitzern. Nur 16 Kilometer sind es für den Fahrer, der mit meinem Namensschild pünktlich am Gateausgang stand. »Namaste«, willkommen, so begrüßen wir uns und verbeugen uns mit den gefalteten Händen vor der Brust.

Im Zentrum sehe ich voller Erstaunen – nur Männer. Mit Rucksäcken und in warme Jacken und Pullis gepackt. Es ist Dezember und für indische Verhältnisse kühl. Wo sind die Frauen, über die ich hier recherchieren will? Arbeiten sie nicht? Sind sie alle zu Hause?

Drüben, auf der anderen Straßenseite, sehe ich dann doch zwei von ihnen, hier drei. Frauen, die die Straßen kehren. Aber abgesehen davon: tausende von männlichen Arbeitern. Sie quellen aus den völlig überfüllten Vorortzügen, aus den Bussen, kommen herauf aus den U-Bahn-Stationen oder springen aus den überquellenden Mini-Taxis heraus. Damit sich für den Fahrer die Fahrt lohnt und die Passagiere nur ein Minimum zahlen müssen. Mein Fahrer bemerkt meine Verwunderung und klärt mich »fremdenfreundlich« auf: »Die Frauen? Die sind alle zu Hause bei ihren Kindern und versorgen den Haushalt.« Na bitte.

Indien: Zahlen und Fakten

Indien ist die größte Demokratie der Welt mit 1,24 Milliarden Einwohnern und damit das zweitgrößte Land der Erde in Bezug auf die Bevölkerungszahl.

Das Land ist rund 3,3 Millionen Quadratkilometer groß und damit neunmal so groß wie Deutschland (357 021 Quadratkilometer).

Die Hauptstadt Neu-Delhi hat rund 15 Millionen Einwohner. Größte Stadt ist Mumbai, das ehemalige Bombay, mit 18,7 Millionen Einwohnern.

Der Altersdurchschnitt beträgt 26,7 Jahre (zum Vergleich Deutschland: 44,2 Jahre). Die Lebenserwartung liegt bei 67,14 Jahre (zum Vergleich Deutschland: Männer 77 Jahre, Frauen 82 Jahre).

32 Prozent der Bevölkerung leben unter der Armutsgrenze.

78,08 Prozent aller indischen Haushalte haben keine Toilette.

Lesen und schreiben können 82,14 Prozent der Männer und 65,46 Prozent der Frauen. 75 Prozent der Jungen und 66 Prozent der Mädchen gehen zur Schule.

Das Bruttoinlandsprodukt beträgt rund 1 472 Milliarden Dollar, das Pro-Kopf-Einkommen 1 505 US-Dollar (zum Vergleich Deutschland: 44 999 US-Dollar). 80 Prozent der Menschen leben von 1 bis 2 Dollar am Tag.

12 Prozent aller Kinder arbeiten.

Bereits mittags fahre ich mit der Producerin Bindu Lall, die mir das *ARD*-Studio ausgeliehen hat, zu unserem ersten Interview: mit Dr. Charu WaliKhanna, Rechtsanwältin und Mitglied der Nationalen Kommission für Frauen (NCW). Sie ist eine der führenden Feministinnen im Land.

Eine Producerin ist für uns alle im Journalistenberuf sehr wichtig. Sie organisiert die Termine, kennt sich im Land aus, spricht die Sprache und weiß um die aktuellen Themen. Eine gute Producerin ist Gold wert – und Bindu ist so eine!

Wir halten vor einem klassischen indischen Bürohaus. Die sind immer noch so, wie ich sie von früher kannte: schmale, etwas heruntergekommene Treppenhäuser. Enge Gänge, vereinzelte Topfpflanzen stehen am Boden und mickern vor sich hin. Wer wartet, sitzt auf wackeligen Stühlchen oder abgenutzten Sofas. Wir werden gleich hereingebeten. Die vielfach ausgezeichnete Anwältin ist wohl Mitte 50. Sie trägt das klassische indische Churidar-Kleid, bestehend aus besticktem Kurzkleid und eng anliegender Hose. Alles in dezentem Dunkelblau. Ihre dunklen Haare streicht sie immer wieder aus dem Gesicht, blättert während meiner Fragen weiterhin in ihren Unterlagen. Erst als uns ihre sichtlich untertänige Mitarbeiterin Chai und Plätzchen bringt, wird die Atmosphäre entspannter. Wir tauschen unsere Visitenkarten aus. Das haben wir Frauen ja inzwischen von den Männern gelernt. Ihre Karte ist edel geprägt, mit einem goldenen Wappen. Immer wieder kommt ihre Mitarbeiterin während des Gespräches herein und bringt weitere Unterlagen, unter anderem Anschauungsmaterial für all die Frauen, die sie betreut, die aber nicht lesen können.

Mir geht dabei der Fall der 23-jährigen Nirbhaya nicht aus dem Kopf, dazu die Meldungen der weiterhin zunehmenden Zahl von Massenvergewaltigungen. Auf meine Frage nach dem Grund dieser Entwicklung gibt die Anwältin eine erstaunliche Antwort: »90 Prozent der indischen Männer sind kriminell. Glauben Sie mir. Und darum wird es noch 30 Jahre, eine ganze Generation, dauern, bis sich die Verhältnisse hier verbessert haben.« Aber es werde gelingen, dafür stehe eine neue, junge Generation, die nicht mehr so weitermachen will. »So weitermachen« heißt wohl: vergewaltigen, Kinder zwangsverheiraten, in Kasten denken und vor allem, die Ärmeren weiterhin so dramatisch benachteiligen. Mit ihrer Anschuldigung, »die Männer sind kriminell«, meint sie vor allem, dass trotz des gesetzlichen Verbotes auch heute noch Mitgift verlangt und bezahlt wird. Und da die Inder inzwischen zu einer unglaublichen Konsumgesellschaft geworden sind, entwickeln sich die Forderungen bei einer Hochzeit an die Eltern der Braut in abenteuerliche Höhen: Schmuck, Gold, Kühlschrank und Motorrad, eine neue Küche und gar ein neues Auto – das ist inzwischen die Währung, nach der ein Mädchen an die Familie des Bräutigams verkauft wird.

Charu WaliKhanna erzählt, dass sie weitaus weniger in ihrem Büro sitze als im Auto, um auf dem Land die Frauen zu unterstützen. Zum Beispiel mit einfachen Anleitungen und vielen Zeichnungen, die sie mir alle zeigt: Was sie tun sollen bei häuslicher Gewalt, wenn die Männer schlagen und nicht mehr aufhören. Wie sie sich als werdende Müt ter wehren können gegen die von der Familie des Mannes geforderte Abtreibung eines weiblichen Fötus. Denn auch, wenn in Indien Amniozentese, also die Fruchtwasserunter suchung inklusive der Bestimmung des Geschlechtes des Babys, und Ultraschall längst verboten sind, werden Tag für Tag tausende weiblicher Babys abgetrieben. Bis zum achten Monat. Deshalb leben in Indien 37 Millionen mehr Männer als Frauen. Ein Verhältnis, das es so in keinem anderen Land der Welt gibt. Auch nicht in China, trotz der Ein-Kind-Politik.

Zu der von mir immer wieder angesprochenen, beunruhigend steigenden Zahl der Vergewaltigungen sagt die Anwältin nur so viel: »Das hat es schon immer gegeben, das ist nicht neu. Nur: Jetzt erst nimmt die Polizei eine Anzeige ernst. Inzwischen verurteilen Richter die Täter.« Und das ist die Veränderung. Seit Kurzem gibt es, durch den Tod von Nirbhaya angestoßen, einen Gesetzentwurf, der die Menschenrechte der Frauen absichern soll. Nur – er ist ein Jahr nach ihrem Tod, also 2013, noch nicht vom Parlament verabschiedet. Im Gegensatz zum »Justice Verma Law«, das das Parlament schon verabschiedet hat. Charu WaliKhanna fürchtet leider, dass dies noch länger verschleppt wird: »Es gibt in der Regierung kaum Männer, die sich dieses Themas wirklich annehmen.« Im Frühjahr 2014 wird in Indien gewählt ... Dann können vor allem die 400 Millionen wahlberechtigten Frauen mit ihren Stimmen etwas bewegen und verändern. So hofft die Anwältin. Doch es wird anders kommen.

Überraschend für mich hat die Rechtsanwältin sogar für die Medien ein Lob. Weil in den Zeitungen, im Radio, im Fernsehen und im Internet so intensiv über die Vergewaltigungen geschrieben wird, schämen sich inzwischen auch indische Männer für ihr Land. Das ist doch was ...

Nur sieben Schutzräume für Millionen Frauen

Ganz schnell gewöhne ich mich wieder an das indische Kopfschütteln. Das geht so: von links nach rechts und dann ein wenig nach unten. Du weißt nie genau, heißt es ja – oder nein? Ich interpretiere es als »vielleicht«. Ein klares Ja oder Nein verbietet sich ja auch in der indischen Gesellschaft. Denn dann verliert der andere sein Gesicht. Und das geht nicht ...

Ganz oben auf meiner Liste der Organisationen, die ich in Neu-Delhi besuchen möchte, steht Shakti Shalini. Das ist eine Hilfsorganisation, die ich schon 1992 besucht habe. Damals kümmerten sich die Mitarbeiterinnen vor allem um Ehefrauen, die nach der Hochzeit in ihrer neuen Familie mit Kerosin übergossen wurden und dieses Attentat, meist verübt von der Schwiegermutter, überlebt hatten. Damals war ich in einem Krankenhaus und habe mir die schwerstverbrannten jungen Frauen angesehen. Täglich wurden damals neue Opfer eingeliefert. Das »dowry burning« galt als probates Mittel, um zum einen die unerwünschte Schwiegertochter wieder loszuwerden, andererseits aber die »dowry«, also die Mitgift, trotzdem zu behalten. Der Sohn kann dann ein zweites Mal heiraten, natürlich wieder gegen eine saftige Mitgiftzahlung des Brautvaters. Das Fünffache des Jahreseinkommens galt damals in den 1990er-Jahren als normal. Die wenigen jungen Bräute, die die Kerosin-Attacken überstanden hatten, konnten den indischen Gesellschaftsnormen entsprechend nicht mehr zurück in ihre Ursprungsfamilien. Sie fanden Betreuung und Unterkunft bei Shakti Shalini.

Mitgift ist heute verboten. Die Arbeit der Shakti-Shalini-Frauen aber ist keineswegs vorbei. Weil Frauen unverändert Ware sind, weil für sie bezahlt werden muss. Weil die Gier der indischen Gesellschaft immer größer wird.

Heute sind es vor allem obdachlose Frauen und Bewohnerinnen von Slums, die in den Schutzräumen dieser Organisation Unterschlupf suchen. Und es werden von Woche zu Woche mehr. Abends gibt es dort für 30 bis 40 Frauen und ihre Kinder eine warme Mahlzeit. Dann dürfen sie ihre dünnen Strohmatten auf dem kalten Betonboden auslegen und ruhig schlafen. Ungestört und ohne Angst. Darum geht es vor allem. Denn in ihren Zelten oder auf der Straße sind die Frauen und Kinder von Gewalt, Schlägen und Vergewaltigung bedroht.

Sudha Tiwari ist von Anfang an dabei. »Die Gewalt in der

Familie hat sich verändert«, erzählt sie ganz nüchtern. Es gibt sie noch, aber jetzt eben ganz anders. Auch, weil die Familie des Bräutigams inzwischen per Gesetz verantwortlich gemacht wird, wenn der jungen Braut in der neuen Familie etwas geschieht. »Aber dafür wird mehr mental gequält«, berichtet mir Sudha Tiwari. »Psychologische Kriegsführung« nennen das die indischen Feministinnen. Viele junge Frauen halten das nicht aus. Zu ihren Eltern nach Hause können und dürfen sie nicht mehr. Sie verlassen also den neuen, angetrauten Mann und landen dann auf der Straße. Die Sozialarbeiterin erklärt weiter: »Nur wenn die Frauen einen Beruf gelernt haben, einen Job ausüben können und selbst Geld verdienen – dann ist die Chance größer, dass sie ihre eigene Familie wieder aufnimmt. Denn dann kosten sie nichts, sie bringen sogar etwas ein. Geld bestimmt vor allem in den mittleren Gesellschaftsschichten das Verhalten den Frauen gegenüber.« Neu in Delhi sind auch sogenannte »Hostels«, in denen alleinstehende Frauen günstige Zimmer mieten und einem Beruf nachgehen können. Wenn sie nicht mehr nach Hause dürfen oder wollen.

Immer noch sind allein in der 17-Millionen-Stadt Delhi 1,5 bis 2 Millionen Frauen hilfsbedürftig und leben auf der Straße. Und es gibt für sie nur sieben Nacht-Shelter in der ganzen Stadt. Die Mitarbeiterinnen von Shakti Shalini zeigen mir einen solchen Schutzraum. Aus Steinen gemauert, mit einem nackten Betonfußboden. An den Wänden sind einige kleine Möbel gestapelt, zugedeckt mit ein paar Decken. Während ich mit den Frauen hier stehe und ihnen zuhöre, spielt ein kleines Mädchen am Boden mit ihrem noch kleineren Bruder. Liebevoll und zärtlich, fröhlich und frech. Das Baby genießt die Zuwendung und den Spaß. Welche Zukunft wartet auf die beiden?

Neu-Delhi – die Unsichere

Leben in Neu-Delhi ist ein täglicher Kampf. Vor allem für Frauen. Alle 20 Minuten wird eine Frau vergewaltigt. Angezeigt wurden 2012 allein in der Hauptstadt 1 450 Fälle. Wie vielen es aber tatsächlich passiert, weiß niemand, weil sie sich nicht zur Polizei trauen. Es werden allerdings von Jahr zu Jahr mehr. Das ist sicher....

Das Gleiche gilt für angezeigte sexuelle Belästigungen: 2012 waren es 727, 2013 bereits 3 250 Frauen, die von Männern sexuell angemacht wurden. Hier ein kleiner Ausschnitt aus den Berichten der Polizeistatistik im zweiten Halbjahr 2013, die ich einsehen konnte:

JUNI: Zwei Schwestern aus Usbekistan werden von einem Mitreisenden in einer Wohnung eingesperrt und von mehreren Männern vergewaltigt. Eine 20-jährige Frau, die mit ihrem Mann aus Bihar nach Delhi gekommen ist, um nach Arbeit zu suchen, wird in einem Haus eingesperrt und von zwei Männern abwechselnd vergewaltigt. Die Männer hatten ihr zunächst versprochen, für sie Arbeit zu suchen.

AUGUST: Eine 27-jährige Redakteurin einer internationalen Fernsehgesellschaft zeigt ihren Kollegen an, weil er sie in ihrem Haus sexuell belästigt hat.

NOVEMBER: Eine 16-jährige Schülerin wird mehrfach von einem Klassenkameraden und drei seiner Freude über Monate hinweg vergewaltigt. Eine 26-jährige Frau zeigt zwei ihr bekannte Männer an, die sie an ihrem Arbeitsplatz in einem Einkaufszentrum unter Drogen gesetzt und dann vergewaltigt haben.

Das alles ist nicht zu fassen. Doch wieder zurück zu den engagierten Frauen des Shelters von Shakti Shalini in Neu-Dehli. Im Gespräch wird eine für mich neue, aber nicht unlogische These über die steigende Zahl der Vergewaltigungen diskutiert: Ein Grund sei, sagen die Shakti-Shalini-Frauen, dass es immer weniger Mädchen in Indien gibt. Weil unverändert die weiblichen Föten abgetrieben oder die neugeborenen Babys zum Sterben ausgesetzt werden. Es fehlen also Frauen – und die anwachsende männliche Gesellschaft wird dadurch immer gewalttätiger.

Ein anderer Grund sei der Zerfall der Familien. Während es früher auf die gesamte Familie im Dorf zurückgefallen ist, wenn sich ein Mitglied etwas hat zuschulden kommen lassen, so fehlen heute den jungen Männern vor allem diese Wurzeln und der Familienzusammenhalt. Keiner von ihnen habe mehr Angst, der Familie Schande zu bringen. So rotten sie sich viele Tagesreisen von den Eltern entfernt in den großen Städten zusammen und überfallen Mädchen, um sie zu missbrauchen.

Abida lebt gleich neben dem Shelter. Sie ist 35 Jahre alt und hat zwei Söhne. Bezahlt von der Regierung passt sie für 235 Rupien am Tag (rund drei Euro) im Schutzraum von Shakti Shalini auf: damit vor allem keine Männer gewaltsam in das Haus eindringen und den Frauen und Kindern etwas antun. Sie kennt häusliche Gewalt zur Genüge, erzählt sie mir. Aber auch: dass sie bei ihm bleibt, bei ihrem schlagenden Mann. Zum einen, weil sie so ihren Kindern den väterlichen Namen erhält. Das ist wichtig in Indien. Zum anderen, weil sie als verheiratete Frau den Respekt der Gesellschaft genießt. Schläge und Gewalt zu Hause hin oder her. Das sind für sie wichtigere Argumente. Wenn es ganz schlimm ist, dann nimmt sie die Kinder und geht zu den anderen Frauen in den Shelter. Weil sie aber Geld benötigt, das ihr Mann nicht verdient, arbeitet sie zusätzlich noch als Kosmetikerin. Das bringt ihr dabei aber vor allem auch eines: Selbstbewusstsein. Auch eine gute Gegenwehr gegen gewalttätige Männer.

Während meiner Recherchen in Indien vergeht kein Tag, an dem nicht von einer Vergewaltigung, und sehr oft von einer Gruppenvergewaltigung, berichtet wird. Dass aber die Polizei daran auch noch beteiligt ist – das ist eine neue Dimension. Wie beim Fall der beiden Dalit-Schwestern aus Uttar Pradesh. Außerdem kommt in vielen Fällen zusätzlich Korruption ins Spiel. Hier ein Beispiel: Indische Polizisten, so lese ich in der *Times of India,* belästigen eine 14-Jährige sexuell, als dieses Mädchen mutig eine Vergewaltigung anzeigen will. Der Chef der Polizeistation, so sagt der Teenager später, habe sie gezwungen, sich auszuziehen. Der Mann habe sie dann sexuell begrapscht und 50 000 Rupien, also rund 600 Euro verlangt, um die Anzeige überhaupt aufzunehmen. Aber jetzt kommt der Gipfel: Das Ganze sei nur passiert, weil sich der Vater des Mädchens geweigert habe, der Polizei Schmiergeld zu bezahlen. Inzwischen laufen gegen den Beamten Ermittlungen – der mutmaßliche Vergewaltiger wurde festgenommen.

Wie stark muss ein 14-jähriges Mädchen sein, um das alles nicht nur auszuhalten, sondern auch immer und immer wieder zu erzählen, damit die männlichen Täter eine Strafe erhalten? Wie stark sind ihre Eltern in dieser Gesellschaft, um das Mädchen weiter zu schützen?

Kein Wunder, wenn die Autorin Sonia Faleiro in der *New York Times* über ihre 24 Jahre in Delhi schreibt: »Als Teenager lernte ich schon früh, mich zu schützen. Ich stand niemals allein, wenn ich es vermeiden konnte, und ich ging immer schnell, kreuzte meine Arme über meiner Brust und vermied jeglichen Blickkontakt oder gar ein Lächeln. Ich drängte mich mit den Schultern zuerst durch die Mengen und vermied es, ab Einbruch der Dunkelheit das Haus zu verlassen. Außer in einem privaten Wagen mit einem mir bekannten Fahrer.«

Gewalt ist eine Frage der Macht

Kamla Bhasin wohnt in einem bewachten Viertel. Mit Pförtner und Schranke. Eine schicke Gegend für reiche Inder. Sie hat drei Hausangestellte und ein elegantes Wohnzimmer. In fließendem Deutsch empfängt sie ihre Gäste. Sie ist die Vorsitzende einer erfolgreichen indischen Frauenorganisation: Jagori unterstützt Frauen in ihren Rechten, trainiert junge Menschen auf dem Weg in den Beruf und kümmert sich daneben auch noch um die in Indien so allgegenwärtigen Themen wie Gewalt, Gesundheit, Ausbildung und Entwicklung. Die Mitarbeiterinnen von Jagori erstellen das nötige Hintergrundmaterial zu all diesen Themen aus weiblicher Sicht, verbünden sich mit anderen Frauengruppen, NGOs und Entwicklungshilfe-Organisationen. Jagori heißt auf Hindi: »Aufwachen, Frauen!« Dieser Aufruf passt zu meiner Interviewpartnerin.

Kamla Bhasin hat kurze, weiße Haare, eine elegante Brille und tritt sehr selbstbewusst auf. Als Erstes möchte sie nach den üblichen Begrüßungsfloskeln bei mir, der deutschen Journalistin, ihre wichtigste Botschaft loswerden: Die Gewalt gegen Frauen sei – im Verhältnis zur Zahl der Einwohner eines Landes – in Indien kleiner als in Deutschland oder Schweden. Wie bitte? Ich glaube, mich verhört zu haben. Aber das kann ja in Ruhe noch geklärt werden. Die lebendige und höchst engagierte Feministin will mir aber noch etwas anderes dringend mitgeben: Delhi sei nicht die Hauptstadt der Vergewaltigungen – sondern die Hauptstadt der Proteste gegen Vergewaltigung. Nirgends, so argumentiert Kamla Bhasin, seien je so viele Männer und Frauen wochenlang auf die Straße gegangen. Nur so sei es zu einem Umdenken in der Gesellschaft gekommen. Und zu dem jetzt vorbereiteten Gesetz zum Schutz von Frauen gegen Gewalt. Ihre Frage ist darum auch: »Gibt es mehr Vergewaltigungen – oder wird mehr darüber berichtet?«

Im Laufe unseres intensiven und kontroversen Gespräches kommt sie dann aber auf den entscheidenden Punkt: auf den wachsenden Machismo der Männer. Gewehre, Sex und nackte Frauen – darauf führt sie die Gewaltentwicklung zurück. Gewalt ist für Kamla Bhasin vor allem eine Frage der Macht. Und sie zitiert gleich Olivia Muchena, die Frauenministerin aus Simbabwe: »Men of quality are not afraid of equality.« (Männer von Qualität haben keine Angst vor Gleichheit). Funktioniert im Englischen besser – ist aber jedenfalls sehr wahr.

Wenn Kamla Bhasin über Gewalt referiert, scheint sie in ihrem Element. Sie spricht von 40 Prozent aller Männer, die regelmäßig gegenüber ihren Ehefrauen gewalttätig werden. Mehr rhetorisch fragt sie eher sich als mich: »Wie viele dieser Männer sind im Vergleich dazu gewalttätig gegenüber ihren Bossen?«

Dass die 590 Millionen indischen Mädchen und Frauen noch einen langen Weg bis zur Gleichberechtigung vor sich haben, will sie nicht verleugnen. Armut, fehlende Bildung und ein korruptes Rechtssystem müssten überwunden werden. Dabei erwähnt die Feministin noch ein interessantes Argument: Ihrer Erkenntnis nach bringt vor allem der Mittelstand in Indien seine Töchter entweder im Mutterleib oder gleich nach der Geburt um. Wegen der schon zitierten Mitgift, die zwar verboten ist, aber immer noch gezahlt wird. Die Armen auf dem Lande, so Kamla Bhasin, lassen ihre Töchter am Leben. Weil arme Frauen arbeiten, damit die Familie ernähren und deshalb Geld einbringen, aber nichts kosten. »Arme Menschen sind einfach nicht gierig.« Davon ist die engagierte Frauenrechtlerin überzeugt. Und erst, wenn auch die Frauen der mittleren Klassen arbeiten gehen, wenn sie eigenes Geld verdienen – erst dann wird sich in Indien das Blatt zugunsten der Frauen wenden. Das Ende der Mitgiftzahlungen könnte also der Schlüssel für eine frauenfreundliche Gesellschaft sein. Eine Gesellschaft, in der die Frauen dann auch Macht bekommen und Macht haben.

Mitgift – Fluch ohne Segen

Die uralte Tradition der Mitgift ist zwar seit 1961 gesetzlich verboten. Aber noch lange nicht ausgerottet. Ganz im Gegenteil. Bis heute sterben Frauen im Zusammenhang mit Mitgiftstreitigkeiten. Was passiert da?

Die Tradition ist eigentlich Jahrhunderte alt und hatte einen zutiefst friedlichen Hintergrund: Seit jeher stattet die indische Brautfamilie ihre Tochter zur Hochzeit mit Gold, Schmuck oder anderen wertvollen Dingen aus. Diese Mitgift verschaffte der jungen Ehefrau in Indien traditionell einen anerkannten Status innerhalb der Familie des Bräutigams, und sie ermöglichte ihr einen gewissen finanziellen Rückhalt für den Notfall.

Doch während der knapp 100 Jahre der offiziellen britischen Kolonialherrschaft (von 1858 bis 1947) änderte sich die Bedeutung der Mitgift. Das berichtet auch die amerikanische Geschichtswissenschaftlerin Veena Talwar Oldenburg in ihrem Buch *Dowry Murder: The Imperial Origins of a Cultural Crime (Mitgiftmorde: Die imperialen Wurzeln eines Kultur-Verbrechens):* »Als Konsequenz der massiven wirtschaftlichen und gesellschaftlichen Umwälzungen unter der britischen Herrschaft verloren die Frauen ihr Recht auf wertvolle Güter als Brautgabe. Sie hatten immer weniger Kontrolle über ihre Mitgift. Dieser Prozess führte schließlich so weit, dass die Frauen als weniger wert erachtet wurden – eine Entwertung, die ihr ganzes Leben betraf.«

Die Familie der Braut zahlte nun die Mitgift direkt an die Familie des Bräutigams – zunächst, um die Kosten für die Hochzeit zu decken, später entwickelte sich diese Zahlung immer stärker zu einer Einkommensquelle. Die Mitgiftzahlungen sind häufig eine immense Belastung für die Familie der Braut. Immer mehr Eltern bevorzugen daher Söhne und neigen dazu, Mädchen zu vernachlässigen oder gar zu töten.

Die wachsenden finanziellen Erwartungen des Bräutigams führen noch dazu zu großen Konflikten zwischen den Familien – zu Lasten der Frauen. Tausende von ihnen werden jedes Jahr im Zusammenhang mit Mitgiftstreitigkeiten verstoßen, geschlagen, drangsaliert oder sogar verbrannt, bei einer »dowry burning«, der »Mitgift-Verbrennung«.

Obwohl inzwischen verboten, wird die Tradition hartnäckig fortgesetzt. »Sie existiert in allen gesellschaftlichen Schichten. Sogar gut ausgebildete Menschen sagen nicht Nein, wenn es um Mitgift geht«, erklärt mir Suman Nalwa, leitende Polizeikommissarin in Neu-Delhi, die im Bereich »Gewalttaten gegen Frauen« arbeitet.

»Die stark patriarchalische indische Gesellschaft, wachsende Armut und eine generelle Abwertung von Frauen haben dazu geführt, dass Gewalt in die Mitgiftpraxis Einzug gehalten hat«, bestätigt Ranjana Kumari, Direktorin des Centre for Social Research in Neu-Delhi gegenüber dem Radiosender *Deutsche Welle*: »Viele Menschen halten fest an traditionellen Vorstellungen, zum Beispiel, dass Frauen nach der Hochzeit Eigentum ihrer Ehemänner werden und dass sie eine finanzielle Bürde für ihre Familie sind.« Es komme häufig zu gewalttätigen Konflikten, wenn der Bräutigam oder dessen Angehörige unzufrieden seien mit der Mitgift oder wenn die Brautfamilie nicht deren Forderungen nach weiteren Zahlungen entspreche.

Nach der amtlichen indischen Kriminalstatistik ist die Zahl der Gewalttaten im Zusammenhang mit Mitgiftzahlungen in den vergangenen Jahren gestiegen: Im Jahr 2001 kamen dabei 6851 Frauen ums Leben. Im Jahr 2012 waren es 8233, wobei nicht ganz klar ist, ob die Zahl der Taten tatsächlich steigt oder einfach nur mehr Verbrechen angezeigt werden. Die Zahl der Verurteilungen blieb in diesem Zeitraum jedoch gleichbleibend niedrig: Durchschnittlich nur jeder dritte Täter wurde verurteilt. Dafür gebe es zwei Gründe, so Kumari:»Zum einen sind die polizeilichen Untersuchungen mangelhaft. Das liegt daran, dass es zu wenig Polizisten gibt und dass viele von ihnen schlecht ausgebildet sind.« Zum anderen sei Korruption innerhalb der Polizei stark verbreitet:»Viele Beamte nehmen Bestechungsgelder an von den Familien der Angeklagten und weigern sich dann, den Fall weiter zu verfolgen.«

»Vor diesem Hintergrund zögern die Familien der Opfer häufig, die Täter anzuzeigen«, sagt Savita Pande, Professorin für Südasien-Studien an der Jawaharlal-Nehru-Universität in Neu-Delhi.»Außerdem scheuen viele das Stigma, das mit den oft langen Verfahren verbunden ist. Deshalb werden die Streitigkeiten häufig jenseits des Gerichts ausgetragen.«

Die Auseinandersetzungen haben nicht selten weitere tragische Folgen. Sie führen dazu, dass viele Frauen Selbstmord begehen, berichtet Pande. Die Dunkelziffer sei hoch, aber die Behörden gehen davon aus, dass sich durchschnittlich vier Frauen pro Stunde in Indien aufgrund von Mitgiftkonflikten selber töten:»Obwohl es Gesetze gibt, die ihnen den Rücken stärken.«

Auch die Wirtschaftsentwicklung Indiens trage indirekt dazu bei, dass die Mitgiftforderungen wachsen.»Hochzeiten werden immer mehr zu geschäftlichen Transaktionen«, so Savita Pande.»Der wachsende Lebensstandard bei vielen hat zu einer Kultur der Gier geführt. Heutzutage fordern die zukünftigen Ehemänner teure Geräte, Autos oder Wohnungen, während sie sich früher noch mit Kleidung, Schmuck oder weniger zufriedengegeben haben.«

Weiter erklärt Pande: »Wir haben viele Gesetze. Aber noch fehlt das Bewusstsein dafür, Frauen zu respektieren, sie als gleichberechtigt zu betrachten und ihnen einen angemessenen Platz in der Gesellschaft einzuräumen. Er muss von den Familien geschaffen werden, denn sie bilden das Fundament unserer Gesellschaft.« Ein erster Schritt wäre, »die Mitgift zu verweigern, denn sie ist moralisch verwerflich und komplett ungerechtfertigt«. Recht hat sie. Aber davon ist die indische Gesellschaft noch weit entfernt.

Das Land der Gewalttäter

Nach dem Gespräch mit der Frauenrechtlerin Kamla Bhasin sehe ich mir die internationalen Vergewaltigungsstatistiken an. Tatsache ist: Indien verzeichnet da sehr niedrige Zahlen. Wie das geht? Vermutlich hat auch das etwas mit der Statistik der tatsächlich angezeigten Vergewaltigungen weltweit zu tun. Das Büro der Vereinten Nationen für Drogen und Kriminalität jedenfalls berichtet, dass die Wahrscheinlichkeit einer Vergewaltigung in Indien im Jahre 2010 bei 1,8 auf 100 000 Menschen lag. Als Vergleich die USA mit 27,3, Großbritannien mit 28,8 und Schweden mit 63,5 auf 100 000 Menschen. Selbst wenn die indische Zahl mal zehn genommen werden würde, hat Kamla Bhasin recht damit, dass es pro Einwohner eine relativ niedrige Wahrscheinlichkeit für Vergewaltigung gibt.

Unabhängig davon hat Indien ganz sicherlich ein anderes, mindestens so großes Problem, nämlich Vergewaltigung als das, was es ist, einzuordnen: als unglaubliche Gewalt und als ein nicht zu verzeihender Übergriff auf die Menschenwürde einer Frau.

Nirbhayas Vergewaltigung und Tod scheinen bei den meisten Menschen, denen ich bei den Recherchen und bei Gesprächen begegnet bin, ein Trauma hinterlassen zu haben. Wie einst das tödliche Attentat auf Mahatma Gandhi, der von einem Hindu-Fanatiker erschossen wurde. Oder das Attentat auf Indira Gandhi, die 1984 ihren eigenen Leibwächtern zum Opfer fiel. Oder der Anschlag auf ihren Sohn Rajiv, der 1991 durch die Schüsse einer Tamilin starb.

Wir fahren durch den 17-Millionen-Moloch Neu-Delhi. Es geht langsam voran. Aber wir haben Zeit. Vor dem Haus der ehemaligen Premierministerin Indira Gandhi (nicht mit Mahatma Gandhi verwandt) warten lange Menschenschlangen. Ihr Besitz ist heute fast ein Wallfahrtsort. Hier, in diesem Garten, wurde sie von ihren Leibwächtern ermordet. Die Politikerin ist international ein Beispiel dafür, dass auch Frauen Chancen zum Aufstieg in höchste Ämter haben. Vor allem, wenn sie aus der »upper class« kommen. Indira Gandhi war zweimal Ministerpräsidentin: von 1966 bis 1977 und von 1980 bis 1984. Ihre Schwiegertochter Sonia Gandhi, ursprünglich Italienerin, war von 1998 bis 2014 Vorsitzende der Kongresspartei. Weitere weibliche Politikerinnen waren Pratibha Patil, von 2007 bis August 2012 Staatspräsidentin, und Meira Kumar, die von 2009 bis 2014 Präsidentin des Unterhauses des Parlaments war.

Doch nur acht von 74 indischen Ministern der alten Regierung waren Frauen. In der neuen werden es noch weniger sein. Nur zwei von 26 Richtern des Supreme Court sind weiblich. Doch die Frauenverbände im Land verzeichnen es als Erfolg, dass 1,3 Millionen gewählte Frauen in den 28 Bundesstaaten in lokalen Gremien, Gemeinde- und Stadträten vertreten sind. Das sind mehr als die von der Verfassung geforderten 33 Prozent der Sitze in allen lokalen Selbstverwaltungsorganen.

Wie? 33 Prozent Frauen in politischen Ämtern sind in der indischen Verfassung festgeschrieben? Quasi eine Quote? Um die wir ja in Deutschland immer noch heftig ringen und die im deutschen Gesetz nicht festgeschrieben ist? 14 Jahre, erzählt mit Kamla Bhasin, haben die indischen Frauen der politischen Klasse um die Frauenquote auf nationaler und regionaler Ebene gekämpft. Seit 2010 ist sie nun Wirklichkeit. Pünktlich zum Weltfrauentag am 8. März 2010 stimmten 186 von 233 Oberhausmitgliedern dafür. Damit hat Indien das ambitionierteste Frauenförderprogramm in der Politik, das es je auf Erden gab. 180 Mandate in Delhi und über 1000 in den Regionalparlamenten sollen den Frauen vorbehalten bleiben.

Erstaunlich nur, dass all diese Frauen in der Politik bis heute so wenig für die Millionen Inderinnen im ganzen Land auf den Weg gebracht haben. Könnte es sein, dass Nivedita Menon, die kämpferische Professorin an der Delhi-Universität, recht hat, wenn sie fürchtet, dass mit der Frauenquote nur noch mehr Mitglieder oberer Kasten und Klassen im Parlament zählen werden? Der neu gewählte indische Premierminister Narendra Modi von der BJP (einer Art indischer Volkspartei) wird sich nicht für die Frauen einsetzen. Das ist sicher. Denn auf seinen Wahlkampfveranstaltungen kam das Thema »Sicherheit für Frauen in Indien« immer erst ganz zum Schluss und wurde sichtlich lieblos abgehakt. Erst ganz zum Ende der Wahlkampfphase änderte Narendra Modi seine Taktik und wandte sich dezidiert an die Frauen, um ihnen in Zukunft die geforderte Sicherheit in ihrem Land zu versprechen.

Bitter ist zudem die Statistik des Entwicklungsprogramms der Vereinten Nationen: Da liegt Indien in puncto Gleichberechtigung auf Platz 129 von 146 Ländern. In Südasien gar auf dem vorletzten Platz. Dahinter kommt nur noch – Afghanistan.

Dennoch: Nirbhaya entzündete nicht nur ein Licht für ein besseres Indien. Ihr Tod aktiviert bis heute auch erstmals Frauen aus der politischen »upper class«. Über 600 trafen sich auf dem Kongress der *Hindustan Times* unter dem Motto: »Frauen ändern die indische Mentalität« und »Wie können die Frauen in Indien besser behandelt werden?«. Das wurde zwei Tage lang intensiv diskutiert. Unter den führenden Politikerinnen ebenso wie mit den Frauenrechtlerinnen und Vertreterinnen der vielen regierungsunabhängigen Frauenorganisationen. Viele von ihnen ergriffen wütend das Mikrofon. Prangerten an, dass das Gesetz gegen die häusliche Gewalt schon 2005 durch das Parlament verabschiedet worden sei. Aber bis heute habe sich nichts bewegt. Wenn jemand von ihnen im Parlament die Frage nach dem Gesetz gestellt habe, wurde sie mit dem Hinweis auf die »nächsten zehn Jahre« abgespeist. So lange könne es dauern, um das Gesetz umzusetzen. Da wundert es nicht, wenn die Kluft zwischen den Menschen und den Institutionen, zwischen Politikern und Bürgern immer größer wird und weiter auseinanderdriftet.

Starke Stimmen

Geentajali Shree: »Die politische Klasse ist arrogant, männlich und machthungrig«

Die Schriftstellerin findet klare Worte zur Situation der indischen Frauen heute: »Die Gesellschaft wird von patriarchalen Normen bestimmt und ist gleichzeitig mit den rapiden Veränderungen einer globalisierten Welt konfrontiert. Ich kann die Schwierigkeiten nur kurz umreißen: Die Bildungschancen sind ungleich verteilt und nur wenige profitieren von der ökonomischen Entwicklung.

Die Kasten- und Geschlechterunterschiede sind gewaltig, ungeheure Menschenmassen ziehen in die Städte und bleiben auf ihrer frustrierten Hoffnung sitzen. Dazu sitzen wir auf einem Pulverfass, das völlig unberechenbar in allen Formen von Gewalt explodiert. Eine tödliche Kombination aus dem Schlimmsten des Alten und des Neuen entmenschlicht die Gesellschaft. Die Regierung erhält auf Biegen und Brechen ihre Macht. Sie will ein industrialisiertes und nukleares Land. Unsere Regierung hat den Grundbedürfnissen der Bevölkerung den Rücken zugekehrt. Die politische Klasse ist arrogant, männlich und machthungrig.«

Bis zum nächsten Interviewtermin sind es noch zwei Stunden. Ganz begeisterte Inderin und Stadtführerin lotst uns Bindu nach Old Delhi. Die ehemalige Mogul-Metropole mit ihren engen Gassen und verwinkelten Basarvierteln wirkt wie eine andere Stadt, vollkommen von Neu-Delhi getrennt. Vorbei am Roten Fort mit seiner hübschen Perl-Moschee ist Humayuns Mausoleum unser Ziel. Das Grabmal des Mogul-Herrschers gilt als Modell für das berühmte Taj Mahal in Agra. Und wirklich, in Form und Gestalt hat es Ähnlichkeit. Nur nicht so pompös und verzaubernd. Eher bodenständig, besticht der Bau durch seine Würde, seine persischen und indischen Architektureinflüsse, seine wunderbare Ruhe.

Es ist früher Nachmittag, und wir setzen uns auf eine der vielen niedrigen Mauern in den weiten Gärten um das Grabmal. Heute ist es UNESCO-Weltkulturerbe. Der Alltag Indiens scheint weit weg. Kein Wunder also, dass so viele Menschen dieses Grabmal hier besuchen. Auch zum Picknick im Garten. Vor einem Eingangstor wird restauriert. Zwei Männer arbeiten hoch oben am Ende einer langen Leiter. Einer ist wohl der Vater eines kleinen Jungen. Der schläft tief und fest unten auf der Wiese. Voller Urvertrauen, dass ihn sein »Bapu« nach der Arbeit nicht vergisst und ihn wieder mit nach Hause nimmt. Eine berührende Szene.

Draußen vor dem Mausoleum umfängt uns wieder der indische Alltag. Nach dem Träumen und der Begegnung mit der Vergangenheit brauchen wir einen starken indischen Tee im Straßencafé. Damit wir fit sind für den abrupten Szenenwechsel: Aus dem schicken Stadthaus der Kamla Bhasin geht es über enge Treppen hinunter in drei Kellerbüros. Hier sitzen gut gekleidete jüngere Männer und Frauen an Computern, vor sich und neben sich Berge von Papier. In einem kleinen Besprechungszimmer wird uns sehr höflich Wasser serviert, dann kommt Rechtsanwalt Rajesh Gogna herein. Seines Zeichens Generalsekretär der Human Rights Defense of India (Verteidigung der Menschenrechte Indiens). Sein indisches Englisch ist ein wenig gewöhnungsbedürftig. Ich muss mich zwingen, gut aufzupassen. Es ist heiß, und er redet schnell. Es gebe so viele Gesetze, erklärt er mir die schwierige Situation von Inderinnen, die greifen können, wenn den Frauen Unrecht geschieht. Noch reden wir nicht von Gewalt oder Vergewaltigung. Aber leider haben die meisten von ihnen kaum Zugang zur Polizei oder zu Gerichten.

Wie – die Frauen können nicht zur Polizei gehen, nicht vor Gericht? Das ist schnell und temperamentvoll von ihm erklärt: Ein Anwalt kostet für die erste Konsultation rund 10 000 Euro, das sind ungefähr 820 000 Rupien. Die Verfahren, wenn es denn dazu kommt, dauern fünf bis zehn Jahre. Darum hat Anwalt Rajesh Gogna längst erkannt: »Forget it – if it's not killing you« (Vergiss es – wenn es dich nicht umbringt). Das jedenfalls rät er den Mandantinnen in seiner Kanzlei.

In seiner richtigen Kanzlei arbeitet er nur die Hälfte der

Zeit. Die andere Hälfte verbringt er hier im Keller, mit anderen engagierten Menschenrechtsanwälten. »Advocacy« nennt er das, wenn er für die Rechte der Armen, der Bettler, der Gejagten kämpft. Für die vergewaltigte Hindufrau aus der niedrigsten Kaste, die bei ihrer Anzeige auf der Polizei von den Polizisten wiederum vergewaltigt und missbraucht wird. Oder für die Kinder, die gekidnappt werden, um für mafiaähnlich organisierte Gruppen zu betteln. Wenn diese Kinder raus wollen aus dem Milieu, wenn ihnen mitfühlende Menschen helfen wollen, dann droht ihnen die Amputation der Hand oder des Fußes. Das übernehmen ihre sogenannten »Betreuer«, die sie auf die Straße schicken.

Wer in diesem Lande arm ist, der existiert einfach nicht, ist die bittere Bilanz des Rechtsanwaltes. Genau darum setzt sich Rajesh Gogna für diese Menschen ein. Organisiert mit seinen Kolleginnen und Kollegen Demonstrationen, Märsche und Veranstaltungen. Liest stundenlang die Aktenberge und schreibt sich die Finger wund. Es macht ihn sichtlich zufrieden, dass er etwas Gutes tun kann. Für die Gesellschaft, in der er lebt. Obwohl er mir auch kopfschüttelnd und irgendwie verzweifelt erklärt:

»Ein Opfer bekommt hier kein Recht.« Wenn das Opfer dann auch noch aus einer niedrigen Kaste kommt, erst recht nicht.

Die Kasten: Hierarchie durch Geburt?

Was hat es mit den Kasten genau auf sich? Das Wort »Kaste« kommt aus dem Portugiesischen. Als die Portugiesen im 16. Jahrhundert nach Indien kamen, bemerkten sie, dass die indische Gesellschaft in zahlreiche Gruppen aufgesplittet war. Diese nannten die Portugiesen daraufhin »castas«, was so viel bedeutet wie Stämme, Clans oder Familien. Waren es zu Beginn der Aufteilung vor allem vier Gruppen, die Brahmanen (Priester und Gelehrte), die Kshatriyas (Krieger), die Vaishyas (Händler und Bauern) und die Shudras (Arbeiter und Untertanen), so soll es heute über 3 000 Kasten geben. Die zum Teil neu gebildet werden, während andere aussterben. Selbst viele Inder sind nicht mehr in der Lage, das komplizierte hierarchische System der Kasten zu durchblicken.

Unterhalb der vier Hauptkasten in der indischen Gesellschaft entstand die Schicht der »Unberührbaren«. Diese waren wohl Nachkommen von Ureinwohnern, die aus der ursprünglich »arischen« und später indischen Gesellschaft schon 2 000 vor Christus ausgeschlossen werden sollten. Diese »Unberührbaren« durften nicht in den Städten oder Dörfern der Arier leben. Ihnen waren Plätze außerhalb der Stadtgrenzen zugewiesen. Die Arbeiten, die sie verrichteten, galten als »unrein«. Besonders bitter ist: Kastenzugehörigkeit oder Kastenlosigkeit ist erblich. Das heißt, kein Inder kann von der einen in die andere Kaste wechseln.

Das Indien von heute versteht sich als säkularer, also weltlicher Staat. Eine Benachteiligung aufgrund niedriger Geburt oder Geschlecht sollte es laut Verfassung nicht geben. Weil es sogar gesetzlich verboten ist, Beleidigungen auszusprechen, welche die niedere Kaste betreffen, werden die »Unberührbaren« inzwischen Dalits genannt, auch die »Unterdrückten, die »Zerbrochenen«. Nach Schätzungen gehören dieser Gruppe in Indien 170 Millionen Menschen an. Rechnet man dazu noch die christlichen und muslimischen Dalits, dann steigt die Zahl auf 240 Millionen. Weil die von der Nationalen Kampagne für Menschenrechte zusammengetragenen Daten belegen, dass die Dalits überall weitaus schlechter abschneiden als die übrigen Inder, fördert der Staat heute die Ausbildung und Einstellung dieser Menschen in Arbeitsverhältnisse.

Insgesamt leben in Indien 45 Prozent der Dalits unter der Armutsgrenze. Ähnliche Quoten ergeben sich bei der Alphabetisierungsrate, bei der Kindersterblichkeit und Lebenserwartung. In vielen Dörfern müssen die Dalits weiterhin von der übrigen Bewohnerschaft klar abgegrenzt leben, dürfen weder den Dorfbrunnen benutzen noch sich den Tempeln nähern. Ihr Leben ist gekennzeichnet von Ausbeutung, Gewalt und oft auch Zwangsarbeit. Die Dalit-Frauen befinden sich dabei in einer noch schlimmeren Lage als ihre Männer. Sie leiden unter einer noch schlechteren Ernährung, haben noch weniger Zugang zu Bildung und sind darüber hinaus der Gewalt durch ihre eigenen Väter, Brüder, Ehemänner und sogar Söhne ausgesetzt. Deshalb tun sich immer mehr Dalit-Frauen zusammen und gründen ihre eigenen Organisationen, um zu ihren Rechten zu kommen.

Starke Stimmen

Ruth Manorama: Sie erklärt den Dalit-Frauen ihre Rechte

Die Dalit-Frau setzt sich schon fast ihr ganzen Leben für die Verbesserung der Lebenssituationen der Dalit-Frauen ein. Seit 1980 mobilisiert sie in den Slums Indiens die Frauen. Sie erklärt ihnen ihre Rechte und bringt ihnen bei, wie sie sich gegen Gewalt und Diskriminierung schützen können. Sie gründete eine Gewerkschaft für die arbeitenden Frauen und erkämpfte bessere Löhne für sie. Sogar bei den Vereinten Nationen konnte sie mit ihrem Engagement für die Dalit-Frauen Gehör finden. Die UN wandten sich daraufhin an die indische Regierung, um sie zu ermahnen, die Diskriminierung der Dalit-Frauen zu beenden. Ruth Manorama setzt sich bis heute für die Dalit-Frauen ein, unter anderem als Präsidentin der Nationalen Vereinigung der Dalit-Frauen (NFDW).

Aber nicht nur die »Unberührbaren«, die Dalits, haben ein Problem. Immer noch wird ganz Indien vom Kastensystem beherrscht. Inder heiraten innerhalb ihrer Kaste. Sonst würde man »das Blut verunreinigen«. Die staatlichen Gleichstellungsprogramme interessieren Dorfbewohner 2000 Kilometer von Neu-Delhi entfernt nur wenig. Bei Liebesbeziehungen kommt es darum oft zu richtigen Kriegen zwischen den betreffenden Kasten. Das Liebespaar flieht dann meistens aus dem Dorf, bevor es Opfer einer Gewalttat wird.

Die Kastenzugehörigkeit ist einem Menschen in Indien nicht anzusehen. Der rote oder schwarze Punkt in der Mitte der Stirn mancher Frauen ist kein Kastenzeichen, sondern lediglich ein kosmetischer Trick, das Gesicht zu verschönern. Aber an den Nachnamen erkennt der Inder, welcher Religion jemand angehört und zusätzlich welcher Kaste, wenn er ein Hindu ist. Die Nehrus zum Beispiel, das weiß jeder in Indien, sind Brahmanen aus Kaschmir. Gandhis gehören den Vaishyas aus Gujarat an. Indira Gandhi allerdings, eine geborene Nehru, erhielt ihren Namen durch die Heirat mit Feroze Gandhi, einem Parsen.

Das Einzige, was einem Inder hilft, seiner Kaste zu entfliehen, ist die Auswanderung: Dann ändert er im Ausland seinen Namen und wird so ganz schnell zu einem Yadav, einer Unterkaste der Shudras, und damit zu einem hochgestellten Brahmanen.

Vernünftige Menschen wollten immer wieder das Kastenwesen abschaffen. Bereits Ende des 15. Jahrhunderts ist das versucht worden. Die Kreuzritter waren auf der Suche nach heidnischen Seelen, um ihnen ihre Religion nahezubringen. Sie schafften es auch, einige Inder zu bekehren und damit aus ihrer Kaste herauszulösen. So leben in Goa, der einstmals portugiesischen Kolonie in Indien, noch heute über eine halbe Million Christen. Die aber haben ihre »Bekehrer« längst ausgetrickst: Es gibt dort Brahmanen-Christen und Shudra-Christen. Und die würden nie untereinander heiraten! Es lebe das Kastensystem …

Das Ende der Dynastie Gandhi-Nehru – wohin geht Indien jetzt?

Was ist das für ein Land, in dem sie alle so stolz sind auf die parlamentarische Demokratie? Wo Journalistinnen allerdings auch auffallen, wenn sie ihren Artikel überschreiben mit dem Satz: »Ich werde als Frau wählen.« Nicht so, wie es ihr der Ehemann rät oder ihr Schwiegervater. Sie will selbstständig wählen, weil sie als unabhängige Frau ihren Kandidaten auch fragen möchte: »Wie werden Sie mein Land, meinen Bezirk, mein Dorf zu einem besseren Platz machen für mich und meine Töchter?«

Namita Bhandare ist die Autorin dieses Artikels vom Dezember 2013 in der *Hindustan Times*. Sie gibt damit mehr als einer halben Milliarde Frauen eine Stimme. In einem Land, das in seiner Verfassung die Gleichstellung von Mann und Frau garantiert, wo aber andererseits die 48,46 Prozent Frauen (600 Millionen) in der Bevölkerung mit nur ganzen 11 Prozent im Unterhaus vertreten sind. Wieso hat zum Beispiel der Bundesstaat Mizoram mit 1,1 Million Einwohnern seit zehn Jahren nicht eine einzige Frau in seinem Parlament? Wenn Frauen nicht in den Parlamenten sitzen, habe das aber nicht mit den Frauen zu tun, sondern vor allem mit den Parteien, schreibt die Journalistin. Denn die würden keine Frauen nominieren. Als unabhängige Politikerin ist es also auch in Indien unmöglich, eine Wahl zu gewinnen. Trotz der 33-Prozent-Quote.

Indien ist eben ein zutiefst patriarchalisch geprägtes Land. Hier waren und sind es vor allem die Männer, die die Regeln der Politik bestimmten und bestimmen. Der gewaltfreie Widerstand gegen die britische Kolonialherrschaft, vor allem unter Mahatma Gandhi und Jawaharlal Nehru, führte 1947 zur Unabhängigkeit. Der Subkontinent wurde daraufhin in zwei Staaten aufgeteilt: Indien und Pakistan. Nach zwei Kriegen mit Pakistan entstand nach einem dritten der neue Staat Bangladesch. Einzig Indira Gandhi, als Tochter Nehrus, spielte als Frau auf der politischen Bühne eine entscheidende Rolle. Aber auch nur, weil sie aus einer führenden politischen Familie kam und dazu noch in eine andere hineingeheiratet hatte.

Bis zum heutigen Tage und auch im Vorfeld der Wahlen 2014 ranken sich um diese mächtige Dynastie Gerüchte und Ranküne. Sie arteten zuweilen ziemlich aus, oft bis zu einer bitteren Schlammschlacht. Zur Freude der Medien, der Zeitungen, des Radios und des Fernsehens. Denn schließlich ist die Geschichte indischer Politik- und Korruptionsskandale lang.

Warum soll also nicht auch die führende Familie der Gandhis darin verwickelt sein? Standen doch schließlich auch ehemalige Premierminister wie Narasimha Rao wegen Korruption vor Gericht. Erleben die Inder nicht Tag für Tag eine korrupte Bürokratie, eine bestechliche Polizei? So haben sie keine hohe Meinung von ihrer politischen Kaste. Und in keinem anderen demokratischen Staat begehen Volksvertreter so viele Verbrechen: Im Jahr 2014 lief fast gegen jeden dritten Parlamentsabgeordneten ein Verfahren. Zudem erleben die Menschen eine monatlich weiter ausufernde Bürokratie. Allein für den Bau einer Lagerhalle, erzählt mir die Producerin Bindu, bedarf es 35 verschiedener Genehmigungen.

2014 können die Inder neu entscheiden, bei den Wahlen. 814 Millionen Wahlberechtigte haben eine Stimme. Zum Vergleich: Das sind so viele Menschen wie in Deutschland, den USA, Kanada, Frankreich und Großbritannien zusammen. Das Ergebnis dieser Wahl im Frühsommer 2014 gleicht einem Erdrutsch. Denn zum ersten Mal, seit Indien um Mitternacht 1948 eine Demokratie wurde, siegt die hindu-nationalistische Bharatiya Janata Party (BJP) mit ihrem Anführer Narendra Modi. Der Gandhi-Nehru-Clan ist Geschichte. Die Parteivorsitzende der Kongresspartei, Sonia Gandhi, wird intern offen kritisiert und tritt zurück. Einzig und allein die Schwester des gescheiterten Sohnes Rahul Gandhi, Priyanka, konnte während des Wahlkampfes das Ruder ein wenig herumreißen für die Frauen. Sie gleiche sehr ihrer Großmutter Indira Gandhi, sagen die Inder. Sie hat sich in den letzten Wochen vor der Wahl großen Respekt in der Bevölkerung erworben, nicht zuletzt, als sie ihren Ehemann vehement gegen alle Kritik verteidigt und in den Diskussionen mit ihrem Wahlgegner Modi sehr oft erfolgreich die Klingen gekreuzt hat. Aber auch das hat nichts genützt.

Also ein Wechsel an der Spitze des Landes. Zum Wohle der Inderinnen? Zum Wohle ihrer Sicherheit und Zukunft? Das bezweifeln viele. Im Wahlkampf jedenfalls hat sich Narendra Modi erst ganz am Schluss stark gemacht für Themen, die die Inderinnen bewegen und betreffen. Indische Feministinnen fürchten, dass seine Herrschaft ganz im Gegenteil frauenfeindlich geraten könnte. Auch wenn die chemalige prominente Polizistin und Frauenkämpferin Kiran Bedi zu denjenigen gehört, die Modi im Wahlkampf unterstützt haben. Von den gesetzlich geforderten und festgeschriebenen 33 Prozent Frauen auf allen Ebenen spricht jedenfalls derzeit in Indien niemand mehr.

Zahlen und Fakten: mächtige Inderinnen

1925: Sarojini Naidu wird die erste in Indien geborene Präsidentin im Nationalkongress.

1959: Anna Chandy wird die erste weibliche Richterin im High Court von Kerala.

1963: Sucheta Kriplani wird die erste Ministerpräsidentin in Uttar Pradesh, die erste Frau überhaupt in Indien in einer solchen Position.

1966: Indira Gandhi wird zur ersten Premierministerin in Indien gewählt.

1972: Kiran Bedi wird die erste weibliche Polizistin.

1989: Fathima Beevi wird die erste weibliche Richterin im Supreme Court of India.

1992: Priya Jhingan ist die erste Kadettin in der indischen Armee.

1993: Vandanā Śhivā, indische Wissenschaftlerin und soziale Aktivistin, erhält für ihr Engagement in den Bereichen Umweltschutz, biologische Vielfalt, Frauenrechte und Nachhaltigkeit den »alternativen Nobelpreis« – so die inoffizielle Bezeichnung.

1997: Arundhati Roy erhält für ihr Buch über *Der Gott der kleinen Dinge* den »Booker Prize« und erreicht weltweit Millionenauflagen.

2002: Lakshmi Sahgal bewirbt sich als erste Frau um den Präsidentenposten Indiens.

2007: Pratibha Patil wird zur ersten indischen Präsidentin gewählt.

2009: Chanda Kochhar wird erste weibliche CEO der ICIC-Bank in Indien.

2009: Meira Kumar wird die erste weibliche Sprecherin des Unterhauses im indischen Parlament.

Geschichten von »ganz unten«

Wir fahren fast zwei Stunden durch die Stadt. Über schnelle Autobahnen, dann wieder über rumpelige Straßen. Ziel ist ein Vorort von Neu-Delhi. Vorort? Nein, das kommt mir eher vor wie Land pur. Die Wege kilometerlang gesäumt von Feldern voller Müll. Der Fahrer erklärt mir, dass es eben kein geordnetes Abfallverwertungssystem in Indien gibt. Und die vermeintlichen Straßen sind einem Gebirgspfad ähnlicher als einem normalen Weg in zivilisierten Regionen. Allerdings herrscht hier viel mehr Verkehr. Radfahrer, erstaunlich große und neue Autos, Motorräder mit mindestens drei Menschen auf den Sitzen. Ohne Helm. Und die Kinder vorne auf dem Lenker. Da ist wohl die Aussicht besser …

Ziel ist die Organisation DSP – Dalit Solidarity Peoples. Menschen also, die sich mit den Dalits solidarisieren. Die Dalits, die unterste Kaste, das sind die schon beschriebenen Armen, Ausgegrenzten. Oder auf Hindi: die Zerbrochenen. Bei ihnen herrschen strenge patriarchale Strukturen, lese ich im Jahresbericht der DSP. Und sie beginnen allmählich, sich gegen Diskriminierung und extreme Ausbeutung zu wehren. Sie fordern ein Ende der »indischen Apartheid«. Wenn eine Menschengruppe in Indien, wenn indische Frauen wirklich Hilfe und Unterstützung brauchen, dann sind es wohl diese. Das Netzwerk DSP gibt es seit 1992. Über 300 Gruppen helfen im ganzen Land. Das erscheint nicht viel, wenn man an die Größe Indiens denkt. Aber es gibt sie, immerhin.

Wir treten über eine hohe Stufe und steigen hinunter in eine eher armselige Hütte mit Betonfußböden und wenigen Plastikstühlen. Zehn Räume stehen hier bereit. Mit einer Toilette und einer Küche. Das ist schon was. Im größten Zimmer bedecken dünne Tücher den Boden, darauf sitzen rund 40 Frauen jeden Alters und sehen uns erwartungsvoll an. Frauen, die alle selbst Erfahrung mit häuslicher Gewalt gemacht haben. Mit Vergewaltigung und Missbrauch. Hier, in diesem kleinen Zentrum, tun sie sich zusammen. Auch, um anderen zu helfen. Manchmal kommt sogar – pro bono, also kostenlos – ein Anwalt vorbei und gibt Rat.

Sie erzählen mir Geschichten, die man gar nicht glauben mag. Ehefrauen, die mit vier Kindern von den Männern einfach aus dem Haus geworfen werden und nicht wissen wohin. Die deshalb wieder zurückgehen zu diesem Mann. Auch, wenn sie weiter geschlagen werden, auch, wenn sie kein Geld für das Essen der Kinder bekommen. Weil das Geld, »sein« Geld, draufgeht mit seiner Spielsucht.

Oder die unfassbare Geschichte der hübschen, 28-jährigen Anjani aus Kalkutta. Ihr Vater hat, dem Rat eines Freundes folgend, einen angeblich seriösen, freundlichen Mann für seine einzige Tochter ausgeguckt. Alles scheint perfekt. Die Brauteltern schenken dem Paar zur Hochzeit ein richtiges Haus. Für 500 000 Rupien, rund 6 100 Euro. Mit komplett eingerichteter Küche, Wäsche, Geschirr, und für den Bräutigam ein Motorrad und ein Auto. Schmuck und Kleider für die Tochter sind selbstverständlich. Während mir Anjani stockend davon erzählt, legt sie Wert darauf, dass das keine Mitgift gewesen sei. Sondern ein »Geschenk«. Denn die Mitgift ist ja seit 1961 in Indien verboten. Wegen der bitteren Folgen, die sie für ungeborene Mädchen oder jung verheiratete Frauen hatte. Geschenke sind dagegen natürlich erlaubt. Wie auch nicht? Geschenke sind doch harmlos, oder?

Anjanis Ehe entpuppt sich aber als Martyrium. Ihr Mann schlägt sie, immer heftiger, von Woche zu Woche. Er sperrt sie ein, flößt ihr Schlafpulver ein und lässt sie dann einfach liegen. In letzter Minute bringen sie Verwandte ins Krankenhaus. Anjani will nicht mehr zu ihrem Mann.

Diese Dalit-Frauen gehören der untersten Kaste an. Sie leben in Delhi auf der Straße.
Nachts suchen sie einen Shelter auf, damit sie nicht der Gewalt ihrer Männer ausgesetzt sind.

Einer von sieben Sheltern der Hilfsorganisation Shakti Shalini, in denen die Frauen mit
ihren Kindern nachts Sicherheit finden. Ganz hinten sind ihre Matratzen und Decken
gestapelt.

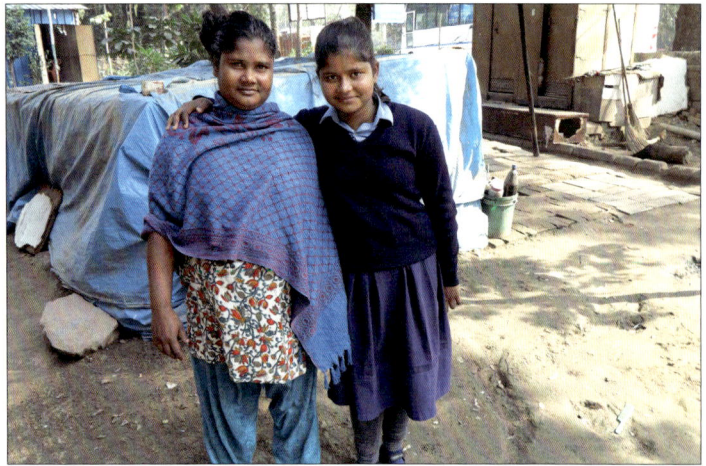

Stolz stehen sie vor ihrem »Zuhause«: Die beiden Dalit-Frauen in Delhi kennen nichts anderes als das karge Leben am Straßenrand.

Die Upper Class lebt wie zu den besten Zeiten unter der britischen Regierung. Verbringt die Mittagszeit in eleganten Clubs, wird bedient von schlecht bezahltem Personal und sieht keinen Grund, etwas an den Strukturen zu ändern.

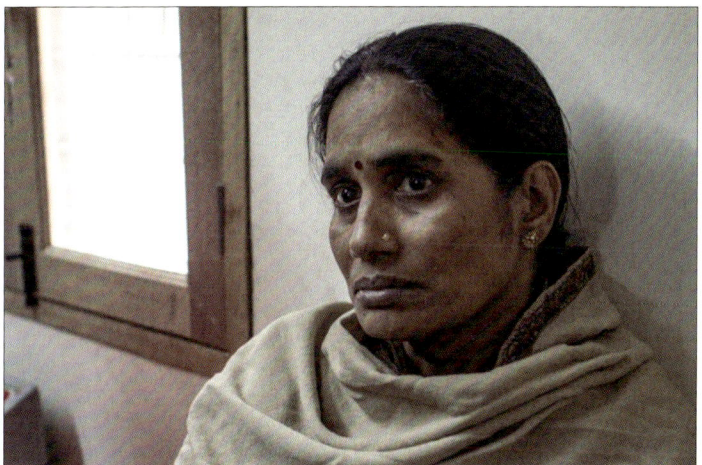

Nirbhayas Mutter ein Jahr nach dem grausamen Vergewaltigungstod ihrer Tochter: Sie kann immer noch nicht schlafen, fühlt sich fremd in der neuen Wohnung und hofft auf die Todesstrafe für die fünf Täter.

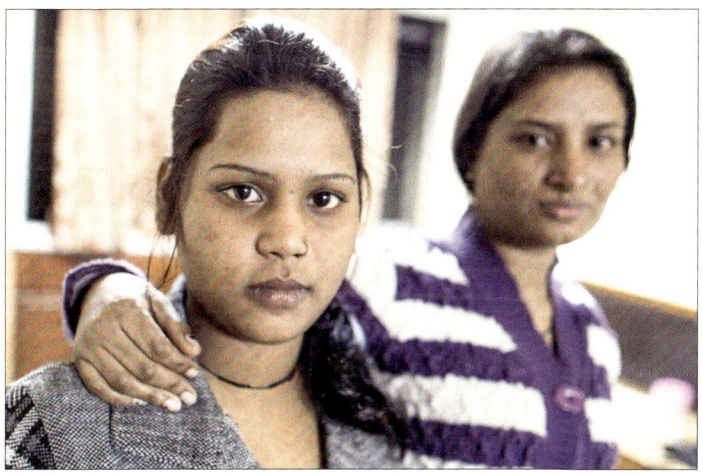

Sarifan und Muktidas sollten von Menschenhändlern verkauft werden. Aber die Hilfsorganisation Shakti Vahini konnte die beiden befreien und jetzt erstmal in den Gästezimmern der bengalischen Botschaft unterbringen.

Die erste Frage der Schülerinnen: »Wie sicher sind in Deutschland Mädchen auf der Straße?« Von ihnen geht keine mehr nach 17 Uhr aus dem Haus.

Nur für Frauen: Dieser Waggon der U-Bahn in Delhi ist nur für sie erlaubt. Damit Frauen wenigstens hier nicht von Männern angemacht, bedrängt, betatscht und mit Blicken ausgezogen werden.

Die Eltern überreden sie nach dem Krankenhausaufenthalt, doch wieder zurückzugehen. Da versucht sie ihr Mann tatsächlich umzubringen. Er drückt ihr den Hals zu. In Panik kann sie sich befreien, rennt verzweifelt durch die Straßen ihres Vorortes und weiter über die Feldwege bis zur DSP. Die Menschen dort kennt sie schon. Jetzt sehen auch ihre Eltern ein, dass es für ihre Tochter kein Zurück gibt zu ihrem Mann. Das Haus wird verkauft, die Scheidung läuft. Anjani zieht in eine kleine Zwei-Zimmer-Wohnung. Arbeitet wieder als Lehrerin – und aus Dankbarkeit und voller Engagement in ihrer freien Zeit für die DSP. Das aber ist nur ein Fall, einer von tausenden alleine in diesem Vorort Delhis.

Die Not scheint groß, und trotzdem lachen mich die Frauen offen an. Freuen sich sichtbar über den Besuch aus Deutschland. Wir reden über die Kraft, die Frauen hier für ihr tägliches Leben aufbringen müssen. Und über die wunderbare und so hilfreiche Solidarität in diesen kalten und überaus einfachen Räumen. Auch über Waffen. Ich frage, ob denn ein Pfefferspray helfen würde, da sich die Frauen ja alle bei Einbruch der Dunkelheit nicht mehr aus dem Haus oder aus ihrer Hütte wagen, nicht einmal hinaus ins Feld, um die Notdurft zu verrichten. Die Wohnungen haben allesamt keine Toilette, wie in fast 80 Prozent aller indischen Wohnungen und Häuser. Mädchen und Frauen gehen im Dunkeln immer nur zu zweit hinaus, am besten noch mit männlicher Begleitung, die dann weitab warten muss. Ich komme nochmals auf das Thema Waffen zu sprechen. Zumindest ein Pfefferspray könnte doch helfen? Aber da kommt ein energisches Nein. Waffen sind in Indien verboten. Offiziell. Und Waffen würden ihnen auch ihre Männer sofort wegnehmen. Und sie noch mehr schlagen – dafür.

Die freundlichen Frauen bei DSP bieten uns heißen Chai an, in kleinen Gläsern. Dazu wohlmundende, selbst gebackene Kekse in einer bunten Schale. Wir sollen ihnen verbunden bleiben, darum bitten sie. Eine Spende wollen sie nicht annehmen. Sie seien doch alle freiwillig hier, um mit mir zu sprechen. Der einzige Mann in der Runde, der promovierte Altertumsforscher Dr. Pramod Kumar, ist ihr Boss, oder: General Secretary, wie auf seiner Visitenkarte steht. Er weist bei der Diskussion über Waffen auf meinen Kugelschreiber hin. Das, so sagt er, sei meine Waffe. So habe ich das noch gar nicht gesehen …

Ein schwerer Termin: bei den Eltern von Nirbhaya

Immer wieder laufen die Tränen. Nirbhayas Mutter Asha Devi, 46 Jahre alt, kann nicht vergessen. Der grausame Tod ihrer geliebten Tochter ist auch ein Jahr nach der Massenvergewaltigung für sie der größte Schmerz. Den Namen »Nirbhaya« gaben ihr die Zeitungen, da ihr richtiger Name aus juristischen Gründen nicht veröffentlicht werden darf. Er bedeutet auf Hindi »die Furchtlose«. Sie hatte noch im Sterben eine »furchtlose und mutige« Aussage über den Hergang der Tat gemacht, wie ein Polizist einem Journalisten erklärte.

Wir besuchen Nirbhayas Mutter und ihren Mann in ihrer neuen Wohnung. Sie sind in ein Apartmenthaus in einem Vorort umgezogen, »damit es leichter wird«, wie mir Vater Badri Singh, 53, sagt. Die Regierung hat der Familie die Wohnung gestellt. Aber – nichts wird dadurch leichter.

Gerade jetzt, im Dezember, während unseres Besuches, kommen die grausamen Bilder genau ein Jahr danach wieder hoch. Die Zeitungen schreiben so viel über Nirbhaya. 13 Tage, so erzählt mir die Mutter, saß sie in Singapur im Mount-Elisabeth-Hospital am Bett ihrer Tochter. Als die junge Frau an ihren schweren inneren Verletzungen und nach vielen Operationen stirbt, flüstert sie noch: »Rette mich, ich will leben.« Sie hat es nicht geschafft.

Der Vater führt uns in den Wohnraum. Es ist karg hier. Alles andere als luxuriös. Helle Plastikstühle, kleine Bambuspflanzen auf dem schwarzen Couchtisch. »Alles ist wie ein schrecklicher Sturm über uns gekommen«, beginnt der Vater stockend. Er sieht mich nicht an. Seine Frau lehnt draußen im Gang an der Wand, so als ob sie nicht hierhergehörte. »Ich komme schon zurecht«, erzählt er weiter. Sein Job am Flughafen hilft ihm, die Kollegen, die Pflichten. Dort hat ihn die Flughafenleitung vom Gepäckband weggeholt und ihm eine körperlich leichtere Arbeit zugeteilt. »Aber meine Frau leidet so schrecklich, ich kann das kaum mit ansehen.« Sie schläft nicht mehr, ist krank. Schreckt nachts schweißgebadet auf, träumt immer wieder, was ihrer Tochter in dieser Nacht vor einem Jahr passiert ist.

Die Eltern sind froh über die Todesurteile für vier der Täter. »Wir sind glücklich, endlich gibt es für unsere Tochter Gerechtigkeit«, erklärte Vater Badri Singh nach der Urteilsverkündung. Und die Mutter Asha Devi ergänzt: »Ich kann endlich wieder atmen, ich bin erleichtert.« Doch beide sind empört über die Jugendstrafe für den fünften der sechs Täter, den nur 17-jährigen Fahrer. Da geht es den Eltern weiter um Vergeltung. Der Vater fühlt sich von der indischen Justiz betrogen. Er will in Berufung gehen gegen das aus seiner Sicht zu harmlose Urteil.

Die Eltern, die Brüder des Mädchens, einige ausgewählte Reporter, die Anwälte und die vier Angeklagten sind dabei, als der Richter im Gerichtssaal seinen Urteilsspruch verkündet. Schuldig des Kidnapping, der Gruppenvergewaltigung und des kaltblütigen Mordes. Richter Yogesh Khanna ist gnadenlos. Denn auch er hört, wie draußen die Menschen rufen: »Hängt sie, hängt sie.« Das möchten die Eltern von Nirbhaya auch.

Irgendwann kommt die Mutter zu uns ins Wohnzimmer. Setzt sich mit starrem Gesicht neben ihren Mann. Plötzlich drängen auch andere Journalisten herein. Mit Kameras, Fotoapparaten, Lichtkoffern, Blöcken und Stiften. Wir erfahren, dass sich die Eltern für diesen Tag zu einer Presseoffensive entschlossen haben. Zu viele haben täglich hier angerufen und um ein Interview gebeten. Nun, Nirbhaya macht das zwar nicht mehr lebendig. Aber der Vater sieht in der empörten Öffentlichkeit eine Chance, mit seiner Berufung gegen das Urteil über den 17-jährigen Mittäter durchzukommen. »Wir haben für unsere Tochter Land verkauft, damit sie eine gute Ausbildung machen kann. Vier Jahre hat sie gedauert. Sie war eine beliebte und erfolgreiche Physiotherapeutin. Hatte einen netten Freund. War in der Schule immer die Beste. Nur ein einziges Mal auf dem zweiten Platz!« Er schüttelt fassungslos den Kopf. Fassungslos, dass das alles seine geliebte Tochter nicht gerettet hat.

Zusammen mit Freunden und Rechtsanwälten haben die Eltern einen Trust gegründet. Auf den Namen der Tochter. Das alles, und das Berufungsverfahren, halten den Vater aufrecht. Die Mutter dagegen starrt verzweifelt und hoffnungslos ins Leere. Auch der jüngere der beiden Söhne, der noch bei den Eltern lebt, scheint da nicht helfen zu können. Er will keine Fotos und kein Interview. Will seinen Namen nicht in der Zeitung lesen. Ihm ist das alles sichtbar zu viel. Er zieht sich auf den Balkon zurück, der noch vollgestellt ist vom Umzugsgut. Das meiste haben sie in ihrem alten Haus gelassen. Er ist sich sicher: »Wir denken, dass die Gesellschaft als Ganzes ihre Haltung ändern muss.«

Nirbhayas Eltern und die beiden Brüder werden mit Freunden, Verwandten und vielen Indern ein Jahr nach ihrem Tod in Neu-Delhi eine stille Messe für die Tote abhalten. Tausende Inder wollen dann wieder auf die Straße gehen. Frauen und Männer zusammen. Damit die Regierung endlich kapiert, dass die Gesetze zum Schutz der Frauen dringend weiter verbessert werden müssen. Und dass es nicht hilft, ein paar Täter zu verurteilen und womöglich zu hängen. Denn Millionen solcher Vergewaltiger laufen immer noch frei herum im Land. Und: Alle 20 Minuten wird in Indien eine Frau vergewaltigt – das ist nur die offizielle Statistik.

Damit das schreckliche Geschehen nicht vergessen wird, erscheint seit 2013 einmal wöchentlich in der *Hindustan Times* eine Serie: »She lit a flame for a safer India« – sie entzündete eine Flamme für ein sichereres Indien. Eine vielgelesene Serie, in der über Frauenrechte, einzelne Fälle von Gewalt und indische Frauenrechtlerinnnen berichtet wird. Das ist dringend nötig, das wird mir bei all meinen Recherchen, Begegnungen und Interviews immer klarer.

Von den Tätern, dem Warum und Woher, ist in den indischen Zeitungen erstaunlicherweise wenig zu lesen. Nur eine einzige Zeitung interviewt die Mutter eines der sechs Täter. Er hat, so erzählt sie, den Sprung aus dem Slum geschafft. Denn er hat im Gegensatz zu seinen anderen Freunden eine Schule besucht. Arbeitete dann in einem Fitnessstudio in Neu-Delhi. Aber die Mutter erzählt auch vom Teufelskreis aus Armut und Verzweiflung. Von den Drogen, dem Alkohol und dem Sex, die die jungen Menschen ihre hoffnungslose Lage für kurze Zeit vergessen lassen. Sie will die schreckliche Tat ihres Kindes nicht entschuldigen. Aber aufzeigen, wie das soziale Elend seine Brutalität gefördert hat. Welche Mutter auf der Welt würde nicht genauso argumentieren, wenn das eigene Kind ein derartiges Verbrechen begangen hat?

Der andere Täter, der 17-jährige Fahrer, der noch nach Jugendstrafrecht verurteilt wurde, kommt aus einem Dorf im Bundesstaat Uttar Pradesh. Mit elf Jahren hat er dieses Dorf verlassen, um in der Stadt Geld zu verdienen. Ein ruhiger, guter Junge sei er gewesen damals, wie sich ein früherer Nachbar heute erinnert.

Alle Täter sind nach Delhi gezogen, um dort zu Geld zu kommen. Aber keinem ist der Aufstieg tatsächlich gelungen. Nur das Opfer, die 23-jährige Physiotherapeutin, hat sich durch Fleiß und Disziplin nach oben gearbeitet. Später einmal wollte sie Ärztin werden, wie sie ihren Eltern immer wieder erzählte. »Sie hat das alles auch gemacht, um uns aus der Armut zu helfen«, sagt der Vater nach ihrem Tod. »Sie wollte nicht, dass ich noch in hohem Alter hart arbeiten muss.«

Starke Stimmen

Urvashi Butalia: »Wir brauchen einen Umbruch auf sämtlichen gesellschaftlichen Ebenen«

Die indische Verlegerin, Frauenrechtlerin und Autorin Urvashi Butalia hat über 20 Jahre an der Universität Delhi unterrichtet. Aufgrund ihrer eigenen Geschichte, aber auch beruhend auf ihren wissenschaftlichen Erkenntnissen, meint sie die Ursachen der Gewalt gegen Frauen zu kennen: »Die Gewalt gegen Frauen in Indien kommt auch durch den sozialen Wandel, der sich im wirtschaftlich stetig wachsenden Indien schnell vollzieht. Dieser bewirkt ein zunehmendes Gefälle zwischen Arm und Reich. Es entstehen so neue Angriffspunkte, und Frauen werden verletzbarer gegenüber Gewalt. Aber auch die Globalisierung trägt zum sozialen Wandel bei. Besonders in den Städten erschließen sich Frauen den öffentlichen Raum. Sie nehmen Arbeiten an, die ihnen vor einem Vierteljahrhundert noch unmöglich zugeteilt worden wären. Sie arbeiten in der Informationstechnologie, als Barkeeperinnen oder Restaurantbesitzerinnen, als Taxifahrerinnen und Lokführerinnen. Während Frauen also vom gesellschaftlichen Wandel vor allem in den Städten profitieren, verunsichert das viele Männer. Sie fürchten um ihre Arbeit, um ihren Platz in der traditionell männerdominierten Gesellschaft. Dieser soziale Wandel, und besonders die Geschwindigkeit, mit der er sich vollzieht, führen augenscheinlich zu gesellschaftlichen Spannungen. Die sich auch in wachsender Gewalt gegen Frauen widerspiegeln.

Das neue Gesetz durch die ›Justice Verma Commission‹ als Folge der Vergewaltigung im Dezember 2012 halte ich nicht für ausreichend. Wir brauchen einen Umbruch auf sämtlichen gesellschaftlichen Ebenen. Die Herausforderung besteht darin, diesen Wandel sowohl Männern als auch Frauen interessant zu machen. Ich denke, wir werden lernen, damit umzugehen.«

Wie die Ärztin Mitu zur Abtreibung gezwungen werden sollte

Unsere patente und engagierte Producerin Bindu Lall bringt uns am nächsten Morgen zu einer Frau, die bereits Ärztin ist. Dazu Mutter von zwei Mädchen. In ihrer Geschichte geht es um die in Indien weit verbreitete Geschlechtsbestimmung eines Babys. Um herauszufinden, ob es ein erwünschter Junge oder ein unerwünschtes Mädchen ist. Es geht um Ultraschall und Amniozentese, und auch ihre Geschichte ist unfassbar grausam. Dabei fällt mir ein Satz der indischen Frauenrechtlerin Kamla Bhasin ein: »Erst wenn sich die Frauen des indischen Mittelstandes wehren, wird sich etwas ändern im Land.«

Nun, Dr. Mitu Khurana hat sich gewehrt. Sie ist ja auch eine klassische Vertreterin des indischen Mittelstandes: Abitur, promovierte Ärztin. Sie stimmt einer »arranged marriage« zu, ausgesucht wird ihr zukünftiger Ehemann von ihren Eltern. Der Orthopäde und Kollege in ihrer Klinik scheint Mitu Khurana ein angemessener Partner. Welch eine Fehleinschätzung. Das merkt sie aber erst, als sie schwanger wird. Ihre anfängliche Freude wandelt sich schnell in Schrecken. Denn die Schwiegermutter und ihr Mann wollen sie zu einer – per Gesetz längst verbotenen – Geschlechtsbestimmung des Fötus zwingen. Per Ultraschall oder Amniozentese. Aber Mitu Khurana weigert sich. Da besucht sie der Bruder ihres Mannes. Ganz freundlich. Bringt einen Kuchen mit, mit Eiern. Dabei weiß ihr Ehemann Kamal, dass seine Frau auf Eier allergisch reagiert. Mitu ahnt nichts und isst ein Stück des Kuchens. Als sie die ersten allergischen Reaktionen bemerkt, will sie ihre Medikamente nehmen. Aber sowohl ihr Mann als auch ihre Schwiegermutter verweigern sie ihr. Die Ärztin beginnt zu begreifen.

Sie muss schnell ins Krankenhaus. Dort soll sie wegen der Allergie per Ultraschall an den Nieren untersucht werden. Aber plötzlich, auf der Liege und wie betäubt von den Medikamenten, stellt sie fest, dass der Arzt auch ihre Gebärmutter »schallt«. Mit dem Ergebnis, dass sie zwei Kinder erwartet. Zwei Mädchen.

Jetzt geht es erst richtig los in der Familie. Der Druck auf sie wächst, es beginnt ein grausamer Kampf. Sie soll abtreiben. Die Mädchen nicht zur Welt bringen. So viel Mitgift, die der Ehemann und seine Familie dann zu zahlen hätten! Ihr Ehemann schlägt sie, wirft sie die Treppe hinunter, sperrt sie ein, verweigert ihr Essen. Und er setzt sie psychisch unter Druck. Aber Mitu Khurana weigert sich standhaft, die Babys abtreiben zu lassen. Als ihr Mann sie wieder einmal die Treppe hinunterstößt und sie daraufhin in einem Zimmer einsperrt, gelingt es ihr, ein Handy zu entwenden. Verzweifelt ruft sie ihre Eltern an. Die sind entsetzt, holen sie sofort ab und gehen mit ihr zur Polizei.

Nun beginnt das nächste, typisch indische Kapitel: Die Polizei nimmt die Anzeige nicht auf. Ihr Argument: Das sei eine Familienangelegenheit, da mischen sie sich nicht ein. Diese Sichtweise wird zum Glück widerlegt. Alle Menschenrechtsorganisationen in Indien sind sich heute einig: Mitus Geschichte ist ein »gravierender und ernster Fall von nationaler Bedeutung«.

Mitu bleibt jetzt bei den Eltern. Inzwischen behauptet der Ehemann, das seien gar nicht seine Kinder. Unter dem psychischen Druck kommt es zu einer Frühgeburt. Aber die Mädchen schaffen es, sind heute acht Jahre alt und gesund.

Inzwischen läuft ein langwieriger Scheidungsprozess. Zusätzlich zu der Anklage gegen den Exmann, die Schwiegermutter und die Ärzte in der Klinik wegen verbotener Geschlechtsbestimmung. Der Mann behauptet in seiner Erwiderung, seine Frau sei »grausam« zu ihm gewesen. Jetzt muss Mitu wiederum beweisen, dass das nicht stimmt. Sie hat den vierten Anwalt, drei haben ihr geraten, die Klage zurückzuziehen. Es ist eine Anwältin aus einer der ganz großen Kanzleien der indischen Hauptstadt. Sie arbeitet beratend pro bono – ohne Honorar. Die anderen juristischen Helfer müssen allerdings bezahlt werden. Dazu unterstützt eine Universitätsprofessorin die junge Frau. Sie hat für Mitu Khurana eine NGO und einen Hilfsfonds eingerichtet. Denn die Kosten steigen in beachtliche Höhen. Das ist auch für Mitus Eltern, beide Ärzte, finanziell nur schwer zu bewältigen.

Inzwischen berichtet die Presse über die junge Ärztin. Sie ist die erste und bisher einzige (!) Frau in Indien, die eine solche Geschichte öffentlich gemacht hat. Obwohl es millionenfacher Alltag ist für so viele Frauen und werdende Mütter.

Geetanjali Misra: »Wir müssen erreichen, dass es einen Wert hat, Frauen zu schützen«

Die Mitbegründerin von CREA (Creating Resources of Empowerment in Action), einer feministischen Menschenrechtsorganisation, sagt: »Das Verhalten der Menschen in Indien muss sich ändern: Die Geburt von Söhnen wird gefeiert, Söhne werden zur Schule geschickt, nicht die Mädchen. Wir haben so viele Beispiele aus der Regierung in Indien, wie wir mit Frauen umgehen können. Aber ändert das das Denken der Menschen? Warum weinen sie immer noch, wenn ein Mädchen geboren wird? In anderen Ländern ist das nicht so, nicht so in der übrigen Welt. Warum haben wir dieses Problem? Frauen sind verletzlich, sogar in ihrem Zuhause. Die Gesetzgebung muss sich ändern. Aber ich weiß nicht, ob sich dann das Verhalten der Menschen wirklich ändert. Das braucht Zeit. Wir sind – nach der Vergewaltigung vom Dezember 2012 – weder für die Todesstrafe noch für die chemische Kastration. Das ist zu extrem. Wir müssen erreichen, dass es einen Wert hat, Frauen zu schützen – und diejenigen, die das nicht tun, auszugrenzen.«

Bei meinem Besuch im Haus der Eltern zeigt mir Mitu Khurana eine Website. Da inseriert doch glatt ihr »immer noch«-Ehemann und sucht – eine Frau. Sein Foto zeigt er nicht, auch macht er keine weiteren Angaben. Allerdings veröffentlicht er, dass er zwei Kinder hat. Die aber nicht bei ihm wohnen. Was er in seiner Vita im Internet ebenfalls verheimlicht: dass er jetzt sogar das Sorgerecht für die Zwillinge haben möchte. Wie tickt denn der? Ich sitze sprachlos dieser in sich ruhenden, klugen Frau gegenüber. Mitu glaubt, dass der Prozess noch zehn Jahre dauern könnte. Dann sind die Mädchen 18, erwachsen, und die Schlacht ist gewonnen. Mein Gott, was für ein Schicksal. Wenigstens werden die Ärztin und ihre Eltern bei den Anwaltskosten von der schon genannten Hilfsorganisation der Universität unterstützt. Denn eine einzige Konsultation beim Rechtsanwalt kostet sie 100 000 Rupien, das sind rund 1 200 Euro. Das ist zwar günstig im Vergleich zu anderen Anwälten, aber immer noch viel, viel Geld hier in Indien. Der Stiefvater der jungen Frau gibt mir beim Abschied noch eine bewegende Frage mit auf den Weg: »Was wird aus einer Welt, die nur noch an Geld denkt und die Liebe vergisst?«

Nachdem wir mit Chai, Nüssen und Orangensaft bewirtet wurden, steigen wir ziemlich deprimiert ins Auto. Das ist kein Fall der unteren Kasten. Nein, das betrifft die Mittelschicht. Die stärkste Klasse in Indien. Wir ahnen nur, wie vielen Frauen es ebenso ergeht in ihrer Ehe, wenn sie ein Mädchen erwarten.

Es fehlen 50 Millionen Frauen!

»Viele Sexualverbrechen geschehen, weil es zu wenige Frauen in unserem Land gibt. Die jungen Männer können nicht heiraten, besonders im Norden Indiens. Das ist auf die Tötung weiblicher Föten und Kinder zurückzuführen«, sagt der Politiker Rishi Kant, der sich in Neu-Delhi für Frauenrechte einsetzt. Endlich die richtige Sicht auf die Dinge, noch dazu von einem männlichen Politiker. Die

Statistik sagt: Nach der Volkszählung aus dem Jahr 2011 gibt es in Indien rund 37 Millionen mehr Männer als Frauen. Dieses Ungleichgewicht ist zum Teil auf die selektive Abtreibung weiblicher Föten zurückzuführen, weil Eltern für Mädchen keine Mitgift zahlen wollen. Obwohl es seit 1994 verboten ist, das Geschlecht eines Kindes vor der Geburt bestimmen zu lassen, sind in den vergangenen 30 Jahren nach den vorsichtigen Schätzungen des Zentrums für weltweite Gesundheitsforschung in Indien mindestens zwölf Millionen weiblicher Föten abgetrieben worden. Mindestens! Der Schriftsteller Amartya Sen hat deshalb schon 1990 die indische Gesellschaft gewarnt: »Mehr als 100 Millionen Frauen fehlen!«

Im indischen, stark patriarchalischen System ist die Frau dem Mann lebenslang unterworfen. Das gilt auch für die gebildete Schicht. Selbst bei Frauen, die durchschnittlich zehn Jahre lang studiert haben, liegt die Geburtenrate von Mädchen deutlich unter der von Jungen. Das heißt im Klartext: Selbst diese Mütter treiben ihre weiblichen Föten ab. Sonst wäre dieses Ungleichgewicht nicht zu erklären. Prabhat Jha ist Epidemiologe am Zentrum für weltweite Gesundheitsforschung in Toronto. Er sagt:»Wir haben festgestellt, dass die Ablehnung von Mädchen in Haushalten an der Spitze der Einkommensleiter weit größer ist als in Haushalten am unteren Ende. Es handelt sich in Indien wirklich um ein Phänomen bei den Wohlhabenden.« Die Zahl der selektiven Abtreibungen in Indien ist gerade auch in den letzten Jahren gestiegen. Seit es wirtschaftlich immer mehr aufwärts geht, sieht es für das Überleben eines Mädchens immer finsterer aus. Besonders im Norden des Landes, wie die medizinische Fachzeitschrift *The Lancet* schreibt.

Mehr als 50 Millionen Frauen – so eine andere Berechnung – sollen in den letzten drei Generationen in Indien so getötet worden sein, am Leben gehindert, gar nicht erst geboren. Eine Million weibliche Föten werden jedes Jahr abgetrieben, tausende Mädchen gleich nach der Geburt stranguliert oder dem Hungertod draußen im Garten ausgesetzt. Mädchen unter fünf Jahren haben in Indien eine 75 Prozent höhere Sterblichkeitsrate als Jungen im gleichen Alter. Was ändert es da, wenn die Demonstranten auf den Straßen der Hauptstadt Buttons tragen, auf denen steht: »I respect women«. Wenn sie nach jeder Vergewaltigung wieder auf die Straßen gehen, Kerzen durch die Nacht tragen und die Polizisten anschreien: »Wer ist der Wilde? Die Polizei? Die Regierung? Oder der Vergewaltiger?« Die Grundeinstellung der Gesellschaft muss sich ändern. Weg mit dem patriarchalen Denken. Sonst bleibt alles wie gehabt.

Das wird mir auch in meinen Gesprächen immer wieder bestätigt. Dazu prangern Frauenrechtlerinnen unermüdlich die Strukturen in den Regierungen und Behörden an. Mehr als 30 Prozent der Regierungsangestellten haben einen kriminellen Hintergrund, behauptet Rita Banerji, politische Aktivistin und eine der bekannten Frauenrechtlerinnen: »Und wenn Kriminelle regieren, werden sie das System nicht aufräumen.« Rita Banerji war es auch, die die 50 Million Missing Campaign ins Leben gerufen hat. Die 50 Millionen fehlenden Frauen, deren Tötung sie gemäß der UN-Konvention zum Völkermord erklären lassen möchte. Völkermord durch Abtreibung. Das gibt es sonst in keiner Gesellschaft. Auch nicht in der chinesischen, wo die Regierung längst die fatale Entwicklung stoppen will, nämlich, dass durch die verordnete Ein-Kind-Politik zu wenige Mädchen zur Welt kommen.

Amartya Sen: »Mehr als 100 Millionen Frauen fehlen!«

Der Wirtschaftswissenschaftler und Nobelpreisträger für Wirtschaft von 1998, Amartya Sen, sieht im Fehlen der Frauen in Indien das größte Problem für die Zukunft. Vor allem beunruhigt ihn, dass es anscheinend die vermögenden Schichten sind, die weibliche Föten abtreiben und in erster Linie Jungen aufziehen. Schon 1990 schreibt er wütend seinen Landsleuten ins Stammbuch: »Mehr als 100 Millionen Frauen fehlen!«

Ein Jahr nach der grausamen Vergewaltigung in Neu-Delhi kommt er darum zu dem Schluss, dass vor allem das Fehlen der Mädchen genauer beleuchtet werden muss. Amartya Sen fordert eine bessere Polizeiarbeit und eine noch größere Aufmerksamkeit der Medien in Bezug auf die indischen Defizite, wie Menschen- und Mädchenhandel oder die Vergewaltigung in der Ehe. Die indische Gesellschaft muss sich seiner Meinung nach außerdem intensiv damit beschäftigen, warum es die von ihm sogenannte »Jungen-Bevorzugung« gibt. Sonst werde sich nicht viel ändern in seinem Land.

Der Fernsehsender *CNN Asia* bringt nachts immer wieder berührende Geschichten, ganz nah an den Menschen. Ich bin zwar ein wenig müde nach einem langen Recherchetag. Aber das Bild der 19-jährigen Reshma Banu lässt mich nicht los. Sie starrt auf ihr Handy. Da läuft immer und immer wieder ein kurzes Video ihrer kleinen Tochter Afreen. Kostbare Momente, denn Afreen ist tot. Sie stirbt mit drei Monaten im Krankenhaus. Eingeliefert wird sie mit Brandmalen von Zigaretten, einem verrenkten Genick und Beißmalen. Die Polizei sagt, ihr Vater hat sie getötet. Reshma weiß: Das stimmt. Der Vater will keine Tochter. Nur wenn die Schwiegermutter bereit ist, das Geld für eine spätere Hochzeit zu geben, darf Reshma das Baby behalten. Sonst bringt er sie um, sagt er. Die junge Mutter will das nicht glauben. Sie hofft, dass er seine Meinung ändert, wenn er erst das süße kleine Mädchen im Arm hält. Aber der Vater bleibt hart. Tötet das Mädchen und sitzt heute im Gefängnis. Reshma wohnt wieder bei ihrer Familie. Sie waren vier Mädchen zu Hause, und ihr Vater hat sie genauso geliebt wie den späteren Sohn. Immer noch laufen ihr die Tränen über die Wangen, wenn sie an ihr kleines, totes Mädchen denkt.

Dabei hat Reshma noch Glück gehabt. Sie ist nicht schon als Kind verheiratet worden. Sondern erst mit 18 Jahren. Und das »Geschenk«, die verkappte Mitgift, die ihr Vater an die Familie ihres Mannes zu zahlen hatte, hielt sich auch in Grenzen. Das ist aber eher die Ausnahme. Denn in Indien werden fast 20 Prozent aller Mädchen unter 15 Jahren verheiratet. Insgesamt finden 40 Prozent aller Kinderhochzeiten von 24 Millionen weltweit in Indien statt. Vor allem auf dem Land ist es üblich, kleine Mädchen so schnell wie möglich zu vermählen.

Für die Mädchen hat das dramatische Konsequenzen, sagt UNICEF. Denn abgesehen davon, dass die Mädchen dann nicht mehr zur Schule gehen und damit keine Bildung mehr erhalten, hat die Kinderehe auch gesundheitlich schlimme Folgen. Viele Kindermütter sterben bei der Geburt des ersten Kindes. Weil ihr Körper diesem Kraftakt noch gar nicht gewachsen ist. Ihre Babys sind lange nicht so gesund wie die Kinder von erwachsenen Müttern. Sie haben eine Sterberate von fast 60 Prozent. Dazu erleben Kinderehefrauen weit mehr eheliche Gewalt als erwachsene Ehefrauen. Je älter eine Verheiratete ist, desto mehr kann sie sich behaupten, gegen Gewalt durchsetzen und um ihre Rechte kämpfen. »Zu frühe Heirat beendet die Ausbildung eines Mädchens, gefährdet sie durch häusliche Gewalt und eheliche Vergewaltigung und macht sie ökonomisch abhängig«, sagt auch Meenakshi Ganguly von Human Rights Watch. Obwohl die Kinderhochzeiten per Gesetz verboten sind, nimmt ihre Zahl nicht ab – sondern zu. Die Polizei, vor allem auf den Dörfern, scheint machtlos in der Umsetzung des Gesetzes.

Ehen sind immer arrangiert

Indische Ehen sind in der Regel arrangiert. Von den Eltern der Brautleute. Eine Tochter kann, wenn sie denn diesen Mann überhaupt nicht will, einige vorgeschlagene Ehepartner ablehnen. Aber irgendwann muss sie sich dem Druck der Eltern und damit der Gesellschaft beugen. Denn je älter sie wird, desto mehr sinkt ihr »Marktwert«.

Immer noch wird zumeist innerhalb der Kaste geheiratet. Zunächst werden die Geburtshoroskope der beiden zu Trauenden miteinander verglichen. Das ist der große Moment für die in Indien hochbezahlten und geschätzten Astrologen. Sollten die Horoskope gar nicht zusammenpassen, wird die Hochzeit abgeblasen.

Geht aber alles seinen geordneten Gang, verhandelt man über die von den Brauteltern zu zahlende Mitgift, obwohl das seit 1961 gesetzlich verboten ist. Man spricht daher von »Geschenken« und nicht von Mitgift. Selbst ärmste Landbewohner zahlen bis zu 100 000 Rupien, das sind rund 1 200 Euro. In der »upper class« sind Millionen Rupien absolut üblich, dazu kommen die Kosten für die ausschweifenden, mehrere Tage dauernden Hochzeitsfeierlichkeiten. Das ist auch einer der Hauptgründe, warum die Geburt einer

Tochter nicht gerade mit Freude begrüßt wird und warum so viele Frauen auf Druck der Familie den weiblichen Fötus abtreiben.

Wenn »Geschenke« das Leben kosten

Statt der gesetzlich verbotenen Mitgiftzahlungen gibt es heutzutage also »Geschenke«. Unaufgefordert – angeblich. Unverändert zahlen die Eltern der Braut horrende Summen an die Familie des Bräutigams. Autos, Motorräder, Schmuck für die Schwestern und die Schwiegermutter. Ein Haus, mitsamt kompletter Einrichtung. Unverändert verschulden sich die Väter von Töchtern bei der Hochzeit ihres Kindes bis über beide Ohren.

All diese »Gaben« befrieden wohl nicht, sondern schüren eher weitere Gier. Die Aussicht, dass beim Tod der jungen Braut die gesamte Mitgift in der Familie des Bräutigams verbleiben darf, facht diese wohl noch weiter an. Wie gut, wenn der junge Ehemann dann ein zweites Mal heiratet. Und wieder neue »Geschenke« eintrudeln.

Es ist ein schlimmer Kreislauf, kaum zu durchbrechen. Reformen in der Justiz, Gesetzes- und Verfahrensänderungen helfen nicht wirklich, weil diese sehr oft nicht von veränderten Strukturen bei der Polizei und in der Justiz begleitet werden. Zu groß ist noch immer die Kluft zwischen Rechtslage (Verbot der Mitgift) und der gelebten Praxis der »Geschenke«. Sogar das Gesetz, wonach von staatsanwaltlicher Seite ein Verbrechen vermutet wird, wenn eine Frau innerhalb der ersten sieben Jahre ihrer Ehe eines unnatürlichen Todes stirbt oder Selbstmord begeht – und es im Vorfeld schon Klagen über Gewalt durch den Mann oder seine Familie gegeben hat –, sogar dieses sinnvolle Gesetz hilft nicht wirklich. Sicher, hier wurde zum Schutz der jungen Frauen die Beweislast umgekehrt: Der Ehemann und seine Familie gelten so lange als schuldig, bis ihre Unschuld bewiesen ist. Das klingt alles gut und hilfreich, ist es in der Praxis aber nicht wirklich. Denn schon bei den polizeilichen Aufnahmen eines solchen Falles geschehen die ersten Fehler. Selbst wenn eine Frau mit schwersten Verbrennungen ins Krankenhaus gebracht wird, wenn der dringende Verdacht auf einen Mordversuch besteht, werden sehr oft keine oder falsche Aufzeichnungen bei der Polizei gemacht. Stirbt die Frau später oder begeht sie eines Tages Selbstmord, dann fehlen die wesentlichen Beweise. Dann heißt es lapidar: Der Herd ist explodiert. Auch wenn es im Haus gar keinen Herd gab. Oder es heißt, die Frau war immer schon depressiv. Also hat sie sich selbst umgebracht.

Und so bleibt die Erkenntnis: Wenn ein Vater schon »Geschenke« machen muss, damit ein anderer Mann seine Tochter heiratet, heißt das im Umkehrschluss: Eine Tochter ist nichts wert. Nur mit den immer größeren »Beigaben« ist sie »an den Mann« zu bringen und damit aus dem Haus. So ist auch der bittere Spruch zu verstehen, wenn eine Tochter geboren wird: »Wenn du eine Tochter aufziehst, dann wässerst du den Garten eines anderen Mannes.«

Indische Frauenrechtlerinnen versuchen schon lange, dieses fatale Denken zu bekämpfen, die Gesellschaft zu ändern und für Frauen sicherer zu machen. Ein Vorschlag ist, das derzeitige Erbrecht zu ändern, anstatt sich gegen die »Mitgift« zu wehren. Der Gedanke erscheint vor diesem Hintergrund konsequent: Denn wenn Töchter im Erbrecht den Söhnen gleichgestellt werden, dann kommen junge Frauen nicht als mittellose Menschen in die Familie des Mannes, sondern vermögend, zum Beispiel als Grundbesitzerinnen. Sie könnten bei einer Gleichstellung Ansprüche auf das Familienvermögen in ihrer eigenen Familie erheben. Wie ein Sohn. Wären also Frauen Erbinnen von mobilem und immobilem Familienvermögen, könnte das ihre Position sowohl in ökonomischer als auch sozialer Hinsicht stärken. Sie wären nicht mehr durch ihren Vater (vor der Ehe) und dann später durch ihren Ehemann definiert, sondern ausschließlich durch sich selbst. Weil sie selbst etwas »besitzen«: Geld, Schmuck, Grund oder ein Haus. In anderen Kulturen ist das so, und es funktioniert.

Während ich weiterrecherchiere, bringt eine indische Nachrichtenagentur folgende Meldung: »Jede Stunde stirbt eine Frau wegen Mitgift in Indien.« Die Schuld wird in dem Artikel dabei nicht nur den Tätern und Täterinnen gegeben, sondern vor allem dem wirtschaftlichen Aufschwung. Die Forderung nach den »Geschenken« wachse von Jahr zu Jahr. Die Gier der Familien des Bräutigams werde immer größer. Allein 2012 seien 8233 Frauen aufgrund von Streitereien über Mitgiftzahlungen umgebracht worden, schreibt der Journalist. Mit Benzin übergossen, angesteckt und bis zum Tode verbrannt. Diese Zahlen sind aber nur die offiziellen Polizeistatistiken. Von den Dunkelziffern spricht niemand. Die Mitgiftzahlungen zogen sich, schreibt er weiter, durch die ganze indische Gesellschaft. Egal wie arm oder reich die Menschen seien. Eine Braut kostet Geld, ohne Mitgift ist sie nichts wert. Solange sich dieses Denken nicht ändert, werden weibliche Föten abgetrieben, kleine Mädchen umgebracht und junge Ehefrauen wegen vermeintlich zu geringer Mitgift angezündet. Was für eine Welt.

Feuer und Flamme für die Mitgift
(Neu-Delhi im Dezember 1992)

Noch sehr genau erinnere ich mich des Schocks, als ich als Redaktionsleiterin des *ZDF*-Frauenjournals *ML Mona Lisa* begann, mich in das Thema »Frauen in Indien« einzulesen: »Alle 102 Minuten brennt eine indische Ehefrau.« Das war 1992 die Statistik der All India Women's Conference. In einem Jahr sei die Zahl der Mitgiftopfer um 169,7 Prozent angestiegen.

Mit meiner Kollegin Sibylle Bassler und zwei Kamerateams sind wir damals nach Indien geflogen. Gleich am ersten Tag lese ich von allein 200 Mitgifttoten in einem einzigen indischen Unionsstaat – innerhalb von drei Monaten. Ich treffe auch 1992 schon Kiran Bedi, die der indischen Polizei-Elitetruppe vorstand. Sie erzählt uns von den Besuchen in den Familien, wenn die meist junge Ehefrau angeblich durch die Explosion des Ofens in der Küche verbrannt ist, mit schwersten Verletzungen in die Klinik eingeliefert wird – und bald darauf stirbt. Schon damals kümmerte sich Shakti Shalini um diejenigen Frauen, die diese schlimmen Brandanschläge überlebt haben oder kurz davor geflohen sind, aber nicht in die eigene Familie zurück konnten.

Wie um die 22-jährige Ehefrau, die mit ihrer zweieinhalbjährigen Tochter im Frauenhaus der Organisation Unterschlupf gefunden hat. Weil ihre Mitgift nicht gerade hoch ausgefallen ist – sie sind schließlich drei Schwestern zu Hause –, will sie die Schwiegermutter so schnell als möglich wieder aus dem Haus haben. Sie wird geschlagen, immer wieder sagt man ihr: Geh weg, ich will, dass mein Sohn bald wieder heiratet, aber diesmal eine Frau mit mehr Mitgift. Sie sieht in der Küche die Benzinkanister stehen. Als sie eines Tages ihr Mann und die Schwiegermutter in der Küche festhalten wollen, bekommt sie Panik, kann ihre

Tochter gerade noch packen und läuft davon. Zu Shakti Shalini.

Kiran Bedi kannte schon damals hunderte solcher Fälle. Wenn sie und ihre Polizeitruppe ermittelt hatten, gingen die Fälle oft zum Obersten Gerichtshof. Eine damals wie heute fast frauenfreie Zone. Ananda Roy war die Einzige in schwarzer Robe, die uns 1992 für ein Interview zur Verfügung stand. Ihrer Meinung nach sollte das Mitgiftproblem durch Erziehung gelöst werden. Denn die Forderung und Gabe einer Mitgift war seit 30 Jahren bereits per Gesetz verboten. Aber auch schon 1992 waren die ermittelnden Männer bei der Polizei, der Staatsanwaltschaft und vor Gericht Teil der gleichen Gesellschaft, gegen die sie zu ermitteln hatten.

1992 hat die damals 69-jährige Satya Rani Chadha daher Shakti Shalini ins Leben gerufen. Weil sie hautnah, im wahrsten Sinn des Wortes, einen Mitgiftmord erleben musste. Und zwar den ihrer eigenen Tochter, wie sie mir 1992 stockend erzählt. Ihre Tochter hatte immerhin eine Hochschulausbildung! Ein Jahr nach deren Hochzeit aber bringen sie ihre Schwiegereltern um. Wegen der Mitgift im Wert von 100 000 Rupien, rund 1 200 Euro. Dazu eine Waschmaschine, eine Nähmaschine, ein Luftkühler, ein Fernsehapparat, ein Kühlschrank und ein Motorroller für den Ehemann. Satya zählt alles auf, als sei es gestern gewesen. »Aber das war der Familie nicht genug. Sie haben sie einfach verbrannt.« Das werde sie teuer zu stehen kommen, sagt ihr damals der Ehemann ihrer Tochter, als sie sich weigert, mehr an Mitgift zu geben. Die Brüder der jungen Frau haben es als Erste erfahren, dass ihre Schwester mit Kerosin übergossen und angezündet wurde. Sie wollen ins Haus eindringen, das Mädchen retten, ins Krankenhaus bringen. Aber niemand macht auf. Erst sehr viel später öffnet die Schwiegermutter die Türe, will wissen, was die

Brüder und die Mutter so spät noch wollen. »Wir wollen meine Tochter«, sagte Satya. Da dreht sich die Schwiegermutter ganz ruhig um und deutet auf die verbrannte Leiche: »Da ist sie, deine Tochter.« Die Mutter kann noch fassungslos fragen, ob ihr Sohn denn eine Leiche geheiratet habe – darauf hat die Schwiegermutter nur etwas von Kopfschmerzen gemurmelt, der Schwager solle die Familie der Frau rausschicken. Dann holen Nachbarn die Polizei.

Satya kann das nicht vergessen. Sie gründet daraufhin einen Verein gegen Mitgiftmorde, organisiert Demonstrationen und sammelt Spenden für das Frauenhaus. Aus dem sich heute die Shelter in der ganzen Stadt entwickelt haben, dringend benötigt und stark frequentiert.

Frauenklinik: Spiegelbild der Gesellschaft

In allen Ländern der Welt begreift man viel von der Mentalität und Lebenswirklichkeit der Bevölkerung, wenn man mit offenen Augen durch ein Krankenhaus geht.

Zwar sind wir im großen Regierungshospital nur für Frauen und Kinder nicht angemeldet, aber der ärztliche Direktor versteht mein Anliegen und bittet uns, die Producerin und den Fotografen, zu sich ins Büro. Er serviert uns Chai und erzählt uns dabei eine sehr persönliche Geschichte, die ihm gerade erst passiert ist. Dabei geht es um Blackmailing, also Erpressung einer Angestellten, die ihn selbst der versuchten Vergewaltigung anzeigen wollte. Nur weil die CCTV-Kameras in der Klinik die Wahrheit zeigen, kam er davon, wurde nicht angeklagt. »Sicher, 95 Prozent aller angezeigten Fälle in Indien sind wirklich passiert. Dass Männer sich vergehen an Frauen. Aber es gibt eben auch die andere Seite.«

Der Klinikchef ist sichtlich erleichtert, er hat Glück gehabt. Das hätte in der heutigen Zeit auch anders ausgehen können, meint er nachdenklich. Zwei aktuelle Fälle von Vergewaltigung versus Falschbeschuldigung beschäftigen gerade Medien und Gesellschaft in Indien. Einige Kollegen in den Gazetten schreiben schon von »medial aufgeheizter Atmosphäre und Rufmord«. In beiden Fällen ist es noch nicht einmal zu einer Anzeige gekommen. Die Lage der Frauen, die wirklich Opfer einer Vergewaltigung geworden sind, ist aber natürlich schlimm. Das sieht auch er als Klinikchef so.

Es folgt ein Rundgang mit dem Verwaltungsdirektor durch die Klinik. Erste Erkenntnis: Die Kaiserschnittgeburten nehmen zu, und zwar auf Wunsch der Frauen. So kann das Geburtsdatum bestimmt werden, das sehr oft Astrologen zuvor aussuchen und empfehlen. Für eine glückliche Zukunft des Kindes. Ein sehr indisches Phänomen. Im Gegensatz zum Kaiserschnitt bleiben die Mütter nach einer normalen Geburt mit ihren Babys nur zwei Tage in der Klinik. Beim Kaiserschnitt doppelt so lange. Das alles sind aus europäischer Sicht extrem kurze Zeiten für die Frauen. Das Krankenhaus schleust pro Tag rund 600 Patientinnen durch die einzelnen Stationen. 45 Ärzte sind rund um die Uhr und die ganze Woche im Einsatz. Es ist eine der 40 Regierungskliniken, aber die einzige ausschließlich für Frauen und Kinder. Gut organisiert, mit Inkubationsstation, OP-Einheiten, sechs Intensivbetten.

Als unser Fotograf Christian ein Foto von den vielen sitzenden Frauen auf den Treppen machen will, schüttelt der Verwaltungsdirektor den Kopf: »Bitte nicht. Wir bitten die Frauen immer in die Warteräume, da hören sie auch alle Ansagen über die Lautsprecher. Ich weiß nicht warum, aber sie sitzen lieber zusammen im Treppenhaus.«

In der Baby- und Kinderstation ist es wie in vielen Ländern der Dritten Welt: Da liegen die Mütter mit ihren

Kindern gemeinsam im Bett, versorgen sie auch selbst. Denn dafür gibt es zu wenig Personal. Ich sehe viele glückliche, frischgebackene Mamis, die sich neben ihre schlafenden Babys kuscheln. Oft auch die Schwiegermütter daneben. Ich wage gar nicht zu fragen, ob das Baby ein Junge oder ein Mädchen ist. Zum großen Erstaunen scheinen aber doch viele Mütter wie Schwiegermütter glücklich über die Geburt eines gesunden Mädchens zu sein. Na bitte. Es wird vielleicht doch noch werden in Indien mit der Gleichberechtigung. Die ja schon im Bauch der Mutter beginnt.

So schnell wie möglich nach Hause

Heute Abend, nach dem Sonnenuntergang, wollen wir zur Bushaltestelle. Dahin, wo die Studentin vor einem Jahr vergewaltigt wurde.

Wie immer in Asien geht die Sonne in wenigen Minuten unter. Die Dunkelheit zieht wie eine finstere Monsterwelle rasend schnell über das Land. Unser tapferer und kenntnisreicher Fahrer schleust uns durch das unsägliche Verkehrschaos bis zum Platz unter der Brücke, der mitten in der Millionenstadt Neu-Delhi liegt. Nicht draußen in den Vororten. Nein – mittendrin.

Unter der Brücke der riesigen Stadtautobahn drängen sich die Menschen an der Haltestelle. Es ist eine dicht bewohnte Gegend. Man mag es gar nicht glauben: Hier standen sie also, die Studentin und ihr Freund, nach dem Kino. Hier ließen sie sich in den privaten Bus locken, mit den dunkel getönten Scheiben. Weil der andere, der öffentliche Bus, nicht rechtzeitig kam. Dann begann für sie das Drama. Es ist unfassbar, wie dies zu einer gar nicht späten Stunde inmitten der Menschen geschehen konnte.

Mit dieser Geschichte im Hinterkopf versuche ich nach einem späteren, kurzen abendlichen Stadtbummel doch schneller als geplant wieder zurück ins Hotel zu kommen. Noch dazu, als ich bemerke, dass fast kaum noch Frauen auf den Straßen rund um den Connaught Place sind. Ich hebe die Hand, will ein Tucktuck aufhalten. »Was kostet die Fahrt ins Hotel?« »50 Rupien«, antwortet der Fahrer. Das erscheint mir viel, im Vergleich zu den bisher bezahlten Preisen. Also lehne ich ab – ein Fehler. Nur 15 Minuten später will ein anderer Fahrer schon 100 Rupien haben. Die Straßen werden dunkler, nur noch Männer unterwegs. Mir ist ungemütlich. Beim dritten Tucktuck überlege ich nicht mehr lange: 150 Rupien – und in zehn Minuten bin ich sicher in der Hotelhalle.

Das Erlebnis einer frauenlosen Stadt am Abend lässt mich nicht mehr los. Wo sind sie, die Mädchen, die raus wollen aus dem Elternhaus? Die sicherlich, wie überall auf der Welt, ihre Träume und Wünsche haben, von der Liebe, von Ehe, von Kindern? Wo lernen sich junge Paare kennen? Oder überhaupt nicht? Immer nur »arranged«, also von den Eltern ausgesucht und vorbestimmt? Und: Ist das vielleicht doch nicht so schlecht? Wenn man sich überlegt, dass allein in Deutschland mit den üblichen Liebesheiraten in den Städten jede zweite Ehe, auf dem Land jede dritte Ehe geschieden wird?

Am nächsten Morgen möchte ich mit jungen Mädchen sprechen. Am besten in einer Schule. Zwar ist Sonnabend, aber auch da haben die Kinder Unterricht. Schon am ersten Schulportal sind wir erfolgreich. Die Direktorin freut sich über unser Interesse und füttert uns zusammen mit ihrer Stellvertreterin in ihrem Büro mit heißem, frischem indischen Gebäck. Auf den Schreibtischen der beiden Lehrerinnen stapeln sich die Papiere. So hoch wie mindestens vier Aktenordner. Wann die wohl alle bearbeitet werden? Die deutsche, oft negativ bewertete Ordnung erscheint mir da geradezu paradiesisch. Ich hoffe, die beiden Damen können keine Gedanken lesen ...

Dann führt uns die Direktorin in ein Klassenzimmer. Auch hier wieder, wie schon bei den Dalit-Frauen: rund 40 erwartungsvolle Gesichter. Die jungen Mädchen in Schuluniform und Kopftüchern sitzen im Lotussitz auf dem Boden. Ich muss auf ein Podium steigen und mich in die einzige Schulbank im Raum setzen.

Bindu stellt mich vor, erzählt von meiner Recherche und warum ich in Indien mit diesen Schülerinnen sprechen möchte. Ob sie Fragen haben an mich als deutsche Journalistin? Drei Finger gehen hoch. Ein hochgewachsenes, sehr selbstbewusstes Mädchen fragt, wie sicher deutsche Mädchen auf der Straße seien. Und wann sie spätestens nach Hause müssen. Dann gehen weitere Finger hoch: Wie sich unsere Polizei verhält, wenn eine Frau kommt und zum Beispiel eine Gewalttat anzeigt. Wie viele Männer von einem Gericht tatsächlich verurteilt werden. Und was die Eltern in einem Fall von Gewalt gegen ihre Tochter machen.

Das ist alles leicht zu beantworten. Aber dann will ich von den jungen Mädchen wissen: »Wann müsst ihr denn abends nach Hause gehen? Stimmt ihr euren Eltern zu, wenn sie einen Mann für euch aussuchen?« Hier schwingt Nirbhayas Vergewaltigung mit. Die Angst der Mädchen auf der Straße. »Um 17 Uhr«, so die Antwort, »sind wir Mädchen spätestens daheim, also bevor es dunkel wird.« Beim Heiratswunsch kommen die Antworten schon differenzierter. Die eine Hälfte der Schülerinnen will auf alle Fälle mal heiraten. Wenn es sein muss, auch den Mann, den ihnen die Eltern aussuchen. Wenn der ihnen aber gar nicht gefällt, dann würden sie unbedingt versuchen, ihre Eltern zu überzeugen. Damit sie diesen Mann dann doch nicht heiraten müssen. Die andere Hälfte der Mädchen will gar nicht heiraten oder sich auf alle Fälle den Mann selbst aussuchen.

Dann kommen wir zu einem kritischen Thema: Geschlechtsbestimmung eines ungeborenen Babys. Die Mädchen wissen, dass das gesetzlich verboten ist, aber unverändert praktiziert wird. Dabei sind sie sich einig: Sie würden sich dagegen wehren, wenn sie schwanger sind. Und auf alle Fälle ein Mädchen genauso aufziehen wie einen Jungen. Mit ihren gerade mal 16 Jahren stellen sich diese jungen Frauen ganz klar gegen Ultraschalluntersuchung, Amniozentese und Abtreibung eines weiblichen Fötus. Wer ihnen hier im Klassenraum zuhört, hat keine Angst um die Zukunft der Frauen in Indien. Hoffentlich bleiben sie stark, diese Schülerinnen. Wir verabschieden uns. Die Mädchen klatschen und lachen. Und wieder einmal wird mir klar, wie sehr die Vergewaltigung der 23-jährigen Studentin Nirbhaya vor genau einem Jahr dieses Land und auch diese Schülerinnen erschüttert hat.

Schock-BH gegen Grapscher

Die jungen Frauen werden sich in Zukunft wehren. Das habe ich in dieser Mädchenschule begriffen.

Eine indische Studentin will mit einer Erfindung das Leben für Frauen sicherer machen. Manisha Mohan, 20 Jahre alt, kennt sich gut aus mit Elektrik. Da sie weiß, dass Frauen bei sexuellen Übergriffen in Indien fast immer zuerst an die Brust gegriffen wird, kam ihr eine Idee: ein BH, der Stromschläge aussendet. Zusammen mit zwei Kommilitonen der Ingenieurswissenschaften bastelte sie wochenlang an Unterwäsche herum und verkabelte diese. Die drei bauten Drucksensoren ein, die einen 3 800 Kilovolt starken elektrischen Schlag abgeben. Und das tut richtig weh, sie haben es selbst ausprobiert. Der Trick bei ihrer Erfindung: Wird ein Elektroschock ausgelöst, geht zugleich eine SMS an die Polizei. Zusätzlich haben die drei Studenten einen GPS-Sender in die Unterwäsche eingebaut, sodass die Polizei auch gleich den Ort des Übergriffs finden kann. Für ihre Erfindung erhielten sie den »Gandhian Young Technological Innovations Award 2013«, berichtet die *Hindustan Times*. Noch aber ist die Idee nicht in der Praxis umsetzbar, denn die Kabel in der Unterwäsche sind noch zu schwer. Aber die drei Studenten geben nicht auf, basteln weiter. Nach einem weiteren halben Jahr wollen sie ihre Erfindung in größerer Stückzahl herstellen. Zur Sicherheit der Inderinnen. Nach allem, was ich weiß von der Vorliebe indischer Männer fürs »Betatschen« und »Begrapschen«, vor allem in öffentlichen Räumen, könnte dieser Elektroschock-BH ein Renner werden!

Frauentaxis und Frauenmetro: Sicher ist sicher

Am nächsten Abend versuchen wir, mit dem ersten und einzigen »Women-only-Cab«-Unternehmen einen Termin zu machen. Wir würden auch gerne ein Taxi buchen. Aber dieses junge Unternehmen mit bisher nur 10 Autos und 13 Fahrerinnen ist ein Riesenerfolg, weshalb sie »fully booked out« sind für die nächsten zwei Wochen.

Geordert werden können die Taxis nur von Frauen. Dahinter steckt die Idee, dass Frauen sich einfach sicherer fühlen mit einem weiblichen Fahrer als mit einem fremden männlichen Fahrer. Unsere Producerin Bindu erzählt mir, dass viele ihrer Freundinnen, wenn sie es sich leisten können, mit dem Taxi nach Hause fahren. Also nicht mit öffentlichen Verkehrsmitteln. Dabei telefonieren sie während der ganzen Fahrt mit ihren Müttern, bis sie der Taxifahrer absetzt. Damit nur ja keiner auf eine dumme Idee kommt und den weiblichen Fahrgast anmacht oder gar Schlimmeres anstellt. Ein Lady-Cab ist da eine gute Idee. Es müsste nur mehr von ihnen geben in einer Metropole wie Neu-Delhi. Als Alternative zu allen öffentlichen Verkehrsmitteln, die gefährliche Orte sind für eine Frau, vor allem auch Busse. Und vor allem in der Dunkelheit. Weibliche Busfahrer – Fehlanzeige. Zumindest in der Hauptstadt.

In Bangalore dagegen macht die einzige Frau unter 12 000 männlichen Busfahrern der Bangalore-Metropolitan-Transportgesellschaft derweil landesweit Schlagzeilen. Die 35-jährige Prema Ramappa schlängelt sich wohl wie keine andere durch die 5-Millionen-Stadt.

Nachdem ihr Mann gestorben war, war es für sie »eine Frage des Überlebens«, den Führerschein zu machen, alle Busfahrprüfungen und Stadtprüfungen abzulegen und damit jetzt Geld für sich und ihr einziges Kind zu verdienen. Angst vor Gewalt? Hat sie nicht, sagt sie dem arabischen Fernsehsender *Al Jazeera* im Interview. Ihre Kollegen würden auf sie aufpassen. Sie fährt schließlich »wie der Teufel«, wie diese bewundernd von ihr sagen.

Zurück nach Neu-Delhi. Hier gibt es neben den Frauentaxis weitere sichere Plätze im öffentlichen Nahverkehr. Tief unter der Erde nämlich, die Metro. Man glaubt es kaum. Vor zehn Jahren haben die Inder ihre U-Bahn gebaut. Mit schicken Waggons, tollen Bahnhöfen, alles pieksauber, ganz im Gegensatz zu dem, was man oben auf den Straßen erlebt. Spucken ist verboten, Abfälle werden sofort aufgesammelt. Von wem, habe ich nicht gesehen. Doch das Außergewöhnlichste ist: Es gibt Waggons, die nur für Frauen sind. »Women only« steht auf dem Bahnsteig. Und sollte sich doch einmal ein Mann dorthin verirren, wird er sofort vom Personal herausgebeten.

Bindu und ich fahren zwei Stationen im »Frauenabteil«. Sehr entspannt. Ich habe das Gefühl, dass sich alle hier richtig gelassen zurücklehnen. So angenehm könnte es doch überall sein, oder nicht?

Dass es diese Frauenwaggons überhaupt gibt, ist einer unsäglichen Verhaltensweise der indischen Männer geschuldet: Sie lieben es, in Zügen, Bussen oder U-Bahnen die Frauen zu betatschen, zu begrapschen und sexuell anzumachen. Sie drängen sie oft blitzschnell im Zuggang an die Wand und greifen ihnen zwischen die Beine. Sie züngeln anzüglich und machen eindeutige Bewegungen. Das geht weit über das ebenso gefürchtete »eye-teasing« hinaus, über die Blickkontakte, die signalisieren sollen, dass man bald sehr vertraut sei und sich ganz nahe kommt.

All das geht jetzt nicht mehr in den Frauenwaggons. Wenigstens da. Die Metro ist für Frauen also sicher. Männer verboten. Das gilt leider nicht für öffentliche Plätze, Straßen, Bushaltestellen und Parks. Sie werden deshalb von der Polizei in ihren aktuellen Flyern als »unsicher für Frauen« eingestuft. Ein Armutszeugnis für die Sicherheitsbeamten der Stadt. Oder passen sie nicht auf, weil sie auch Männer sind?

So wird die Polizei weiblich

Wir haben eine Verabredung mit der leitenden Polizeikommissarin in der Special Police Unit for Women and Children, mit Suman Nalwa. Erst einmal »unter drei«, nur für ein Hintergrundgespräch. Denn ihr Boss von den Police Headquarters muss noch zustimmen, das steht für heute Nachmittag auf seinem Terminplan.

In der Spezialeinheit von Frauen für Frauen arbeiten 55 Polizistinnen. Zu wenige, räumt Suman Nalwa ein, für all die Fälle, die täglich zur Anzeige kommen. Alle 20 Minuten – eine Vergewaltigung. Nur in Neu-Delhi. Das ist unfassbar. Vor allem, wenn man die Dunkelziffer, von der Fachleute sprechen, mit einbezieht. Dazu haben sich die Anzeigen wegen sexueller Belästigung verfünffacht. Das führt die Polizei allerdings auch auf eine größere Bereitschaft der Frauen zurück, Übergriffe zu melden.

Suman Nalwa: »Ein Problem ist, dass wir zu wenige Frauen bei der Polizei haben«

Vor der Vergewaltigung im Dezember 2012 arbeitete Suman Nalwa als stellvertretende Kommissarin der Polizei von Delhi in den Bereichen Korruption und Gewalt gegen Frauen. Sie hat einen Magister in Internationalem Menschenrecht und ist die Co-Autorin von drei Büchern über häusliche Gewalt und Grausamkeiten gegen Frauen. Ihrer Initiative ist es zu verdanken, dass die Polizei heute bürgerfreundlicher agiert. Dass die Menschen wieder mehr Vertrauen haben in die Organisation der Polizei.

Das war ein langer Weg, das weiß die führende Polizeibeamtin: »Wenn bei uns Männer anfangen, dann kommen sie oft aus einem Dorf weit außerhalb von Delhi. Der Beamte bringt auch die Werte aus seinem dörflichen Leben mit. Hat nie eine Frau in einem kurzen Kleid gesehen. So kommt es auch vor, dass Polizisten der Meinung sind, dass eine Vergewaltigung nie passiert wäre, wenn die Frau sich ordentlich angezogen hätte. Daran müssen wir arbeiten. Und ein Problem ist es, dass wir zu wenige Frauen bei der Polizei haben. Nur sechs Prozent in

Neu-Delhi. In ganz Indien gar nur drei bis vier Prozent. Schon mehr Frauen bei der Polizei würde helfen, wenn Frauen ein Verbrechen anzeigen.«

Im Moment arbeiten hier also 55 Polizistinnen. Das sind nicht viele Frauen, aber immerhin ein erster Schritt. Insgesamt liegt der Frauenanteil bei der indischen Polizei bei sieben Prozent. Auch das sollte sich ändern, meint die Kommissarin. Seit der Vergewaltigung von Nirbhaya – selbst bei der Polizei ist das ein großes Thema – hat sich das Denken der Menschen, das Bewusstsein auch auf höchster Ebene und sogar im Justizministerium dramatisch verändert. Aus der Sicht der Beamtin ist seitdem viel »richtig gelaufen«. Nicht nur, dass sich mehr Frauen trauen, eine Vergewaltigung anzuzeigen. Auch die Polizei geht jetzt, seit dem neuen Gesetz von 2013 anders um mit Anzeigen. Frauen werden ernst genommen. Es wird ihnen zunächst einmal zugehört. Das ist schon neu. Zudem wird nicht mehr kommentiert oder gar angezweifelt, was die Frauen erzählen. Sollte doch ein Polizist agieren wie früher, kann ihn die Frau heute anzeigen. Vorausgesetzt, sie hat Zeugen. Deshalb gehen die meisten Frauen in einem solchen Fall mit ihrer Mutter oder Schwester auf die Polizeistation. Auch das hat sich verändert.

Die Polizeichefin ist jedenfalls dankbar, dass über die Vergewaltigung der Studentin so viel berichtet wurde. Nur so war dieser Wandel möglich, sagt sie. Nur deshalb kam es zu dem neuen Polizeigesetz, das Frauen besser schützt als bisher.

Neben angezeigten Vergewaltigungen beschäftigt sich Polizeichefin Suman Nalwa sehr intensiv mit Mitgiftfällen. Mitgift zu verlangen ist, wie ich inzwischen ja weiß, verboten. Nur – wo ist die Grenze zum Geschenk? Erstaunlicherweise kommen gerade die gut ausgebildeten Frauen aus der Mittel- und Oberschicht immer häufiger zur Polizei und berichten von horrenden sogenannten »Schenkungsbeträgen« ihrer Väter, die an den zukünftigen Ehemann und dessen Familie gehen sollen und von dieser eingefordert werden. Schwer ist nur, das zu beweisen, also dass das Geld gefordert wurde und nicht vielleicht doch ein Geschenk war.

Danach berichtet mir Suman Nalwa noch von anderen wichtigen Einsätzen ihrer Frauentruppe: Die Polizistinnen gehen an die Schulen, um den Mädchen Selbstverteidigung beizubringen. Nicht nur mit Worten, sondern vor allem durch intensives Krafttraining, durch Boxen, Kämpfen oder Jiu-Jitsu-Kampfmethoden. Und zu guter Letzt haben die Polizistinnen sogenannte »helplines« für Frauen eingerichtet, wo Frauen in Not sofort Ratschläge erhalten und eine Polizeistreife losgeschickt wird. Diese »helplines« werden seit der Vergewaltigung der Studentin dreimal so intensiv genutzt wie zuvor. Alles in allem ist Suman Nalwa zu Recht stolz auf die Neuerungen, die sie mit ihren Kolleginnen umsetzen konnte.

Wir verabschieden uns und verabreden uns für den Nachmittag im Präsidium bei ihrem Chef. Dann werden wir so tun, als hätten wir uns gerade erst kennengelernt.

Nachmittags sind wir dann im Polizeipräsidium. Genauer: beim Polizeipräsidenten. Erstaunlich – wir kommen völlig ohne Kontrollen in das Gebäude, während wir vor den Hotels jedes Mal alles durch den Scan laufen lassen müssen. Seit der Terrorakte in Mumbai. Aber hier, bei dieser Polizei – keine Sicherheitskontrollen.

Wir sitzen zunächst in einem typisch indischen Büro. Eng, vollgestellt mit Schreibtischen und Stühlen. Auf den Tischen stapeln sich aus meiner Sicht völlig unsortierte Papierberge. Ich frage mich wieder einmal, wie diese

Akten jemals abgearbeitet werden können. Kein Wunder, wenn manche Verfahren in Indien Jahre und Jahrzehnte dauern …

Dann dürfen wir ins Präsidentenbüro. Unsere Polizeikommissarin sitzt schon vor dem immens großen und überfüllten Schreibtisch des Präsidenten. Sie kann ihn kaum sehen. Aber Suman Nalwa wird uns weder vorgestellt, noch kommt sie während unseres Termins irgendwie zu Wort. Oder ahnt der Präsident, dass wir am Vormittag schon bei ihr waren?

Ich erkläre kurz meinen Beruf, mein Anliegen und das Buchprojekt. Konzentriert hört er zu. Aber dann legt er los, ist kaum noch zu stoppen. Seine Botschaft an die deutsche Journalistin: Durch die schlimme Vergewaltigung der Studentin verändere sich die Polizei. Die ja immerhin bereits nach 15 Tagen die Täter gefasst habe! »Ein großer Erfolg!« Das Gerichtsverfahren sei sehr schnell gelaufen und habe »nur« neun Monate gedauert. Seitdem gebe es auch ein neues Gesetz, und die Polizei stütze sich bei einer Anzeige zunächst einmal ausschließlich auf die Aussagen der Frau. Da über 95 Prozent aller Fälle im Bekannten- und Nachbarkreis oder gar in der Familie passierten, beginne dort auch die Ermittlung. Die heute schneller zu einem Ergebnis führe als früher. Unabhängig von weiterhin lang dauernden Gerichtsverfahren. So weit der Präsident. Uff!

Während er redet, sieht er mich kaum an. Wie auch – denn zwischendurch unterschreibt er unzählige, ihm neu vorgelegte Papiere. Es gäbe ja Wahlen, erklärt er uns, und die noch amtierende Regierung wolle in zu vielen Fällen Statistiken und Analysen zur Gewaltsituation haben. Sprach es – und draußen sind wir. Immerhin habe ich einen mehrere Zentimeter hohen Papierberg an aktuellen Informationen für das Buch erhalten. Fragen stellen?

Nicht möglich. Zum Beispiel, warum die indische Polizei über ein halbes Jahr gebraucht hat für ihre heutige »Null-Toleranz-Politik« bei Gewalt gegen Frauen? Jetzt erst, nach einem Jahr, legt der Polizeipräsident offiziell die neuen Zahlen auf den Tisch. Und die, so erklärt auch er mir, lesen sich erschreckend: »Die angezeigten Vergewaltigungen sind 2013 um 200 Prozent im Vergleich zu 2012 gestiegen.« Dabei erwähnt er immer wieder, dass sich die Frauen jetzt auch eher trauten, ihre Ehemänner anzuzeigen. Denn sie, die Polizei, sei besser, habe seitenweise neue Regeln erhalten, und jeder Beamte sei sensibilisiert, wenn es um eine Vergewaltigung oder eine Belästigung gehe. Das klingt nach Veränderung, nach Fortschritt im Sinne der Frauen.

Außerdem wurden folgende Programme eingerichtet:

- Es wurde eine Telefon-Helpline für Frauen eingerichtet. Rund um die Uhr. Aber auch die Möglichkeit, eine Hilfe-SMS zu senden.
- Es gibt Selbstverteidigungsprogramme, organisiert von Beamtinnen für StudentInnen, Schülerinnen, Angestellte, Arbeiterinnen und Ehefrauen. Im ersten Halbjahr nach Einführung sind allein in Neu-Delhi fast 100000 Frauen zu diesen Selbstverteidigungstrainings gegangen.
- Die Polizeistationen wurden in ganz Neu-Delhi umgestaltet, um eine gender-freundliche Atmosphäre zu schaffen.
- Es wurde eine offizielle Website für Ideen, Gedanken und Informationen rund um Gewalt und Sicherheit eingerichtet.
- Ein Heft mit dem Titel *Ihre Rechte* wurde publiziert, in dem sich die Frauen informieren können.
- Angestellte und Arbeiterinnen sollen möglichst nicht mehr ohne Schutz nach Hause gehen oder fahren müssen.

Die Unternehmen sind von der Polizei aufgefordert, Maßnahmen dafür zu ergreifen.
- Alle Polizeiwagen müssen nachts Frauen helfen und sie
  notfalls nach Hause bringen.
- An den Universitäten sind weibliche Polizeistationen
  eingerichtet worden.

Die To-do-Liste der »neuen« indischen Polizei ist noch lang.
Dazu bekommen die männlichen Polizisten noch einen
zwölfseitigen »Führer«, was sie im Falle einer Vergewaltigung alles zu tun und zu beachten haben. Wenn man dies
alles liest, fragt man sich betroffen: Wie war das denn vorher? Wurde das alles nicht und nie beachtet?

Doch nicht nur in Neu-Delhi, sondern in ganz Indien scheinen sich die Polizistinnen neu zu engagieren. »December
16 gang rape«, der Tag von Nirbhayas Vergewaltigung, das
ist inzwischen der Code. Auch für die Beamtinnen in Gur-
gaon, einer Satellitenstadt am Rande von Neu-Delhi. Rund
880 000 Einwohner, vor allem ein Finanz- und Industriezen-
trum. Mit einer hohen Zahl an Vergewaltigungen und
Übergriffen auf Frauen. Hier entstand ein halbes Jahr
nach der Gruppenvergewaltigung in der Hauptstadt eine
weibliche Rapid Action Force (RAF), um die Frauen besser
zu schützen. Die 52 Mitglieder dieser Gruppe wurden unter
den besten Polizistinnen im ganzen Bundesstaat ausge-
wählt. Sie sind zwischen 20 und 40 Jahre alt, rund um die
Uhr im Einsatz und werden schon jetzt von der Öffentlichkeit und von der Presse hoch gelobt. Vor allem in den Stadt-
teilen, in denen bisher besonders viele kriminelle Taten gegen Frauen verübt wurden, patrouillieren die Polizistinnen
in zwei Schichten 24 Stunden lang. Wobei der Schwerpunkt
ihres Einsatzes in denjenigen Stunden liegt, in denen die
Frauen von ihren Arbeitsstellen nach Hause gehen oder

fahren. Denn das war bisher die Zeit, in der sich die meisten Delikte ereigneten.

Die Polizistinnen, die in dieser Elitegruppe zusammengekommen sind, leben meist weit entfernt von ihren Familien. Aber sie verbindet der Wunsch, ihrem Land zu dienen und vor allem den Frauen zur Seite zu stehen. »Wir sind stolz, wenn wir wieder zurück nach Hause in unser Dorf gehen und von den Bewohnern mit Respekt behandelt werden«, sagt Preety, eine der 52 Polizistinnen. Und Chandrakanta, die Hauptkommissarin, ergänzt: »Ich bin sehr zufrieden, dass ich ein Teil der RAF werden durfte. Nach der Spezialausbildung kann ich die Sicherheit von Frauen noch besser gewährleisten.«

Starke Stimmen

Kiran Bedi: »Frauen sind geschaffen für Opfer und Männer für Abenteuer«

Es hat Wochen gedauert, bis wir die Zusage bekamen: ein Interview mit Kiran Bedi, der ersten Frau im indischen Polizeikorps. Eine, die sich durchzusetzen vermag gegen ihre Kollegen, gegen Politiker und Firmenbosse. Gegen alle, die im patriarchalischen Indien der Meinung sind, dass eine Frau nichts in der Polizei zu suchen hat. Das war 1992, als ich für das *ML Mona Lisa* ein Spezial über die Inderinnen drehen wollte. Kiran Bedi erzählte uns damals, wie sie durchgegriffen, aufgeräumt, verändert, reformiert und modernisiert hat. Überall da, wo die Männer sie bei der Polizei eingesetzt haben. Meist in führenden Positionen. Aber immer war auch bei ihr die Kritik an der männlich bestimmten Gesellschaftsstruktur Indiens herauszuhören.

Erst nach unserem Gespräch wird sie verantwortlich für das Tihar-Gefängnis, eine der weltweit größten Haftanstalten. Die Versetzung nach Tihar war damals als Strafe gedacht. Sie hatte sich mit zu vielen »hohen Tieren« angelegt. Später schreibt sie in ihrem Buch *Ich wage es (I Dare):* »Männer sind für die Außenwelt, für Autorität und Sport. Frauen für Haushalt, Tränen und Schelte. Männer für die höhere Bildung, Frauen lediglich für die Grundschule. Frauen gelten als Last, und Männer führen die Erblinie fort. Frauen sind geschaffen für Opfer und Männer für Abenteuer. Männer sind Versorger und Politiker, Frauen häufen Gold und Juwelen an.«

Das ist sicherlich auch die Sichtweise einer Frau, die aufs Gymnasium ging und später einen Abschluss an der Universität ihrer Heimtatstadt Amritsar im Punjab macht. Die dann einen Master draufsetzt und unter den Besten ihres Jahrgangs ausgezeichnet wird. Schließlich beendet sie ihr Studium als Bachelor in Jura, und fünf Jahre später mit dem Doktor in Soziologie. Ihr Thema damals: »Missbrauch von Drogen und häusliche Gewalt«.

2007 tritt Kiran Bedi freiwillig von ihrer leitenden Position bei der Polizei zurück. Sie hat sich zu viele Feinde gemacht, zu oft ihre nicht immer bequeme Meinung geäußert. Nein, sie bedaure nichts, wird sie später in Interviews sagen. Sie schaue auch nicht zurück. »Es ist nicht gut, emotional und psychisch abhängig zu sein von dem, was man einmal getan hat. Es ist viel besser weiterzugehen und nach vorne zu blicken.«

Schlagkräftige Inderinnen
machen den Männern Angst

Sie tragen Pink und schwingen mächtige Stöcke: die Frauen der Gulabi Gang. Ein spektakulärer Frauenwiderstand, initiiert von Sampat Pal Devi im Jahre 2006. Gulabi heißt »pink«, und das leuchtende Pink ist die Erkennungsfarbe dieser Frauen. Sie ziehen in großen Gruppen übers Land, von einem Dorf in das nächste. Und sie versuchen, der Rechtlosigkeit der Ärmsten ein Ende zu machen.

Die heute 54-jährige Sampat Pal Devi ist der Kopf der Gruppe. Sie begeistert die Menschen mit ihren wilden und wütenden Reden. Sie taucht auf als Rächerin der Rechtlosen und schafft es, diesen Menschen wirklich zu helfen. »Die Männer schlagen uns, vergewaltigen uns, treten uns, zwingen uns zum Arbeiten, bis wir umfallen.« Davon hatte sie irgendwann die Nase voll und beschloss zu handeln.

Sie kaufte sich einen Sari, das traditionelle indische Gewand, in schrillem Pink und einen großen, schweren Stock. Und zog einfach los.

Seitdem berichten die Medien weltweit über die inzwischen rund 20000 Gulabi-Gang-Frauen. In den Medienberichten geht es dabei oft auch um den nahezu undurchdringlichen Filz der Korruption in Indien, um häusliche Gewalt, die Selbstmorde von Frauen und um verbotene Kinderehen. Und um das 500-Seelen-Dorf Bandri, in dem zwischen 2005 und 2010 zehn Frauen erhängt und erschossen aufgefunden wurden. Deren Tode wurden von der örtlichen Polizei sofort als Selbstmorde deklariert.

In dieses Dorf zog Sampat Pal Devi, als sie aus der Zeitung davon hörte. Lesen kann sie nicht, die engagierte Frauenkämpferin. So liest ihr jeden Tag eine aus der Gruppe eine Stunde lang das Neueste aus der Presse vor. In jenem Dorf jedenfalls gelang es ihr nach langen und zähen

Verhandlungen, die schon geschlossenen Fälle wieder aufzunehmen. Und es stellte sich heraus, dass es natürlich keine Selbstmorde der zehn Frauen waren. Alle zehn sind von ihren Männern ermordet worden. Ohne die Gulabi Gang wären diese Verbrechen nie aufgedeckt worden.

Wegen ihrer Stöcke werden die kämpferischen indischen Frauen aber immer wieder kritisiert. Die Stöcke (Lathis) als Waffen seien jedoch eher ein Symbol, sagen sie, nicht wirklich eine Waffe. Die Frauengang imponiert allein schon durch ihr bloßes Auftauchen in ihren pinkfarbenen Saris, mit den Lathis in der Hand. Sie wirken durch die Entschlossenheit, nicht aus dem Dorf abzuziehen, bevor das Problem beseitigt ist.

Sampat Pal Devi hat in Indien inzwischen aber nicht nur Frauen als Anhängerinnen gewonnen. Auch Männer unterstützen sie, vor allem in den Dörfern. Weil sie sich für die Rechtlosen einsetzt. Obwohl sie keine Dalit ist, also eine »Unberührbare«. Aber sie isst mit ihnen, sitzt und redet mit den Unberührbaren, sie gibt ihnen das Gefühl, eine Gleiche unter Gleichen zu sein. Schon das hilft, wenn man im indischen Kastenwesen lebt.

Wo die Gulabi Gang nicht hinkommt – und schließlich gibt es Millionen von Dörfern in diesem immens großen Land –, hat sich seit einem Jahrzehnt eine neue Institution etabliert, die den Frauen zur Seite steht und von den Frauen initiiert wurde: die »Frauengerichte«, auch Nari Adalat genannt. Dort werden Mitgiftmorde, Gruppenvergewaltigungen und häusliche Gewalt gehört und verhandelt. Die Richterinnen sind ausschließlich Frauen. Sie müssen nicht Jura studiert haben. Sie werden in Workshops geschult und juristisch ausgebildet.

Am Gericht in Sitapur im Norden Uttar Pradeshs zum Beispiel arbeiten zehn Richterinnen und sechs Anwältinnen.

Alle kommen aus der Gegend, kennen sich also aus. Zunächst untersuchen die Anwältinnen die Fälle vor Ort in den Dörfern, deshalb sind sie so etwas wie mobile Gerichte. Dann kommt es zur Verhandlung. Jeder kann daran teilnehmen, auch Männer. Es kostet nichts. Der ganze Ablauf wird offiziell registriert, die endgültige Entscheidung auf offiziellem Papier geschrieben, das von der Regierung gestempelt wird. Pro Tag werden fünf bis zehn Fälle verhandelt. Obwohl die Urteile vor dem Frauengericht juristisch nicht anerkannt sind, werden sie doch größtenteils von den Betroffenen akzeptiert. Da bedarf es dann keiner Gulabi Gang mehr.

Bauarbeiterinnen schuften Tag und Nacht

Die Inderinnen können also recht wehrhaft sein. Auf alle Fälle aber arbeiten sie hart und kämpfen inzwischen engagiert um gleiche Rechte. Von meinem Dreh im Jahre 1992 für *ML Mona Lisa* ist mir noch lebhaft in Erinnerung, wie hart gerade auch die Frauen auf den Baustellen im Land gearbeitet haben. Härter als die Männer, und schlechter bezahlt. Wie sie die Babys und Kleinkinder unter Plastikzelte legten, oft unbehütet und weinend, mutterseelenallein. Ich erinnere mich, wie schwer die Zementschalen, die Ziegelsteinberge auf den Köpfen der Frauen wogen. Jetzt, 2013, will ich wissen, ob sich für diese Frauen wenigstens etwas verändert hat.

Wir suchen in Neu-Delhi nach Baustellen und finden einige in einem ziemlich exklusiven Wohnviertel. Rund 50 Männer arbeiten hier – und zwei Frauen. Es gelingt uns, die beiden Bauarbeiterinnen zu uns zu locken: Sanju, 30 Jahre, und Suman, 25 Jahre. Beide arbeiten hier zusammen mit den Ehemännern als Zementmischerinnen und Ziegelsteinträgerinnen. »Labourwork« nennen sie es. Für 225 Rupien am Tag, 30 Tage im Monat, sechs bis sieben Monate im Jahr, von acht Uhr morgens bis acht Uhr abends, an einem Stück, ohne Pause. Am Ende der Saison gehen sie mit circa 576 Euro pro Frau nach Hause zu den Kindern, zur Familie. Sie leben weit entfernt von der Hauptstadt, in Zentral-Indien und im Süden, in Tamil Nadu oder Uttar Pradesh. Mit dem Geld können sie sich und ihre Familien wieder ein paar Monate lang ernähren. Da ist die Zeit im Plastikzelt an der Baustelle, das der sogenannte »Kontakter«, der Agent der Bauarbeiter, ihnen als Wohnplatz zur Verfügung stellt, schnell vergessen.

Was auffällt: Diese hart arbeitenden Frauen haben trotz ihres Jobs hübsch lackierte Fingernägel, allerdings ein wenig abgeschrabbt und abgebrochen. Auch ihre Fußnägel gucken aus den Flipflops lackiert heraus. Einige Zehen sind mit Goldringen geschmückt, vermutlich echt. Wir reden über die Situation auf der Baustelle. Ihre Männer würden sie schützen vor den anderen. Es sei nicht gefährlich, meinen die beiden. Nach 15 Minuten mit uns werden sie unruhig. Sie müssen wieder zurück, arbeiten. Sonst kommt der Chef und schimpft. Die 50 Männer haben die ganze Zeit während des Gesprächs erstaunt zugesehen. Es ist ihnen ins Gesicht geschrieben, dass sie nicht verstehen, warum wir mit den Frauen reden – und nicht mit ihnen. Sanju und Suman mischen wieder Zement und schleppen Ziegelsteine auf dem Kopf. In vier Monaten, haben sie mir erzählt, ist ihre Zeit hier vorbei. Dann geht es auf die Zweitagesreise nach Hause zu den Kindern. Die nicht mit auf die Baustelle müssen, zum Arbeiten. Auch das hat sich verändert – die Kinderarbeit in Indien.

Milliardengeschäft Mädchenhandel

Mag die Kinderarbeit auch zurückgegangen sein, so sind Kinder nun anderweitig gefährdet: durch Kinderhandel.

Wir sind in ständigem Telefonkontakt mit Shakti Vahini, einer NGO (Nichtregierungsorganisation), die Opfer von Menschenhandel befreit und vor allem die Täter, die Menschenhändler, mit Fallen und Tricks vor Gericht und hinter Gitter bringt. Mit großem Erfolg. Shakti Vahini ist die in Indien wohl erfolgreichste Organisation gegen Sklaverei und Menschenhandel. An der Spitze sitzt Ravi Kant, Rechtsanwalt am Supreme Court von Indien und Präsident des indischen Anwaltsvereins. Die Website von Shakti Vahini dokumentiert aktuelle Themen: Acht Mädchen aus einem Bordell in Delhi befreit – Im Fall des gehängten Mädchens schon seit drei Tagen keine polizeilichen Ermittlungen gestartet – Mädchen aus Gumla verkauft und vergewaltigt – Mädchen aus neunmonatiger Sklaverei befreit – Seit fünf Jahren vermisstes Mädchen wieder gefunden. Das sind nur einige der Schlagzeilen über den Berichten.

Unsere Producerin Bindu erhält einen Anruf. Wir erfahren: Heute Abend sind zwei junge Mädchen mithilfe von Shakti Vahini befreit worden. Das Ganze lief Hand in Hand mit einer Polizeikommissarin der Human Trafficking Unit (eine Abteilung zur Bekämpfung von Menschenhandel). Auch diese Einheit ist neu eingerichtet worden. Doch es wurden nicht nur die Mädchen befreit – nein: Die Menschenhändler konnten ebenfalls festgenommen worden. Ein toller Erfolg. Es ist ein Ehepaar. Er Ingenieur, sie angeblich Lehrerin. Ich kann es gar nicht glauben. Zwei vermeintlich »ordentliche« Inder. Mit einem Trick – den uns die Mitarbeiter von Shakti Vahini allerdings nicht verraten wollen – ist es ihnen geglückt, bei »Verkaufsverhandlungen« über die Kinder beide Täter zu schnappen und die Mädchen zu befreien.

Die Menschenhändler wollten eines der Mädchen, die 15-jährige Sarifan, für 90 000 Rupien verkaufen – das sind rund 1 100 Euro. Sie haben die junge West-Bengalin dafür mit Hormonspritzen und Bier nicht nur älter, sondern vor allem weiblicher und »runder« gemacht. Damit die Freier nicht auf die Idee kommen, sie könne zu jung sein. Das andere Mädchen heißt Muktidas, ist 23 Jahre alt und wurde mit dem Versprechen auf eine Arbeit als Hausmädchen von den Eltern weggelockt. Beide Mädchen erzählen mir, sie könnten wieder zu den Eltern zurück. Vorausgesetzt, Shakti Vahini berichtet nicht, dass sie in einem Bordell arbeiten mussten.

Jetzt, nach der Befreiung, beginnt aber erst einmal ein langer und mühsamer Weg für die beiden jungen Frauen. Sie fahren so schnell wie möglich mit der Polizeikommissarin nach Kalkutta. Dort machen sie ihre Aussagen. Der Prozess im Anschluss kann aber fünf bis sechs Jahre dauern (ja, fünf bis sechs Jahre!). In dieser Zeit müssen sie immer wieder vor Gericht erscheinen. Die Hilfsorganisation übernimmt die Reisekosten, sonst wäre das gar nicht machbar.

Der Leiter der nächtlichen Aktion von Shakti Vahini erzählt das alles rasend schnell und hektisch, er will gleich wieder aufbrechen. Für viel Reden sei keine Zeit. Denn die nächste Razzia in dieser Nacht steht an, zusammen mit der Polizei im Rotlichtviertel Delhis. »Jeder Tag ist eine Mission für uns. Du musst eine Leidenschaft haben, ein Mädchen zu befreien – sonst schafft man das nicht!« Sonst geht einem wohl irgendwann die Luft aus bei diesen hektischen Aktionen, bei den Verhaftungen und später beim Versorgen der jungen Mädchen. Für diese Aufgabe sind extra zwei Shakti-Vahini-Mitarbeiterinnen abgestellt. Zuerst aber muss die Kommissarin alle Details der Mädchen aufnehmen. Quasi ein erstes Protokoll erstellen. Ich sehe die beiden Täter derweil blass in einem Nebenraum sitzen. Sie kommen im Anschluss auf eine Polizeiwache, hinter Gitter, dann folgen die Vernehmungen. Ein junges Ehepaar, ich kann es immer noch nicht glauben.

Erfreulicherweise räumt die bengalische Botschaft bei solchen Aktionen ihre Gästezimmer. Dort sind die befreiten Mädchen erst einmal gut und sicher aufgehoben und haben eine ruhige, ungestörte Nacht vor sich. Wenngleich die beiden auf mich vollkommen verloren wirken. Wie geschockt sitzen sie auf der Bettkante des Gästezimmers. Sie starren auf die Wand. Können wohl noch gar nicht begreifen, was ihnen da geschieht. Freiheit? Was damit anfangen? Man möchte sie in die Arme nehmen. Ich traue mich aber nicht.

Jetzt erst mal Ruhe, keine Freier, keine Drogen, kein Alkohol. Und keine Menschenhändler, die sie erst abkassieren und dann weiterverkaufen.

Diese beiden Mädchen haben Glück. Millionen Frauen in Indien leider nicht. Gerade auf dem Land sind die Mädchenhändler erfolgreich unterwegs. Sie kaufen den Familien die Töchter ab, für wenige Rupien. Vor allem die zwölf- bis 15-jährigen Mädchen sind begehrt. Die Menschenhändler versprechen den Eltern das Blaue vom Himmel – um dann das große Geschäft zu machen. Diese Mädchen, auch als Paro oder Molki bezeichnet, werden nie mehr zu ihren Familien zurückkehren. Sie enden als Sexspielzeug in wechselnden Betten ihrer Besitzer oder als billige Arbeitskräfte auf den Feldern. Sie enden ohne bürgerliche Rechte, ohne Pass, oft ohne ihren richtigen Namen. Eine Umfrage für eine Untersuchung über die Lebenssituation dieser Mädchen ergab, dass über 80 Prozent nirgendwo registriert sind. Also weder bei einer Gemeinde noch in irgendeiner Wahlliste. Keiner ihrer »Besitzer« führt sie als ständige

Mitglieder seiner Familie. Als Folge daraus haben sie auch keinerlei Rechte, sodass sie im Falle des Todes ihres »Besitzers« einfach weiterverkauft oder an andere Familienmitglieder weitergegeben werden. Sodass ihnen auch im besten Fall weder die Polizei noch die örtliche Zeitung oder eine verantwortungsvolle Gesellschaft helfen kann.

Wir fahren hinaus aufs Land und treffen drei Frauen, die als kleine Mädchen in einem der armen Bundesstaaten im Süden gekidnappt wurden. Vor vielen, vielen Jahren. Sie wissen selbst gar nicht mehr, wann das war. Sie scheinen alle Hoffnung verloren zu haben. Verkauft wurden sie an sehr viel ältere Männer als vermeintliche »Ehefrauen«, um dann als Haussklaven ausgenutzt, geschlagen, missbraucht zu werden. Wenn der Mann keine Lust mehr hatte auf sie, wenn er ihrer überdrüssig war – schon waren sie erneut »verkauft«. Oft schon nach einer Woche, manchmal nach Monaten oder erst nach Jahren. Aber immer waren Männer die »Besitzer« dieser rechtlosen Frauen. Immer haben »Verkäufer« das Geschäft gemacht.

Diese Männer, die Frauen kaufen, sind nach einer Untersuchung überwiegend Jats, Mitglieder einer dominierenden Kaste in Indien, die sowohl wirtschaftlich als auch politisch eine tonangebende Rolle in der Gesellschaft spielt. Und diese Männer dürfen vermeintlich alles mit den gekauften Frauen tun, was ihnen gerade in den Sinn kommt. Vor allem lassen sie sie rund um die Uhr arbeiten. »Human Trafficking« ist das hässliche Wort für dieses finstere Kapitel über Frauen in Indien. Menschenhandel. Die Organisation Empower People kümmert sich um solche Frauen. Versucht, ihnen Papiere zu verschaffen, die ihnen allesamt genommen wurden. Die NGO lebt von Spenden, denn die Regierung stellt keine Mittel bereit und tut nichts. Dabei geht es um mindestens drei Millionen rechtlose und gequälte Frauen.

»Trafficking« nimmt zu in Indien. Vor allem auf dem Land, in den armen Bundesstaaten, wo die Hälfte aller Frauen nicht lesen und schreiben kann, sind die Menschenhändler und Mädchenjäger erfolgreich. Ihre Beute sind vor allem Mädchen unter 18 Jahren. Der National Crime Report spricht von 100 Millionen mehrheitlich Frauen, die im Menschenhandel zu Geld gemacht werden. Die geraubt, gekauft, gekidnappt werden, um dann als Ware den Besitzer zu wechseln. Ein weiteres Beispiel dafür, wie die größte Demokratie der Welt (indische Eigenwerbung) mit Mädchen, Frauen und den niederen Kasten umgeht. Und das in einem Land, in dem das Bruttoinlandsprodukt jährlich um acht Prozent steigt!

Zum »Trafficking« gesellt sich oft auch Prostitution. Millionen Familien der unteren Kasten leben ausschließlich von der Prostitution ihrer Töchter. Ihre Väter und Brüder betätigen sich dabei nicht selten als Zuhälter. Sie halten die Hand auf, wenn die Menschenhändler durch die Dörfer ziehen und »Frischfleisch« für die Männer in den Städten suchen. Manchmal wissen diese schon genau, wem sie welche junge Frau verkaufen werden. Der Markt floriert. Fachleute sprechen von einem Vier-Milliarden-Dollar-Sex-Markt. Auch in Indien wird – wie auf der ganzen Welt – mit dem Handel von Frauen mehr Geld verdient als mit Drogen. In einer einzigen Dekade ist die Zahl der Prostituierten um 50 Prozent angestiegen.

Nicht zuletzt, weil in ganz Indien seit Jahrzehnten die Frauen fehlen (wegen der schon beschriebenen Abtreibungen von weiblichen Föten). Statistisch gesehen kommen in den Industrienationen 106 Jungen auf 100 Mädchen – in Indien sind es allerdings 113 Jungen auf 100 Mädchen. Das mag einem nicht dramatisch vorkommen. Aber Statistiker halten diese Zahlen für höchst bedenklich. Die Tatsache, dass Millionen Frauen fehlen, stärkt als Folge davon die

Männer und bestimmt den Umgangston. Der wird »männlicher«, ruppiger. Gewalt nimmt zu. Junge Männer rotten sich zusammen, um gemeinsam über »die Stränge« zu schlagen. Oder noch Schlimmeres zu planen. In keinem Land der Welt ist »gang-raping«, wie bei Nirbhaya geschehen, so verbreitet wie in Indien. Gangs, also Gruppen von Jungen, die aus den sexfreien Bollywood-Filmen lernen, wie stark sie gemeinsam sind. Dass Mädchen und Frauen nichts als Ware sind. Die man sich nimmt, wenn man sie sich schon nicht kaufen kann. Mit Gewalt, und am besten in der Gruppe. Denn eine Gruppe ist ja auch ein Schutz. Jeder schützt hier jeden. Und sollte es je zu einer Anzeige, gar zu einer Anklage kommen, weiß keiner mehr, wer was getan hat. So funktioniert das auf der ganzen Welt. Besonders aber in den letzten Jahrzehnten in Indien. Eine für Frauen höchst bedrohliche Entwicklung.

Im Hinterkopf noch die letzten Szenen aus einer Bollywood-Schnulze, gehe ich abends noch einmal rund um den Connaught Place im Herzen Neu-Delhis spazieren. Sehe mir bewusst die jungen Männer auf der Straße an. Gucke nach Frauen, Mädchen. Es ist schon dunkel um 20 Uhr. Aber noch sind viele Menschen unterwegs. Die meisten jungen Inder, so sehe ich, zieht es in die Mitte des großen Areals, hinein in einen Park. Taschenkontrolle, sicher auch seit der Attentate in Mumbai. Die Männer lassen sich abtasten nach Waffen. Im dunklen Park entdecke ich dann das Geheimnis dieses Areals: Hier treffen sich die jungen Leute der 17-Millionen-Stadt. Mädchen und Jungen. Erstaunlicherweise. Hier trauen sie sich im Schutz der Dunkelheit, Händchen zu halten. Hier sehe ich sie auf der Wiese sitzen, schmusend und küssend. All das ist im »hellen« indischen Alltag verpönt und verboten. Sexualerziehung findet in der Schule überhaupt nicht statt. Was zwischen Mann und Frau geschehen könnte, erahnen sie vielleicht im Kino. Bolly-wood-like. Aber da wird nichts Verbotenes gezeigt, keine Küsse, keine nackten Frauen, kein Sex.

Ich sehe mir die vielen jungen Männer an, die hier in Gruppen herumstehen. Was beschäftigt sie? Die Vergewaltigung und ihre Folgen? Was muss geschehen, damit die indische Gesellschaft von einer frauenfeindlichen zu einer frauenfreundlichen wird? Ich möchte mit einem Inder darüber reden, der die Gesellschaft kennt, der als älterer, erfahrener Mann noch einen ganz anderen Blick hat auf die Situation der Frauen.

Der Mann, der für die Frauen auf die Straße geht

Swami Agnivesh ist ein indischer Politiker, ehemals Mitglied des Unterhauses. Heute ein vehementer Kämpfer für die Frauenrechte – und ein weiser Mann. In ganz Indien wurde er bekannt durch die Gründung des World Council of Arya Samaj, einer Reformbewegung des Hinduismus.

Er empfängt uns morgens in seinem weitläufigen Haus. Er selbst ist komplett in Orange gekleidet, inklusive Turban. Swami Agnivesh strahlt Ruhe und Gelassenheit aus, Herzlichkeit und Wärme. Man fühlt sich wohl bei ihm. Dabei hat er ein Leben der Kämpfe und des Aufbegehrens hinter sich. Viel davon für die Frauen. Kaum ein Inder hat sich so für sie eingesetzt.

1994 startete er voller Mut und Wut eine Kampagne gegen die Tötung des weiblichen Fötus. Mit Erfolg. Die Regierung verabschiedete aufgrund der großen Proteste von Frauen das Gesetz, mit dem die Geschlechtsbestimmung und eine darauffolgende Tötung weiblicher Föten verboten wurde. Noch früher war Swami Agnivesh erfolgreich mit einem

Marsch gegen die schlechte Behandlung der Witwen und gegen deren Verbrennung – zusammen mit den verstorbenen Ehemännern. Sein Sieg: 1987 wird das Sati-Verbotsgesetz verabschiedet. Witwen dürfen nicht mehr zusammen mit ihren verstorbenen Ehemännern verbrannt werden. Gegen ihre Ausgrenzung aus der Gesellschaft hilft das Gesetz allerdings leider nicht.

Aber der Kreuzzug dieses Mannes für die Gleichheit der Geschlechter ist damit noch nicht zu Ende. Seine Erkenntnis: Ohne die Achtung der Frauen kann es keine Umsetzung der Menschenrechte geben. Bis heute prangert er die »dowry deaths« an, bei denen jungen Ehefrauen wegen ihrer Mitgift umgebracht werden. Swami Agnivesh erzählt mir von 25 000 jungen Frauen – die jedes Jahr, immer noch, den »dowry death« sterben. Obwohl die Mitgiftzahlung schon so lange verboten ist. Swami scheint verzweifelt. Holt tief Luft. So viele Kämpfe, so viele Siege – und doch noch keine wirkliche Verbesserung.

Wie denn jetzt, ganz aktuell, die Situation der Frauen in Indien verbessert werden kann, will ich von ihm wissen. Für Swami Agnivesh ist das unverrückbar und klar: Es geht nur über die von ihm immer wieder geforderte Stärkung der Frauen. Sowohl in psychologischer und wirtschaftlicher als auch gesetzlicher Hinsicht. »Frauen«, konstatiert er, »sind nun mal Bürger zweiter Klasse in diesem Land. Das muss sich ändern.« Was für ihn schon bei der Erziehung beginnt. Kleine Mädchen müssten mehr gestärkt werden. Nicht nur alle Unterstützung den Jungen zukommen lassen, fordert er. Und: Frauen sollten sich schon viel früher in ihrem Leben wehren. Zum Beispiel gegen den Test, um das Geschlecht eines Babys zu bestimmen. »Es ist der Gipfel an Hilflosigkeit einer Frau, wenn ihr weibliches Baby schon im Bauch nicht sicher ist.«

Der Inder ist zutiefst überzeugt: »Es wird keinen Frieden

in der Welt geben, wenn wir die Frauen nicht gleichberechtigt einbinden.« Was Swami Agnivesh zu den Religionen führt, die ihrerseits Frauen ausgrenzen. Aber er wirft auch den Frauen selbst etwas vor, und zwar massiv: »Sie wehren sich nicht, sie gehen nicht auf die Straße.« Er habe sogar einmal vorgeschlagen, eine Frauenpartei zu gründen. Schließlich stellten sie doch knapp 50 Prozent im Land – aber es habe sich nichts bewegt. Jetzt spüre ich auch viel Resignation bei Swami Agnivesh. »Wenn Frauen den Mund aufmachen, wird sich was ändern.« Davon ist er überzeugt.

Nur: wie erreichen? Die indischen Frauen leiden vor allem an der Kultur des Schweigens. Jedes Land habe einen riesigen Verteidigungsetat, stellt er noch fest. Und fragt mich fast anklagend: »Aber wie groß ist der Etat, um Mädchen und Frauen auszubilden und zu fördern?« Das gilt allerdings nicht nur für Indien, sondern für alle Länder dieser Welt. Auch für Deutschland …

Vielleicht ist es ein Zufall, dass vor Swamis Haus genau an diesem Tag drei Demonstrationen stattfinden: eine von den Dalits, den Unberührbaren, der untersten Kaste. Sie fordern mehr Rechte. Eine andere von Frauen, die sich gegen Gewalt stellen. Die dritte Demo ist ausschließlich von Männern – ihnen geht es um bessere Bezahlung.

Gedankenverloren verlasse ich das Haus. Was kann sich in absehbarer Zeit in Indien für die Frauen verändern, verbessern? Gott sei Dank habe ich auch anderes gesehen, gehört, erlebt in diesem Land. Vor allem bei den jungen Frauen in den großen Städten. Auf die kann man seine Hoffnung setzen. Aber das trifft leider nicht auf alle zu. Vor allem nicht, wenn sie im Süden Indiens auf dem Land aufwachsen.

Kleine Mädchen für große Göttinnen

Im Süden Indiens, auf dem Land, leben die »Devadasis«, kleine Mädchen, von denen es heißt, sie würden den Göttinnen in den Tempeln geopfert. Tatsache aber ist: Diese Mädchen enden alle in der Prostitution. Nicht freiwillig, sondern weil sie keine andere Chance haben. Dabei ist die Geschichte der Devadasis sehr alt: Familien haben schon in früheren Jahrhunderten ihre kleinen Mädchen der Tempelgöttin geopfert, damit sie selbst zu Glück und Reichtum kommen.

Das ist zwar – wie so vieles in diesem Land – seit 1988 von der Regierung verboten. Doch die armen Familien sehen darin immer noch ihre einzige Chance. Wie zum Beispiel der Landarbeiter Veerappa Unoor aus Bijapur. Er hat vier Töchter. Seine jüngste wird einem Tempel in Saundatti geopfert. Er hofft so auf die Geburt eines Sohnes. Die dreijährige Channamma, seine Tochter, erlebt in ihrer Kindheit als Devadasi, wie hunderte Dorfbewohner in den Tempel kommen, um sich von ihr segnen zu lassen. Gegen Rupien, versteht sich. Nach und nach verbessert sich dadurch der soziale und finanzielle Status der Familie. Als das Mädchen in die Pubertät kommt, wird sie gemäß der Devadasi-Tradition zu sexuellem Verkehr mit anderen Männern gezwungen: Ein 57-jähriger Geschäftsmann ersteigert auf einer Auktion ihre Jungfernschaft zum Preis von 5000 Rupien (rund 60 Euro). Der Priester und die Dorfältesten teilen sich das Geld.

Das Mädchen wohnt nun bei dem Geschäftsmann. Doch kurz vor der Geburt des ersten Kindes wirft er sie aus seinem Haus. Er hatte ja auch schon zwei andere Frauen. Vom Tempel kommt keine Unterstützung. Sie ist jetzt zu alt und außerdem bereits versteigert worden. Auch ihre Familie zeigt sich nicht willens, ihr zu helfen. So arbeitet sie erst als Dorfhure und später in einem Bordell in Mumbai. Sie kann bis heute weder lesen noch schreiben und hat auch sonst keine Ausbildung. Wenn sie, wie die meisten im Rotlichtviertel in Mumbai, an Aids erkrankt, sind ihre Tage gezählt ...

Das ist nur eine von tausenden solcher Geschichten: von Kindern, die zu Tempeldienerinnen geweiht werden. Die erst den sexuellen Bedürfnissen der Priester und anderen mächtigen Dorfältesten dienen müssen und später in der Prostitution enden. Soziologen sind der Meinung, dass dieses System einst von der Elitekaste eingeführt wurde, um einen religiös abgesegneten Zugang zu den Frauen der unteren Kasten zu bekommen. Denn die Devadasis kommen zumeist von den Dalits oder anderen niedrigen Kasten. Laut Vimochana, einer Organisation, die sich um die Rehabilitation der Devadasis und ihrer Kinder kümmert, werden in Südindien immer noch Jahr für Jahr rund 5000 Mädchen an die Göttin Yellamma oder an andere Göttinnen geopfert. Alle – nicht immer sehr ernst gemeinten – Versuche der Regierung, dies zu beenden, waren bisher erfolglos. Vor allem auch die Idee, jedem Mann, der gewillt ist, eine Devadasi zu heiraten, 10000 Rupien (rund 120 Euro) zu zahlen. Auch die Nähkurse, Web-Ausbildungen oder Kerzenziehstunden finden keinen Anklang. Junge Devadasis verdienen am Anfang in der Prostitution noch viel Geld – und an später mag keine denken.

Die Sozialarbeiterin Palanisami Muthupandian aus Chennai kann das erklären: »Die Mädchen denken erst, sie haben einen göttlichen Auftrag. Spüren darum auch keinen moralischen Druck, ihr Leben zu verändern. Das macht eine Rehabilitation so schwierig.« Deshalb werden bis heute Jahr für Jahr tausende kleiner Mädchen im Süden Indiens den Tempeln geweiht, zur Ehelosigkeit gezwungen und später in die Armut und Perspektivlosigkeit getrieben. Weil sie nichts wert sind. Als Frauen.

Die erste Bank nur für Frauen

In Neu-Delhi entdecke ich aber auch ein zartes Pflänzchen, eine Idee, die Frauen in die Eigenständigkeit führen könnte. Die »Gärtnerin« heißt Usha – eine Businessfrau mit einem unaussprechlichen, absolut nicht schreibbaren Nachnamen. Sie ist Chairman, also Vorsitzende, und Managing Director der ersten Bank ausschließlich für Frauen.

Die Bank wurde vor drei Wochen erst eröffnet, erfahre ich, weil das Finanzministerium plötzlich der Meinung war, man müsse etwas für Frauen tun. Obwohl die Männer in diesen Kreisen sonst überwiegend glauben, dass Frauen kein wirtschaftlicher Faktor seien. Sie sind zwar der Kopf der Familie, sie sparen im Versteckten, damit die Ehemänner nichts davon ausgeben für ihre eigenen Belange. Aber eben wirtschaftlich gesehen zu vernachlässigen.

Jetzt scheint sich das Blatt zu wenden. Ein wenig zumindest. Wir fahren eine Stunde durch Neu-Delhi. In einem schicken Neubaugebiet steht das Bankgebäude. Glas und Stahl, kühle Air-Condition und leise Aufzüge. Ganz oben residiert Usha auf einer ganzen, eleganten Etage. Hier bietet sie, gemeinsam mit ihrem Team, den Inderinnen ein eigenes Konto an. Auf Guthaben erhalten sie Zinsen von 4,5 bis 9 Prozent, und Kredite gibt es ebenfalls zu günstigen Konditionen. Geld, das den Frauen helfen soll, sich mit einem kleinen Gewerbe selbstständig zu machen. Dafür hat Usha eine Untersuchung in Auftrag gegeben. Sie wollte erfahren, welche kleinen Geschäftsmodelle für Frauen erfolgreich sind. Die sollen vor allem gefördert werden.

Außerdem ist Usha der Meinung, dass das Modell des eigenen Bankkontos Frauen nicht nur bei einem kleinen Business unterstützt, sondern ihnen vor allem Selbstbewusstsein gibt und sie ermutigt zu einem selbstbestimmten Leben. Ob die Frauen dann tatsächlich hier hinauf in das moderne Bankgebäude kommen? Die Managerin im prunkvollen Sari ist zuversichtlich. Und: Sie hat ehrgeizige Ziele. In drei Monaten möchte sie bereits Filialen in allen 28 indischen Bundesstaaten aufgemacht haben. Bis jetzt arbeiten 120 Mitarbeiter für sie, davon 70 Prozent Frauen. Vor allem über NGO-Gruppen möchte die Managerin in den Bundesstaaten an die Frauen herankommen. Ihnen ihr Bankmodell schmackhaft machen. Meine Frage irritiert sie: »Können denn auch Männer bei Ihnen ein Konto eröffnen?« Da wackelt Usha auf die indische Art und Weise mit ihrem Kopf und spricht ganz schnell von der Diskriminierung der Männer – und will natürlich als Folge dessen auch Männern eine Chance geben, einen Kredit aufzunehmen zu den günstigen Bedingungen. Aber nur, betont sie lächelnd, wenn diese Männer auch ein Projekt planen, das wiederum Frauen Jobs verschafft oder für die Ausbildung von Frauen sorgt.

Kredite in Indien sind für Usha auch ein Geschlechterthema. Denn Frauen zahlen laut indischer Statistik ihre Kredite zu 95 Prozent zurück. Im Gegensatz zu den Männern. Und noch etwas erzählt sie, auf das sie sehr stolz ist: Alle Frauen, die sie gerade bei ihrer noch so jungen Staatsbank eingestellt hat, sind eine Gehaltsstufe nach oben gerückt. Das ist doch echte Frauenförderung!

Wird Gewalt gegen Frauen ein Ende finden?

Die Reise geht zu Ende. So viele Interviews, Gespräche, Eindrücke und Informationen. Und immer wieder die Frage: Was ist der Grund für die wachsende Gewalt gegen Frauen in Indien? Zwei Wissenschaftlerinnen finden in ihrer Studie *Eine Überzahl an Männern, ein Verlust an Frieden* schon

2002 eine interessante und logische Erklärung. Valerie M. Hudson von der Bush School of Government in Texas und Andrea den Boer von der Universität Kent schreiben, dass es an Frauen fehle, die die Männer heiraten können. Als Folge davon steige die Zahl an Gewalttaten vor allem durch junge Männer. Vergewaltigung inbegriffen. Die beiden Autorinnen bemühen die Statistik und schlussfolgern, dass es heute in Indien und auch in China schlimmer sei als noch vor zehn Jahren. Die Gewalt steigere sich proportional zum Fehlen der Frauen. Um 74 Prozent sei das Kidnapping von Frauen angestiegen, während die allgemein als »kriminelle Handlungen« verzeichneten Taten sogar gefallen seien, um 2,8 Prozent. Wenn die Ergebnisse der Studie korrekt sind, dann werden Indiens Probleme mit immer mehr Gruppenvergewaltigungen, mit immer anderen Formen von Gewalt gegen Frauen ansteigen. Vor allem am Testosteron liege das, glauben die Wissenschaftlerinnen. Das Testosteron sei der Grund für unsoziales männliches Verhalten. Weltweit. Nicht nur in Indien. Jenes Hormon Testosteron, das zum Beispiel in Beziehungen, Partnerschaften, in einer Ehe abgebaut werden könne. Je weniger Männer jedoch Frauen zum Heiraten finden, desto mehr »überschüssiges Testosteron« müsse gesellschaftlich abgebaut und durch Gewalt ausgelebt werden. Vor allem in Gruppen. Das beträfe vor allem junge, alleinstehende und gesellschaftlich weiter unten stehende Männer, so die Wissenschaftlerinnen. Sie würden für sich gesehen nie über die Stränge schlagen. Aber zusammen, in der Gruppe, seien sie mutiger und gingen ohne viel Nachdenken größere Risiken ein, seien also gemeinsam gewalttätiger, als es je einer alleine wäre.

Und das wäre keine gute Perspektive für Indien, wo weiterhin Jahr für Jahr weniger Mädchen als Jungen auf die Welt kommen. Es werden also immer mehr Mädchen und Frauen fehlen, die geheiratet werden können. Und vermutlich suchen jetzt schon 37 Millionen Männer in Indien nach einer Frau. Nicht immer gewaltfrei. Das kann einem nur Angst machen. Noch dazu, da die indischen Regierungen, in Kenntnis all dieser Untersuchungen, bis jetzt nicht wirklich etwas Kluges dagegensetzen. Weder, um die verabschiedeten Gesetze konsequent durchzusetzen, noch, um die Täter für ihre Taten zu bestrafen. Da wird sich die Spirale der Gewalt gegen Frauen weiter drehen.

Starke Stimmen

Ranjana Kumari: »Es gibt noch vieles zu tun«

Die Direktorin des Zentrums für Soziale Untersuchungen (CSR-Center for Social Research) in Neu-Delhi, Dr. Ranjana Kumari, ist nicht der Meinung, dass die Todesstrafe eine richtige Antwort und Waffe gegen Vergewaltigungen sei. »Nur einer von dreien wird verurteilt. Die anderen zwei laufen frei herum.« Ihrer Meinung nach sei es erfolgreicher, »unsere Männer und Jungen neu zu entwerfen«. Und es gibt noch vieles andere zu tun, sagt sie. Zum Beispiel kann es doch nicht sein, dass 30 Prozent der Polizei ausschließlich die politische Elite des Landes beschützen. »Während drei Beamte auf jeden Politiker kommen, ist das Verhältnis für den normalen Bürger eins zu 761.« Die Regierung, sagt die Wissenschaftlerin, müsse ihre Schwerpunkte neu setzen und entscheiden, wo der normale Mann, die normale Frau und das Kind genau stehen sollen.

Vielleicht kann die neue Regierung unter Premierminister Narendra Modi doch etwas ändern. Sie will verstärkt gegen sexuelle Gewalt vorgehen. So die ersten Meldungen nach dem Wahlsieg. Es gebe eine »Null-Toleranz-Politik bei Gewalt gegen Frauen«, sagte Präsident Pranab Mukherjee bei seiner Eröffnungsrede im indischen Parlament. Immerhin. Damit versuchte er auch die Empörung der Frauen im Lande zu dämpfen, nachdem sich zwei Politiker der regierenden Partei BJP (Bharatiya-Janata-Partei) verständnisvoll über junge Vergewaltiger geäußert hatten: »Das waren doch nur Ausrutscher, Dummejungenstreiche. Die schlagen schon mal über die Stränge ...«

Und noch etwas verspricht die neue Regierung: In den Landes- und Bundesparlamenten soll ein Drittel der Sitze für Frauen reserviert werden. Die gezielte Abtreibung weiblicher Föten soll endlich bekämpft werden. Wie heißt es so schön: Die Hoffnung stirbt zuletzt ... Indiens Frauen verdienen jedenfalls eine neue Wertschätzung. Anders hat dieses Land keine Zukunft.

BUCH 3 – KONGO

Die Zerstörung der Frauen ist die Waffe dieser Kriege

Bis heute tragen die Milizen ihre Kämpfe
über die Körper der Frauen aus

Es schüttet, als würde ein Tsunami auf das Land herunter-
donnern. Aber es ist ein ganz normaler, prasselnder
Dschungelregen. Ich riskiere ein müdes Auge. Endlich im
Bett. Nach 26 Stunden Flugreise und unendlichen Warte-
zeiten auf den Flughäfen und an den Grenzen. Mein Ziel:
der Ost-Kongo.

Gräuelmeldungen erreichen uns von dort seit zwei Jahrzehnten. Bis heute toben im Kongo grausame Konflikte.
Angelehnt an den Zweiten Weltkrieg sprechen die Histori-
ker längst von »Afrikas Erstem Weltkrieg«. Ein Krieg, der
die ganze Region im mittleren Afrika destabilisiert hat. Rebellentruppen kontra kongolesische Armee, dazu die Nach-
barstaaten, die alle auch ein Stück des reichen Kuchens im
Kongo abhaben wollen. Hinzu kommen Machtkämpfe um
politische Einflussnahme, um viel Geld und um noch mehr
Waffen aus Ruanda. Der Schauplatz ist der Osten des Kongo,
im Land der schönsten Seen und der hohen Berge mit den
berühmten Gorillas.

Es ist auch ein Krieg um die Bodenschätze. Der Kongo

gilt als eines der reichsten Länder der Welt – was die Ressourcen angeht. Unter der Erde und obendrüber. Vom Himmel kommt genug Regen für Getreide, Obst und Gemüse. Es könnte ein Paradies sein. Wenn denn Frieden herrschen würde.

Fünf Millionen Tote sind die bisherige Kriegsbilanz. Grob geschätzt. Bis heute wurden und werden jeden Tag mehr als 1 000 Frauen vergewaltigt. Also über 40 in einer Stunde. Es ist der schlimmste Platz auf Erden für eine Frau. Wieder einmal ist das weibliche Geschlecht Ziel der Attacken der rund 50 marodierenden Rebellentruppen. Aber auch die kongolesischen Soldaten streifen unverändert führungslos und ohne Sold durch die Berge und den Regenwald. Auf der Suche nach Geld, Gold und Frauen. UN-Offizielle nennen die Demokratische Republik Kongo darum die »Vergewaltigungshauptstadt der Welt«.

Was geht da vor? Warum ist es so schwer, Frieden zu schaffen? Warum scheitern auch hier die Vereinten Nationen und die UN-Blauhelme? Warum sind es wieder und wieder Mädchen und Frauen, die unter den gewalttätigen Konflikten am meisten leiden?

Eine Anreise mit vielen Hindernissen

Die Anreise in den Osten des Kongo mitten in Afrika ist nicht einfach. Nicht so unkompliziert jedenfalls wie nach Kabul in Afghanistan oder Neu-Delhi in Indien. Erste Etappe: Flug Hamburg-Istanbul. Alles noch sehr angenehm. Abends dann Weiterflug mit Turkish Airlines nach Kigali, in die ruandische Hauptstadt. Leider kann ich die Beine nicht ausstrecken, da der Sitz direkt hinter der Wand zur Business Class liegt. Macht nichts – ich lese. Um

1.20 Uhr morgens rumpelige Landung auf einer asphaltierten Landebahn. Kigali wirkt fast europäisch. Taxis vor dem Flughafen, schnell weiter ins Hotel. Denn nur fünfeinhalb Stunden später geht es mit Rwanda Airlines ab nach Cyangugu in Kamembe. Der Wecker sollte um 5 Uhr klingeln, aber: Fehlanzeige! Ich habe vergessen, das iPhone auf Kigali-Zeit umzustellen. Oh no! Als ich aus dem Kurztiefschlaf aufwache, ist es nur noch eine halbe Stunde bis zum Check-in-Schluss am Flughafen. Also hektisch raus aus dem Bett und unfrisiert ab ins Taxi. Jetzt wird es knapp.

Dieser morgendliche Adrenalinstoß ist aber erst der harmlose Beginn eines weiterhin aufregenden Reisetages. Angekommen am Flughafen, stellt nach der extrem strengen Sicherheitskontrolle der freundliche Mann am Schalter fest: Ich sei gar nicht auf die Maschine gebucht. Wie bitte? Diskutieren hilft jetzt nichts. Im Laufschritt wieder raus aus dem Sicherheitsbereich, zum Ticketschalter, noch schnell extrem teure Tickets lösen und dann alles von vorne: Turnschuhe ausziehen, Gürtel runter, Laptop und iPad aufs Band, Bauchtasche mit dem Geld und alles andere noch einmal durch den Scanner. Der Flug ist bereits geschlossen. Aber die sonst als unbeweglich bekannten Rwanda-Airlines-Mitarbeiter sind nachsichtig: Ich darf noch mit und sinke schweißgebadet in den Sitz des blitzend neuen Bombardier-Flugzeuges.

Und jetzt Abflug? Nein – noch nicht. Der Pilot gesteht, er habe ein »balance-and-weight-problem«. Sechs Gäste dürfen in die Business Class. So schnell habe ich selten wohlbeleibte Passagiere aufspringen und nach vorne sprinten sehen – aber eben nur sechs. Die anderen trotten mit einem Grinsen wieder auf ihre alten Plätze. Dann endlich hebt der Flieger ab in die dichten Wolken.

Cyangugu ist noch auf der ruandischen Seite. Harte Landung nach 35 Minuten. Und dann ewiges Warten auf

das Gepäck. Dafür werden sichtbar schwere Paletten aus-
geladen. Scheinbar Baumaterial – jedenfalls alles sehr
mächtig. Es dauert fast eine Stunde, bis endlich das »normale« Gepäck kommt. Jetzt wird mir klar, warum der Pilot
ein Gewichtsproblem hatte: Die Maschine war wohl hoffnungslos überladen. Was in Afrika angeblich gang und
gäbe ist ...

Kongo: Zahlen und Fakten

Die Demokratische Republik Kongo (DRC) hat etwa 69 Millionen Einwohner, die sich auf 2 345 410 Quadratkilometer verteilen.
Damit ist die DR Kongo fast sieben Mal so groß wie die Bundesrepublik Deutschland. Auf einem Quadratkilometer leben 379 Einwohner.

Die Hauptstadt Kinshasa hat 10 Millionen Einwohner.

35 Prozent der Kongolesen wohnen in den Städten.

70 Prozent der Menschen leben unter der Armutsgrenze, das Pro-
Kopf-Einkommen liegt bei 220 Euro.

Insgesamt gibt es circa 250 Volksgruppen im Land, es werden
circa 214 Sprachen gesprochen.

50 Prozent der Kongolesen sind katholisch, 20 Prozent protes-
tantisch, 10 Prozent sind im kimbanguistischen Glaubenssystem
verwurzelt, 10 Prozent sind muslimisch. Die übrigen 10 Prozent
gehören traditionellen Religionen an.

Die durchschnittliche Lebenserwartung liegt bei 49 Jahren.

Auf dem Index der menschlichen Entwicklung der Vereinten Nationen steht die DR Kongo gemeinsam mit Niger auf dem letzten
Platz von 187 aufgelisteten Staaten.

36,2 Prozent der Männer und nur 10,7 Prozent der Frauen haben einen Schulabschluss. 20 Prozent der Männer und 45 Prozent der Frauen sind Analphabeten.

Die Säuglingssterblichkeit liegt bei 121 von 1 000 Geburten und ist damit eine der höchsten der Welt. Von 100 000 Frauen sterben 540 bei der Geburt ihres Kindes.

Das BIP (Bruttoinlandsprodukt) liegt bei 375 US-Dollar pro Kopf (zum Vergleich Deutschland: 34 400 US-Dollar).

Fremdherrschaft, Diktatoren und Bürgerkrieg – die traurige Geschichte des Kongo

Der Kongo ist 6,6-mal größer als Deutschland und, wie schon geschrieben, reich an Bodenschätzen. Doch sein Reichtum bringt dem Land wenig Glück. Bis zum heutigen Tage. Die 69 Millionen Einwohner und ihre Vorfahren haben immer wieder unter den ausbeuterischen Europäern, aber auch unter ihren afrikanischen Nachbarn gelitten. Bei den Europäern sticht der belgische König Leopold II. hervor, der den Kongo 1885 zu seinem Privatbesitz erklärte – obwohl er nie selbst dorthin reiste – und gnadenlos ausbeutete. Dabei kam es zu derart grausamen Exzessen, dass sich die internationalen Staaten einmischten. Der König musste den Kongo an den belgischen Staat übergeben. Was aber nicht viel besser für die Menschen und für das Land war. Erst 1960 wurde der Kongo in die Unabhängigkeit entlassen. Hinein in ein totales Chaos. Kaum jemand dort konnte lesen und schreiben. Und es fand sich niemand, der die Fähigkeit hatte, einen Staat zu organisieren und zu führen. Der erste

Premierminister Patrice Lumumba wurde bereits nach einem Jahr im Amt von Gegnern ermordet. Danach kämpften die Kongolesen untereinander um Macht und Bodenschätze. Region gegen Region, Nord gegen Süd, West gegen Ost. Erst 1965 schaffte es Joseph Mobuto, das Land zu vereinigen. Der Kongo hieß jetzt Zaire. Doch auch Mobuto, mit all der Macht und unangefochten, ließ sich vom Reichtum verführen. Er kassierte ab, wo es ging, und festigte stetig seine Position. Die Menschen im Land hatten wiederum nichts von dessen Reichtümern. Wenigstens herrschte kein Krieg. Doch das änderte sich schnell, als 1994 in Ruanda die Hutu begannen, rund 800 000 bis eine Million Tutsi in 100 Tagen zu ermorden. Die Welt konnte es nicht glauben: Ein grauenvoller Genozid geschah vor den Augen der untätigen Blauhelme. Wieder einmal. Erst, als Tutsi-Soldaten aus Uganda zusammen mit den UN-Truppen das Morden stoppten, kehrte Ruhe ein.

Mindestens zwei Millionen Hutu flohen in das damals noch Zaire genannte Nachbarland – in den Osten des heutigen Kongo. Unter ihnen zigtausende der für den Genozid verantwortlichen Soldaten. Das nächste Kriegs- und Ausbeutungskapitel begann. Es ist bis heute nicht beendet.

Die Stadt Goma drohte währenddessen unter den Massen an Flüchtlingen zu ersticken. Das Bild der blauen und weißen Plastikzeltdächer auf der riesigen Vulkanfläche, als ich 1994 dort meine erste Reportage für *ML Mona Lisa* drehte, ist mir unvergessen.

Grenzübertritt – zwei fremde Welten

Das alles geht mir durch den Kopf, während ich auf meinen Koffer warte. Ich erinnere mich an meine Eindrücke sowohl aus Ruanda als auch aus dem Ost-Kongo, damals, kurz nach dem Genozid. Die Flüchtlingsströme, vor allem Frauen und Kinder. Zwei Millionen Menschen, die Ruanda im Chaos verlassen. Barfuß und die letzte Habe auf den Kopf gepackt. Unglaublich – heute ist selbst Cyangugu, der kleine Flughafen, ein sauberer und gut organisierter Ort. Später, draußen, sehe ich rundum bewirtschaftete Felder und Ackerfurchen, asphaltierte Straßen und Wegweiser. Saubere Toiletten mit Wasserspülung. Es könnte auch in Europa sein.

Berta Travieso von UNICEF Bukavu holt mich mit einem UNICEF-Auto und dem Fahrer ab. In nur wenigen Minuten sind wir an der ruandischen Ausreisekontrolle. Geschickt leitet sie mich, wohl aufgrund jahrelanger bester Beziehungen, durch die Grenzkontrolle. Es geht sehr schnell, trotz der längeren Schlangen an zwei Schalterfenstern. Bei meinem Vordermann fällt durch eine ungeschickte Armbewegung die winzige Kamera am Fensterrahmen herunter. Der Beamte schimpft. Es scheint ihm sehr wichtig, dass er die Gesichter fotografieren kann, dann anschcinend am Computer einscannt und mit dem Pass-Scan ablegt. Das erinnert ein wenig an ehemalige DDR-Kontrollen, und ich frage mich, was damit verhütet werden soll.

Es geht weiter, durch »Niemandsland« und über eine winzige, wackelige Holzbrücke über den Ruzizi-Fluss in den Kongo. Die Verbindung zweier immer noch nicht befreundeter, aber wenigstens nicht mehr verfeindeter Länder. Hier Ruanda – oder Rwanda, wie sich das Land nennt: sauber, wohlgeordnet. Mit ordentlich gesicherten Straßen und bewirtschafteten Feldern. Dort: der Kongo, oder die DRC, die Democratic Republic of Congo. Das pure Gegenteil. Die Straßen haben ihren Namen nicht wirklich verdient. Sie gleichen eher einer Anhäufung britischer »bumps«, die in Großbritannien erfolgreich schnelle Autofahrer stoppen. Die Löcher hier sind wie Einschusskrater auf dem ganzen Weg verteilt. Mit einem Wagen ist dem kaum auszuweichen, ein Rad trifft immer.

An der Grenze zum Kongo sind ebenfalls lange Menschenschlangen. Doch wir müssen nicht anstehen, Berta führt uns direkt daran vorbei. Ich sehe Frauen mit immens großen und sicherlich schweren Gepäckstücken auf ihren Köpfen, aufrecht und elegant balancierend. Eine stützt mit nur einer Hand ein riesiges Glas voller Eier auf ihrem Kopf. Wie geht das, bitte? Was, wenn sie stolpert in diesem Labyrinth aus Felsen, Löchern, Gräben? Männer tragen dagegen nichts auf ihren Köpfen. Hier herrscht wohl noch »Ordnung«?

Die Grenze, so scheint mir, ist auch eine wichtige Handelsstation. Alles, was ge- und verkauft werden kann, wird über die Holzbrücke geschleppt: Baumaterialien, Kleidung, Körbe und Lebensmittel. Die Einheimischen brauchen keinen Pass, sehe ich. Sie haben nur einen kleinen weißen Zettel in der Hand. Den strecken sie den sichtlich unwilligen Beamten hinauf in die Fenster zum Abstempeln, drängen einander zur Seite, wollen mit ihrem Zettel ganz schnell drankommen. Eine geordnete Reihe, so wie vor der ruandischen Grenzstation, gibt es hier nicht.

Ich fülle viele Zettel aus, die auf großen Papierbergen abgelegt und dann von zwei Männern fein säuberlich in dicke schwarze Rechnungsbücher übertragen werden. Kein Computer, keine allgemeine Datenerfassung. Alles per Hand, auf Papier. Wir dürfen in ein Hinterzimmer. Dann kommt ein Beamter im schicken Anzug herein, wirft seine prall gefüllte Aktentasche auf den Schreibtisch und begrüßt uns per Handschlag. Auch hier ist Berta bekannt, auch hier hat sie ihre Beziehungen. Nein, keine Dollars, beruhigt sie mich. Erstaunlich, denn so oft habe ich erlebt, dass die grünen Scheine, im Pass eingelegt, die Wege »vereinfachen« können. Wir sind schnell durch. Ein Stempel noch beim »Mann am Fenster«, dem die anderen ihre Papiere zureichen müssen – und dann: Welcome in der DRC. Nach der angeblich zwingend vorgeschriebenen Gelbfieberimpfung hat sich keiner erkundigt, geschweige denn den Impfpass geprüft.

Wenige Minuten später fahren wir durch Bukavu. Die Stadt mit ihren 700 000 Einwohnern liegt südöstlich des Kivu-Sees und ist die Hauptstadt der Provinz Süd-Kivu. Insgesamt leben sechs Millionen Menschen in dieser Region. Seit dem Genozid in Ruanda ist die Gegend zusätzlich Fluchtort für Millionen weitere, vor allem Hutu. Heute zieht es zusätzlich die Bewohner aus den Dörfern und Wäldern in die Stadt. Weil sie sich hier sicherer fühlen vor den unverändert aggressiven Rebellengruppen entlang der Grenze. Weil sie hier auf Arbeit hoffen, auf Lebensunterhalt und vielleicht auf eine Schule für ihre Kinder. Hier sitzen auch die vielen NGOs, die Hilfsorganisationen, die den Menschen zur Seite stehen. Immerhin. Im Gegensatz zur fernen Regierung in Kinshasa.

Die Zahlen der Vertriebenen, oder der »displaced persons«, wie es im UN-Jargon heißt, schwankt: Die einen sprechen von 6 000, die anderen von 10 000. Keiner weiß es wirklich. Für Volkszählungen ist keine Zeit, dafür hat niemand den Kopf frei. Überleben ist wichtiger. Und die Politiker in der über 2 000 Kilometer entfernten Hauptstadt Kinshasa sind nicht wirklich interessiert an den Menschen hier in der Region Süd-Kivu.

Mobuto stürzt und das Land versinkt im Chaos

Noch einmal ein Blick zurück in die Geschichte, damit man die derzeitige Situation besser verstehen kann: Mitte der 1990er-Jahre stürzte Mobuto, und 1997 wurde das Land wieder in Demokratische Republik Kongo umbenannt. Mobutos Nachfolger, Präsident Laurent-Désiré Kabila, übernahm im ersten Kongokrieg 1996 bis 1997 die Macht. Doch zerstrittene Rebellengruppen griffen die schwache Regierung von Kabila an, und die umliegenden Nationen unterstützten sie. Wieder starben Menschen – rund drei Millionen! Die Kämpfe dauerten bis 2002. Schon 2001 war Kabila bei einem Attentat getötet worden, sein Sohn Joseph wurde vom Parlament zum Nachfolger gewählt. Nach einem Friedensvertrag und einer Übergangsverfassung kam es 2006 zu den ersten freien Wahlen im Land. Die Menschen hofften – aber es blieb hoffnungslos. Denn jetzt begann der dritte Kongokrieg, von 2007 bis 2009, der auch als Kivu-Konflikt bezeichnet wird. Kabilas Versprechen, den Osten zu befrieden, wurde nicht eingelöst. Bis heute nicht.

Inzwischen unterstützt die MONUSCO (United Nations Organization Stabilization Mission in the DR Congo, eine UN-Organisation zur Stabilisierung des Kongo) die kongolesische Nationalarmee gegen die unzähligen Rebellengruppen. Doch immer noch und unverändert ist die ganze Region von Wellen der Gewalt gekennzeichnet. Hintergrund ist die maßlose Gier nach Rohstoffen wie Coltan, Gold und Diamanten. Die Welt kauft das Coltan überwiegend von Ruanda. Ruanda wiederum bezahlt die Rebellen dafür mit Dollars und Waffen. Und wer Waffen hat, besitzt die Macht. Der kann die Dörfer plündern, die Frauen vergewaltigen, die Männer und Kinder töten. Und wieder neue Soldaten rekrutieren. Auch Kindersoldaten, auch Kindersoldatinnen. Bis jetzt sprechen die Menschen von fünf Millionen Toten durch diese Kriege.

Neben dem schon genannten Coltan werden Kupfer, Kobalt, Gold, Erdöl, Silber, Mangan, Zink, Zinn, Cadmium, Germanium und Beryllium gefördert. Außerdem ist der Kongo enorm reich an Holz. Etwa 52 Prozent des Landes sind von tropischem Regenwald überzogen. Doch momentan kann das Holz gar nicht genutzt werden. Mangels Straßen und Wegen und mangels Geld, um die Bäume zu fällen und abzutransportieren. Das ist die aktuelle Situation.

Wo kein Wald ist, werden gerade mal fünf Prozent der Freiflächen kultiviert. Haupterzeugnisse sind Maniok, Mais, Reis, Bohnen, Süßkartoffeln, Spinat und Kochbananen. Dazu kommen noch Zuckerrohr, Erdnüsse, Ölpalmen, Bananen und Wildfrüchte. Zum Reichtum der DRC gehört aber auch das Wasser. So sind zwei Wasserkraftwerke die Hauptstromquelle des Landes. Da aber dort Gleichstrom hergestellt wird, der nur sehr aufwendig in Wechselstrom transformiert werden kann, bleiben fast alle Regionen des Kongo ohne Stromversorgung. Die Menschen tragen es mit Fassung. Es bestätigt nur einmal wieder, was man von der Regierung in Kinshasa halten kann.

Das sichere Camp für die Mädchen

Es ist ja immer ein großer Unterschied: Wir lesen über ein Land, die Probleme der Kinder, der Frauen. Die Gewalt der Soldaten und Rebellen. Aber wenn einem die Opfer gegenübersitzen, wenn man in vollkommen tote Kinderaugen sieht, die Kleineren ihre Tränen verstohlen wegwischen, stocken und nur noch mit leiser Stimme weiterreden – dann sind wir mittendrin.

Wir fahren über die löchrigen, holprigen Wege von Bukavu an den Stadtrand. Halten vor einem großen, strahlend blau gestrichenen Tor: BVES. Dahinter verbirgt sich im französischsprachigen Kongo das Le Bureau pour le Volontariat au service de l'Enfance et de la Santé, das Freiwilligenbüro für Kinder und Gesundheit. Ein ganz besonderer Platz für Mädchen. Oder soll man eher sagen: für Kinder? Denn Kinder waren sie gewesen in ihrem Dorf, bevor sie als Soldatinnen und sexuelle Sklavinnen in den tiefen Dschungel in ein Soldaten-Camp verschleppt wurden. Jetzt sind sie hier, in einem geschützten Areal, in Sicherheit. Fast alle sind entweder schwanger oder mit kleinen Babys im Arm hier angekommen.

Aber von Anfang an: Seit zehn Jahren rauben sowohl die Rebellentruppen als auch die kongolesische Armee Kinder, vor allem Mädchen. Ja – Kinder. Sie überfallen die Dörfer rund um den Kivu-See. Bis zum heutigen Tag. Nichts ist vorbei. Sie kidnappen die Mädchen, vergewaltigen sie, zwingen sie zu schießen. Das funktioniert durch die gezielte Gabe von Drogen und Alkohol, aber auch durch brutale Gewalt. Eine nüchterne Statistik der Regierung in Kinshasa spricht davon, dass 60 Prozent der gekidnappten Mädchen als Sexsklavinnen oder Köchinnen benutzt werden. Man beachte die Kombination von Sex und Küche. Die übrigen 40 Prozent seien mit einem Rebellen oder einem Kommandanten »verheiratet«. »Jeder Kommandant hat ein Mädchen«, erzählt mir später Berta Travieso. Quasi ein sexuelles Spielzeug. Diese Mädchen sind meist nicht älter als elf oder zwölf Jahre. Sie werden aber auch, so lese ich später in einem Regierungsbericht, als Spione, als Waffenträgerinnen und als kämpfende Soldatinnen eingesetzt. Was macht das mit den Seelen dieser Kinder?

Hinter dem blauen Tor in Bukavu, am Rande einer der tausend fast unbefahrbaren Matschwege, verbirgt sich für einige wenige dieser Mädchen endlich wieder ein Ort der Sicherheit. BVES arbeitet seit 1993 zusammen mit UNICEF. Allein bis zum letzten Jahr konnten hier 873 Kinder aufgenommen werden, davon 477 Mädchen. Waren es am Anfang noch die Opfer des Genozids nach der Flucht aus Ruanda, so kümmerte sich die Organisation später um die Straßenkinder der Hutu und Tutsi, die ihre Eltern verloren hatten. Auch die elternlosen Kinder aus den Gefängnissen wurden aufgenommen. Heute sind sie alle erwachsen.

Aber BVES wird unverändert gebraucht. Als sicherer Ort für die missbrauchten Mädchen dieses bis heute nicht beendeten Krieges. Bei BVES arbeiten 33 Frauen, alle ehrenamtlich. Nur der Direktor ist ein Mann.

Murhabazi Namegabe, der Leiter des Camps, führt mich den Hang zwischen den Hütten hinunter durch enge, glitschige Gassen. Nach der im März üblichen tropischen Regenflut halte ich mich vorsichtig fest an Steinvorsprüngen und kleinen Haken. Er zeigt mir den Klassenraum mit den lachenden Schulkindern, die allesamt UNICEF-Hefte vor sich liegen haben. Und die Nähstube, in der die Mädchen schneidern lernen. Dann den Kindergarten mit den ganz Kleinen, die elternlos in den Lagern aufgegriffen wurden. Die Bücherei mit der engagierten Lehrerin, die sich vor allem über die französischen Kinderbücher freut, die Besucher mitbringen.

In einem schmalen Raum sitze ich danach der heute 17-jährigen Mamy gegenüber. Das ist nicht ihr richtiger Name, den hat sie sich ausgedacht. Ihren richtigen will sie nicht nennen. Das sei zu gefährlich, erklären mir auch die ehrenamtlichen Helferinnen. Sie ist seit sieben Monaten bei BVES. Vorher »gehörte« sie fünf Monate einem Kommandanten im Dschungel. Er hat sie für sich beansprucht, nachdem sie zuvor bei einem Überfall beim Einkaufen in ihrem Dorf fünf Soldaten umzingelt und dann der Reihe nach vergewaltigt hatten. »Ich wollte doch nur Früchte kaufen für meine Familie«, erzählt sie mir. Doch dann kommt alles ganz anders. Die Rebellen verschleppen sie in ein Camp, mehrere Tagesmärsche entfernt von ihrem Dorf. Dort muss sie die Wäsche des Kommandanten waschen, für ihn kochen, das Haus putzen. Dafür wird sie nicht geschlagen, das erwähnt Mamy mir gegenüber immer wieder. Das war wohl ungewöhnlich im Camp. Dazu aber musste sie dem Kommandanten zu jeder Tages- und Nachtzeit sexuell zur Verfügung stehen. Sie sagt das ganz nüchtern, wirkt irgendwie emotionslos. Sie lässt diesen Teil ihres Lebens wohl nicht mehr an sich heran.

Jetzt wünscht sich Mamy, wieder Kontakt zu bekommen zu ihrer Familie. Das Dorf ist abgebrannt, das weiß sie. Wo ihre Eltern, ihre Geschwister sind, das treibt sie um. Sie will nach Hause, am liebsten morgen. Vorher aber auf alle Fälle noch richtig nähen lernen, hier im BVES-Camp. Und eines Tages selbst Geld verdienen, unabhängig sein. Vor allem von Männern. Die Soziologin Muderhwa wird mir später noch erzählen, dass die Eltern bis jetzt nicht zu finden waren, aber die Großmutter haben sie entdeckt. Zu ihr soll Mamy bald zurück, wenn sie sich stabilisiert hat und nicht mehr nachts aus Albträumen aufschreckt.

Der BVES-Direktor weiß, dass auch 2014 immer noch hunderte von Mädchen in den Rebellenlagern festsitzen. Darum geht er zusammen mit den Männern und Frauen von MONUSCO direkt in diese Lager. Manchmal dauert die Reise zwei Tage. Erst mit dem Jeep über verwegene Straßen, dann mit dem Motorrad noch weiter hinein in die Berge. Und schließlich ein mehrstündiger Fußmarsch, bis sie endlich ankommen. Die Männer – hier sind Frauen nicht hilfreich – verhandeln die Freiheit der Kinder. Manchmal werden sie von den Kämpfern auch bedroht. Das ficht sie aber nicht an. Sie kommen wieder. Immer wieder. Bis die Kommandanten die Kinder herauslassen aus dem Camp, zurück in die Freiheit.

Murhabazi Namegabe erzählt mir, dass sich die Rebellen inzwischen einen Trick ausgedacht haben. Sie verstecken die Mädchen noch weiter drinnen im Dschungel. Behaupten dann lächelnd, sie hätten gar keine Mädchen im Camp. Aber oft hilft ein Gespräch mit einem anderen Kind auf die Spur – und beim nächsten Besuch findet die Gruppe dann auch die Mädchen. Für Mamy musste der BVES-Boss mehrmals anreisen. Ein mühsamer Prozess. Denn der Kongo ist bis heute ein Land ohne richtige Infrastruktur, ohne befestigte Straßen und Wege. Inzwischen kommen auch Vertreter der örtlichen Regierung Süd-Kivus zu den Verhandlungen mit, was sehr hilfreich ist. Sie argumentieren dann auch mit dem kongolesischen Gesetz. Denn dort sind Sex und Ehe mit Kindern unter 15 Jahren verboten. Man stelle sich vor: Regierungsvertreter verhandeln mit Milizionären. Auf der Grundlage eines Gesetzes. In einem Land, wo sich niemand auch nur im Entferntesten an irgendein Gesetz hält, geschweige denn es einklagt oder verfolgt.

Mamy hatte es sogar relativ »gut« im Lager. Die anderen Geschichten der Mädchen sind brutaler. Die hübsche, großgewachsene, 17-jährige Chiku musste auf Menschen schießen. Wurde geschlagen, wenn sie nur auf Fenster oder Türen zielte. Wenn sie keine Toten »lieferte«. Als sie das erste Mal mit einer Kalaschnikow schießt, fällt sie ohnmächtig um. Nein, nicht vom Gewehrrückstoß, sondern weil sie das so aufregt. Die Männer mischen ihr Drogen ins Essen und machen sie mit Alkohol gefügig. Jeder Soldat im Camp greift sie sich und vergewaltigt sie. Jeder – und jederzeit. Sie ist, wie so viele andere auch, eine sexuelle Sklavin.

Aber das ist jetzt vorbei, sagt sie. »Die Erinnerung bleibt«, fügt Chiku dann aber noch hinzu. Heute hat sie ein Kind, das sie liebt. Obwohl sie nicht weiß, wer von den Rebellen tatsächlich der Erzeuger ist.

Als damals, zu Beginn ihres Leidensweges, ihr Dorf überfallen wurde, kam die ganze Familie ums Leben. Jetzt hofft auch die 17-jährige Chiku, ihre Großmutter zu finden. Wieder ist die Großmutter, die ältere Frau, ein Anker der Hoffnung. Vielleicht konnte sie sich, hofft Chiku, im Nachbardorf verstecken. Und eines Tages, erzählt sie mir mit ernsthaftem Gesicht, will sie Lehrerin werden. Anderen etwas beibringen. Damit diese dann selbstständig ihr Leben gestalten können.

Was oft nicht gesehen wird: Diese Mädchen können inzwischen brutale Soldatinnen und furchtlose Kämpferinnen sein. Ihre Erfahrungen haben sie geformt, das Leben mit den Milizen, im Regenwald, im Camp. Die italienische Fotografin Francesca Tosarelli hat solche Mädchen in den Rebellenlagern gefunden und sie fotografiert. Bilder unter dem Titel »Miss Kalaschnikow«, die eine ganz andere Seite dieser Mädchen zeigen: eine, die sie alle verbindet, so die Fotografin, nämlich der Wunsch, ihre weibliche Seite zu leben. So präsentiert die 26-jährige Majorin Masika Ngheleza Queen stolz ihre Kollektion aus 20 Paar High Heels. Die sie nie im Dschungel wird tragen können. Aber was soll's! Diese Schuhe sind ihre Brücke in ein anderes, in ein normales Leben. Andere der jungen Soldatinnen haben Francesca Tosarelli erzählt, dass sie sich nach all den Jahren im Kampf und im Krieg nicht mehr integrieren können in die normale Gesellschaft, in ihr Dorf, in ihre Familien. Deshalb gäbe es für sie kein Zurück.

Neben denen, die sich wohl nicht mehr integrieren können, gibt es auch andere, wie die heute 32-jährige Oberst Fanette Umuraza, die Angela Merkel und Jeanne d'Arc als

Heldinnen verehrt. Sie hofft auf ein ganz normales Leben, wenn die Kämpfe einst vorbei sein sollten. »Wir sollten die Ersten sein, die für Frieden kämpfen, denn wir sind ja auch immer die ersten Opfer und leiden am meisten an den Folgen.« Früher hat sie bei den Rebellen der M23-Gruppe gedient, heute ist sie bei der kongolesischen Armee. Frieden? Bald? Ein langer Weg, sagen viele dieser jungen Frauen. Jedenfalls sind sie etwas »wert«. Zumindest in den Augen ihrer Militäranführer. Gerade weil sie andere Menschen töten, zu töten vermögen.

Aber zurück ins BVES-Camp: Die 16-jährige Bora mit dem zweijährige Moses, die 15-jährige Carine, die ihr Baby Espoire nennt, Hoffnung, oder Thérèse: Alle Mädchen hier hinter dem blauen Tor erzählen ähnliche Geschichten. Alle wurden geraubt, geschlagen, missbraucht. Alle wünschen sich ein eigenes, kleines Geschäft. Zum Beispiel ein Näh-Business. Sie wollen auf eigenen Beinen stehen und ein selbstbestimmtes Leben führen. Die Hoffnung stirbt zuletzt. Zuerst aber muss Frieden einkehren in diese Region. Damit die Menschen eine Zukunft haben und nicht mehr Tag für Tag um ein wenig Essen, ein Dach über dem Kopf und einen sicheren Schlafplatz kämpfen müssen. Nicht mehr abhängig sind von fremder Hilfe. Das Land ist doch so reich – eigentlich.

Babatunde Osotimehin: »Sexuelle Gewalt ist nicht unvermeidbar«

Das sagt Dr. Babatunde Osotimehin, Exekutivdirektor des Bevölkerungsfonds der Vereinten Nationen, über sexuelle Gewalt in Konfliktzonen. »Die wirtschaftlichen und menschlichen Kosten, die dadurch in Gemeinden und Ländern entstehen, sind unglaublich hoch, und wir müssen uns alle zusammentun, um gemeinsam gegen sexuelle Gewalt vorzugehen«, sagt der Arzt. Der Status der Frauen in der Gesellschaft muss verbessert werden, die Mädchen müssen länger zur Schule gehen, sodass sie später darüber entscheiden können, wie sie leben möchten. Das ist Konsens bei der UN im Kampf gegen sexuelle Gewalt auf der Welt.

Panzi – ein ganzes Krankenhaus für die vergewaltigten Frauen

Es sind nur acht Kilometer, auf den kongolesisch typisch löchrigen Wegen, hinauf in die Berge oberhalb von Bukavu: Hier liegt Panzi, das berühmte Krankenhaus nur für Frauen und Kinder, die Vergewaltigung und andere schlimmste Formen sexueller Gewalt erlebt haben.

Auf der Fahrt dorthin lese ich immer wieder am Straßenrand Aufrufe und große Plakate: »Gemeinsam gegen Gewalt!« – »Nein zu sexueller Gewalt«. Die Regierung in der Provinz will sichtlich etwas bewegen. Etwas tun gegen die Brutalität gegen Frauen, die schon fast normal geworden scheint. Aber hilft diese Kampagne? Diese Benennung der sexuellen Gewalt?

Die erste bittere Erkenntnis wenige Minuten nach der freundlichen Begrüßung durch die schwedische Projektmanagerin Ellinor Ädelroth und die Ärztin Dr. Nadine Neuma Rukunghu: Es hilft wohl nichts. Ganz im Gegenteil. Die Gewalt im Ost-Kongo nimmt zu. Jeden Tag kommen neue Fälle, immer mehr. Frauen, die grauenvoll misshandelt wurden. Ärzte und Krankenschwestern sind fassungslos. Die sexuelle Gewalt gegen Frauen und Kinder nimmt im Kongo eine Form an, die mit nichts auf der Welt vergleichbar scheint. Die Ärztinnen und Ärzte, die Krankenschwestern, Sozialarbeiter – sie alle fühlen sich zunehmend hilflos. Oft wissen sie nicht einmal, wo und wie sie die hilfesuchenden Patientinnen unterbringen sollen. Die, oft nach taglangen Fußmärschen, verzweifelt vor dem hohen Eisentor ankommen. Schwer verletzt, blutend und meist traumatisiert … Es ist ein Horror.

Das Krankenhaus Panzi wurde 1999 vom charismatischen Arzt Dr. Denis Mukwege gegründet. Er hat sich als einer der Ersten um die Frauen nach dem ruandischen Genozid und den Kriegen zwischen den Rebellen und der kongolesischen Armee gekümmert. Schon damals und bis heute ist Vergewaltigung auch eine Kriegswaffe. Wie schon in Bosnien zerstören die Vergewaltiger nicht nur das Innere der Frauen und Kinder, ihre Vaginen, die Gebärmutter, die Gedärme. Nein, auch hier heißt die Botschaft der Täter an die Männer: Du kannst deine Frauen und Kinder nicht schützen. Du musst jetzt zusehen, wie wir sie vergewaltigen, so oft wir wollen, so gewalttätig, wie wir uns das ausdenken.

Und auch im Kongo gehen die Rebellen systematisch vor. Fatalerweise oft gemeinsam mit den kongolesischen Soldaten. UNICEF musste feststellen, dass in der Region Süd-Kivu jeden Tag zusätzlich zu den Frauen rund zehn Kinder Opfer sexueller Gewalt werden. Neben den vergewaltigten jungen Frauen und Müttern. Dr. Mukwege ist mehr denn je fassungslos und sagte der *New York Times* in einem Interview: »Wir wissen nicht, warum diese Vergewaltigungen passieren. Aber eines ist klar: Damit sollen die Frauen zerstört werden.« Bis heute kommen jeden Tag mindestens zehn solcher Frauen ins Krankenhaus Panzi. Das ist aber nur ein kleiner Prozentsatz derjenigen, die diese Gewalt erlitten haben. Denn die wenigsten schaffen es bis hierher.

Wer sich bis ins Hospital Panzi zu schleppen vermag, hat Hoffnung. Kann Hoffnung haben. Inzwischen gibt es auf dem großen Gelände 450 Betten, davon 250 als Spezialprojekt gegen sexuelle Gewalt. Die flachen Gebäude schmiegen sich malerisch an die Hänge hoch über dem Kivu-See. Es könnte so idyllisch sein hier. Wenn da nicht die verstörenden Geschichten der Frauen und Mädchen wären. Denn diejenigen, die es bis hierher geschafft haben, leiden nicht nur an der Seele, sondern auch an schweren inneren Verletzungen. An Rissen in der Vagina und im Darm, an zerstörtem Beckenboden, Gebärmuttervorfall und, wenn die Gebärmutter doch noch zu retten ist, an Unfruchtbarkeit. Oft aber ist die Vagina total zerfetzt, der Blasenausgang zerstört, ebenso der Anus.

Die Vergewaltiger benutzen sadistisch ihre Gewehre oder Bajonette, um in die Frauen einzudringen. Sie malträtieren sie mit Holzstücken und zerstören so alle inneren Organe, die zur Reproduktion und Verdauung benötigt werden. An den Geschlechtsorganen bilden sich häufig Fisteln, die jahrelang chronische Schmerzen im Unterleib verursachen und zur Inkontinenz führen. Frauen mit Fisteln leiden nicht nur Schmerzen, sie riechen auch sehr unangenehm und können daher nicht mehr zurück in die Dorfgemeinschaft, weil diese sie nicht aufnimmt. Sie vegetieren außerhalb der Gesellschaft – ein schlimmes Schicksal. Zu allem Leid dazu.

Die 230 Spezialisten und derzeit 208 Mediziner in Ausbildung – allesamt Kongolesen – sind in Panzi bis aufs Äußerste gefordert. Das spüre ich überall: in den Gängen, in den Behandlungszimmern, draußen auf der Wiese, wenn sich zwei erschöpft an einen Baum lehnen. Ganz zu schweigen vom aufreibenden Einsatz der Psychotherapeuten und Sozialarbeiter. Gynäkologie, Psychiatrie, Kinderheilkunde – all das gibt es in Panzi und wird dringend benötigt. Die Fachärzte und Fachärztinnen sollen den Mädchen und Frauen helfen, ihre unsäglichen Verletzungen zu heilen. Das gelingt wohl leichter im medizinischen Bereich denn im seelischen. Solche Traumata sind kaum zu bewältigen, das sagen sie mir alle hier in der Klinik hoch über Bukavu am Kivu-See.

Insgesamt leben in der Region Süd-Kivu über sechs Millionen Menschen. Verteilt auf ein Gebiet so groß wie die Bundesrepublik. Die Menschen wohnen im Busch, im Dschungel, tief im Regenwald. Und hoch in den Bergen, in nicht einsehbaren Tälern. Diese Dörfer sind weder mit einem Auto noch mit einem Motorrad zu erreichen. Nur auf schmalen, gewundenen Pfaden im stundenlangen Fußmarsch. Wenige Mädchen und Frauen schaffen es von dort nach einem Überfall oder einer Attacke mit ihren Verwundungen und Schmerzen nach Panzi. Deshalb ist ein ganz besonderes Auto oft lebensrettend, erzählen mir die Ärzte in der Klinik. Das besondere Auto nennt sich »Clinique Mobile«. Darauf sind sie besonders stolz. Es ist ein Krankenwagen, komplett ausgestattet. Wenn in Panzi eine Meldung über einen Angriff oder eine Vergewaltigung aus einem der Dörfer hereinkommt, über neue Attacken der Rebellen – dann startet das Klinik-Mobil. Besetzt mit einem Arzt, zwei Krankenschwestern, einem Psychologen, den nötigsten Medikamenten – auch mit der Pille danach – und medizinischem Gerät. Bereit für erste Hilfe. PEP-Kit nennen die Panzi-Mitarbeiter ihre Ausrüstung: post exposure prophylaxis. Zurzeit ist das Team drei Wochen im Monat in den Dörfern unterwegs.

UNICEF finanziert auch das Klinik-Mobil. Die Kosten pro Jahr belaufen sich auf etwa 500 000 Dollar. Bisher konnten damit 3 814 Frauen behandelt werden. Zehn Prozent der Frauen müssen aufgrund ihrer schweren Verletzungen aber mitgenommen werden nach Panzi. Zahlen müssen sie nichts. Nur wenn die Familie etwas geben kann, nimmt das die Klinikverwaltung gerne an.

Dann kommen die Frauen hierher ins Hospital, liegen und sitzen auf ihren Betten im Zimmer oder im schönen blühenden Garten. Sie unterhalten sich leise im großen Gemeinschaftsraum auf Holzbänken. Die Verwaltungschefin stellt mich den Frauen vor. Erzählt vom Buchprojekt. Dass ihnen allen eine Stimme gegeben werden soll, dass über sie geschrieben wird, damit es nie vergessen werden kann. Die 30-jährige Rose hält mich mit beiden Armen fest, sieht mir in die Augen und sagt: »Ich habe immer gedacht, das ist alles nur mir passiert. Aber hier sehe ich: Es trifft so viele Frauen. Das hilft mir ein wenig …« Auch die anderen kommen jetzt näher, ein wenig zaghaft noch. Thérèse, unsere Übersetzerin, übersetzt ganz wunderbar, die Frauen beginnen zu lächeln, fassen mich an. Vielleicht wollen sie wissen, ob die »Muzungo-Frau«, die weiße Frau, wirklich echt ist. Wie hübsch sie alle angezogen sind, fällt mir auf, so bunt, so farbenfroh. Wie weich und wiegend sie sich bewegen. Nur wenige sitzen teilnahmslos an den großen Holztischen. Wie wird es weitergehen für sie alle?

Rund zehn Operationen finden hier jeden Tag statt, zehn Eingriffe, weil sich Männer an diesen Frauen »vergriffen« haben. Danach liegen sie in ihren Betten. Mit Glück alleine, oft aber zu zweit. Nicht wie »Löffelchen«, sondern Kopf und Füße jeweils entgegengesetzt. So hat jede ein wenig mehr Platz. Viele starren einfach nur an die Decke und nicht auf den Stomabeutel am Bettrand, einen künstlichen Darmausgang, den sie brauchen, weil ihr Inneres so zerstört ist. Wie kann eine Frau damit zurück in ihre Hütte gehen? In ihr Dorf mitten hinein in den Regenwald?

In einem kahlen Klinikzimmer kann ich an einem wackeligen Holztisch Platz nehmen. Mir gegenüber zwei Stühle. Die Frauen hier wollen reden, erzählt mir eine der Sozialarbeiterinnen. Sie wollen unbedingt, dass ihr Schicksal, ihr Leid aufgeschrieben wird. Da besteht ein großer Konsens.

Täglich kommen neue Frauen nach Panzi. Hier im großen Gemeinschaftsraum können sie miteinander reden. Sich unterstützen und helfen in ihrer Not.

In Panzi versorgen sich die Frauen selbst: Sie waschen ihre Wäsche, erhalten Essen in der Kantine. Sie sind zusammen und nicht alleine nach allen Dramen, die sie erlebt haben.

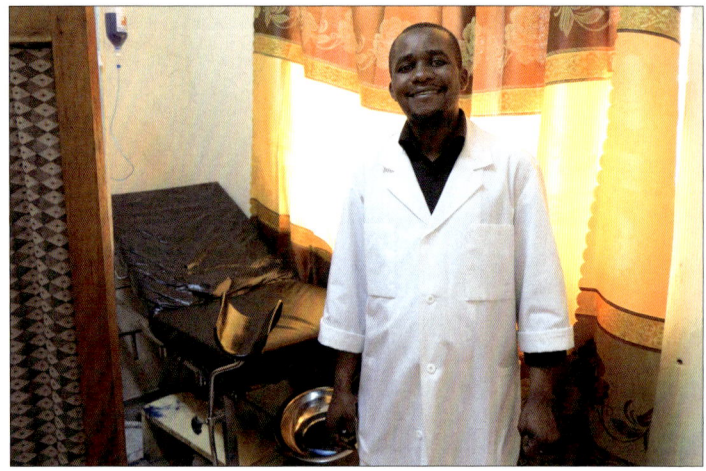

Dr. Patrick Kubuja Chizumcu in seinem spartanischen Behandlungszimmer in Panzi. Die Gewalt gegen Frauen nimmt immer weiter zu, stellt auch er fest.

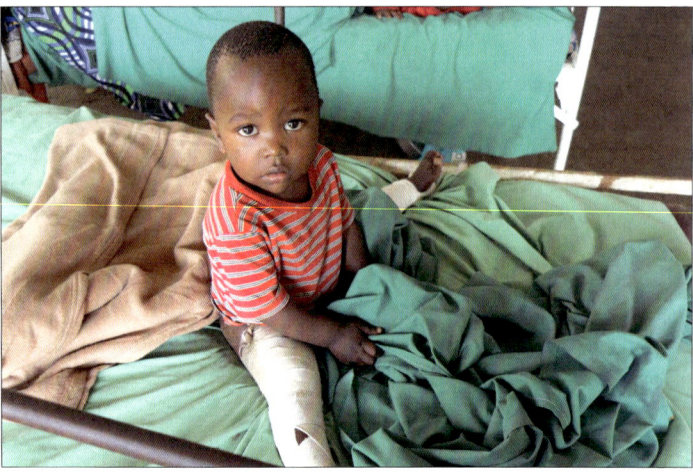

Leon leidet an Osteomyelitis, einer Knochenentzündung, die das Wachstum hemmt, die Knochen brechen lässt. Noch zwei Monate muss er mit seinen eingegipsten Beinchen im Krankenhaus Ciriri so in seinem Bett liegen.

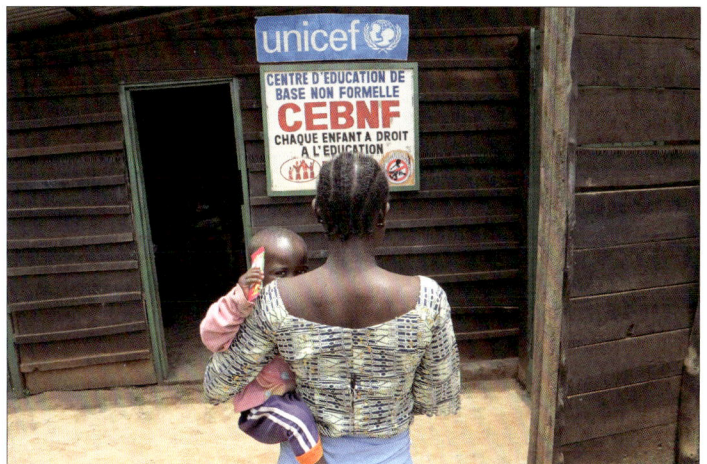

Sie war Sexsklavin und Soldatin, die junge Mireille. Jetzt ist sie bei der Hilfsorganisation BVES in Sicherheit. Wer der Vater ihres Kindes ist, weiß sie nicht.

Die Soziologin Rehema im Kinderzentrum von BVES ist immer wieder erschüttert, was
ihr die Mädchen nach den Monaten und Jahren in den Camps der Milizen erzählen.

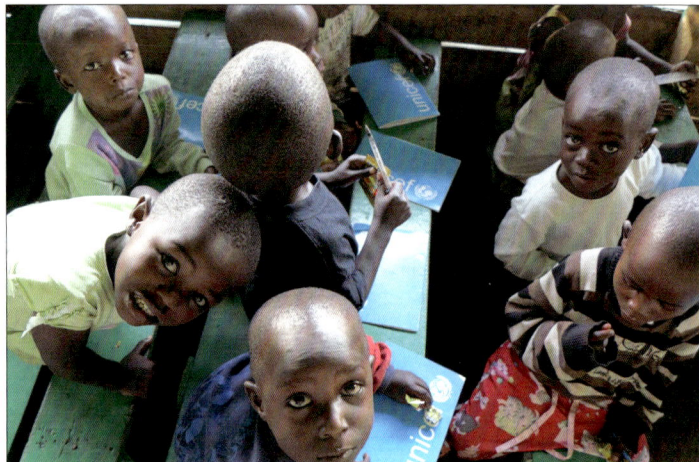

Die Kinder der Gewalt: Bei BVES finden sie ein Zuhause, erhalten Schulunterricht, etwas zu essen und vor allem sind sie in Sicherheit. Sie kennen ihre Mütter und Väter aus dem Dschungel nicht.

Der Kivu-See mit seinen hunderten von Inseln an der Grenze zwischen Ruanda und Ost-Kongo: Es könnte so schön sein, wenn nur Frieden und nicht seit 18 Jahren Krieg wäre.

Auch Kasindi Wabulasa will das. Sie kommt als Erste herein, hat schon draußen auf dem Gang auf einem Plastikstuhl gewartet. Sie wurde von fünf Männern vergewaltigt. Nachdem die Rebellen ihr Dorf überfallen, die Hütten niedergebrannt und die Männer gefangen genommen haben. Sie halten ihrem Ehemann das Gewehr an die Brust und zwingen ihn, bei der Vergewaltigung seiner Frau zuzusehen. Wenn er die Augen schließt, erschießen sie ihn, sagen sie. Was sie danach dann aber trotzdem tun. Die Frau erzählt das scheinbar unbeteiligt. Sie hat sich wohl in ihrem Innersten verschlossen. Damit sie überhaupt mit diesem Grauen leben kann.

Die nächste ist Honorata Barinjibanwa, eine 18-Jährige, die von einer Rebellengruppe gekidnappt wurde. Die meiste Zeit banden sie die Männer an einem Baum im Camp fest. Nur für ein paar Stunden kam sie »frei« – dann, wenn die Männer sie vergewaltigen wollten. Sie weiß nicht, wie sie wieder ein ganz normales Leben beginnen soll. Sie ist zudem schwanger und völlig verzweifelt. »Was wird aus mir werden? Wo kann ich denn noch hin?« Eine Sozialarbeiterin tröstet Honorata und hofft auf die Zeit. Die soll ja bekanntlich alle Wunden heilen. Auch solche? Ich habe da so meine Zweifel.

Depressionen, Angst und posttraumatische Stresssymptome werden bei vielen überlebenden Frauen im Ost-Kongo durch Gruppentherapie behandelt. Mit großem Erfolg, wie auch eine aktuelle Untersuchung des IRC (International Rescue Committee – Internationales Hilfskomitee) zusammen mit der Johns Hopkins University und der University of Washington ergeben hat. Es ist die erste konsequente Studie zu psychologischer Unterstützung von Überlebenden sexueller Gewalt. Die dramatischen Folgen einer Vergewaltigung reduzieren sich doppelt so schnell nach einer Gruppentherapie wie nach einer Einzeltherapie. Die IRC-Mitarbeiter haben in zwölf Monaten mehr als 2500 Mädchen und Frauen im Ost-Kongo begleitet. Vor allem solche, die aus Scham nicht an einer Einzeltherapie teilnehmen wollten und nicht über ihre Erlebnisse sprechen konnten, haben deutliche Verbesserungen ihrer persönlichen Lebenssituation nach einer Gruppentherapie erlebt. Eine beschreibt das so:»Vorher schämte ich mich, wenn ich an anderen Menschen vorüberging. Ich hatte das Gefühl, sie würden mich verurteilen. Aber jetzt fühle ich keine Scham mehr. Ich fühle mich frei. Ich kann überall hingehen.« Auch in Panzi bietet man Gruppentherapie an.

Der Arzt mit dem großen Herzen für die Frauen

Panzi, das Hospital, ist wirklich ein Glücksfall für diese geplagte Region. Es ist auch ein Beispiel dafür, wie wieder einmal in der Geschichte Vergewaltigung als Kriegswaffe benutzt wird. Leider und unglaublicherweise hier in ihrer in der Menschheitsgeschichte bisher schlimmsten und grausamsten Form.

Die Geschichte des Hospitals ist dabei auf engste Weise mit einem ganz besonderen Arzt verbunden, mit dem Gründer und jetzigen medizinischen Direktor Dr. Denis Mukwege. Der kongolesische Arzt wollte zwar immer schon Gynäkologe werden. Aber dass das Operieren von diesen unfassbar zerstörten, vergewaltigten Frauen jemals seine Hauptaufgabe werden könnte – daran hat er zu Beginn seiner beruflichen Laufbahn nicht gedacht.

Dabei war er sein ganzes Leben von Krieg umgeben. Vom Krieg in seinem Land. Im ersten Krankenhaus, in dem er arbeitet, werden 35 Patienten in ihren Betten getötet. Ein grauenhafter Schock. Sein nächstes Hospital, diesmal nur noch aus Zelten bestehend, wird komplett zerstört. Aber Dr. Mukwege ist kein Mann, der schnell aufgibt. 1999 beginnt er zum dritten Mal, diesmal auf dem Gelände des heutigen Panzi-Krankenhauses. Seinem ersten Opfer war nach einer Vergewaltigung in die Genitalien und in die Brüste geschossen worden, erinnert sich der Arzt. Der absolute Horror aber kommt für ihn nach den ersten drei Monaten im Hospital: 45 Frauen erzählen ihm alle von den gleichen Gewalttaten. Dann kommen die nächsten Frauen, mit schwersten Verbrennungen. Ihnen hatten die Männer nach der Vergewaltigung Chemikalien in die Genitalien gesteckt – das Grauen und der Horror hören nicht auf. Es ist ein Albtraum. Dr. Denis Mukwege wird klar: »Das sind nicht nur schreckliche Gewalttaten, das ist Teil einer Strategie. Diese Milizen zwingen in einem Dorf alle, dabei zuzusehen, wenn Mädchen und Frauen vergewaltigt werden. So verletzen sie nicht nur die Opfer, sondern zerstören die ganze Dorfgemeinschaft. Weil sie gezwungen ist, Zeuge zu sein.«

Seitdem nennen ihn die Menschen hier den »Vergewaltigungsarzt« der Demokratischen Republik Kongo. Dr. Mukwege hat mit seinen Mitarbeitern inzwischen aber auch kluge Strategien entwickelt, um nicht nur mit dem Skalpell, sondern auch psychologisch und juristisch zu helfen. So wird zum Beispiel jede Frau, jedes Mädchen vor der Operation psychologisch beurteilt. Übersteht sie die Folgen eines Eingriffs? Wie lange wird sie danach psychosoziale Hilfe benötigen, damit sie wieder eingegliedert werden kann in die Familie, in ihr Dorf? Wenn sie entlassen wird, kann sie ihr eigenes Leben schützen? Oder ist sie weiter gefährdet?

Im Panzi Hospital helfen auch Juristen. Denn viele der Opfer kennen die Täter. Damit diese angeklagt werden können, müssen die Frauen den Mut haben, alles zu erzählen, alles auszusprechen. Panzi stellt dann Anwälte, die versuchen, diese Fälle vor Gericht zu bringen. Ein mühevoller Weg. Aber der einzig richtige, um eines Tages wieder Frieden unter den Menschen zu ermöglichen.

Was tun nur all diese brutalen Männer in den Camouflage-Uniformen den Frauen und Mädchen hier an? Das frage ich mich, wenn ich die Frauen ansehe, ihnen zuhöre. Wenn sie scheinbar äußerlich unbewegt ihre Geschichten erzählen. Aber immer noch Angst haben. »Bitte, schreiben Sie meinen Namen nicht, wir erfinden einen!« Oder: »Schreiben Sie alles auf, alles, damit uns die Welt nicht vergisst hier im Kongo – aber nicht meinen richtigen Namen!«

Auch Justine bittet mich darum. Sie war schon einmal als Patientin in Panzi. Nach einem Überfall auf ihr Dorf, nach der Massenvergewaltigung durch fünf Rebellen. Die Ärzte mussten sie damals einer Totaloperation unterziehen. Da war nichts mehr heil. Mit psychologischer Unterstützung konnte sie nach sechs Monaten wieder zurück in ihr Dorf. Ihr Mann hatte sich inzwischen eine Zweitfrau geholt. Justine durfte sich noch um ihre Kinder kümmern. Da kamen die Rebellen zum zweiten Mal. Ein weiterer Überfall. Sie haben Justine wiedererkannt, wussten um ihren Aufenthalt in Panzi – und haben sie lachend als Erste im Dorf noch einmal vergewaltigt. »Wir kennen dein Gesicht«, riefen sie und stürzten sich auf sie. Jetzt ist sie schon seit zwei Monaten wieder im Krankenhaus. Diesmal ohne jede Hoffnung. Sie sieht mit leeren Augen an mir vorbei. Geht ganz langsam wieder aus dem Raum, ein zerstörter Mensch. Es zerreißt einem das Herz.

Die hübsche, 28-jährige Kabene setzt sich sehr vorsichtig zu mir an den hölzernen Tisch. Sie kommt zusammen mit einer Sozialarbeiterin. Ihr Heimatdorf ist Bunyakiri, im Norden Süd-Kivus. FDLR-Milizen (Forces Démocratiques de Libération du Rwanda), also Hutu, haben in ihrem Dorf alle Männer und Kinder getötet. Sie haben die Häuser verbrannt und alles gestohlen, was nicht niet- und nagelfest war. Manchen der Dorfbewohner haben sie einfach die Hände abgeschlagen, die Füße abgetrennt, und vielen Männern die Penisse abgeschnitten. »Wir hatten gar nicht so viele Gräber, um alle Toten zu beerdigen«, erzählt sie mir. Aber das pure Grauen kommt ihr erst später, ganz leise, über die Lippen: Die Männer haben eine Schwangere in einen Wasserbottich gesetzt und ihr das Kind bei lebendigem Leib aus dem Bauch geschnitten. Mehr kann sie nicht sagen. Es schüttelt sie, wieder und wieder. Ihrem Mann, sagt sie dann fast beiläufig beim Hinausgehen, haben sie nur einen Arm abgehackt. Jetzt ist er zwar behindert – aber wenigstens am Leben. Auch Kabene hofft, bald ein wenig stabiler zurück in ihre Familie zu kommen. Das sagt sie noch zum Abschied.

Jedes Mädchen, jede Frau, alle 450 hier in Panzi haben eine eigene, grausame Geschichte. Zusammengenommen ist es die Geschichte einer ganzen Region, in der Vergewaltigung normal ist, in der die Grausamkeiten nicht enden, sondern zunehmen. Und keiner stellt die Täter vor Gericht. Nur wenige kümmern sich um die Millionen Opfer: die Frauen, die Mädchen, die Jungen und die Männer. Die alle nichts anderes wollen, als ein friedliches Leben führen.

Dr. Denis Mukwege bringt die Geschichte dieser nun fast 18 Jahre dauernden Kriege auf einen Nenner: »Es geht hier nicht um religiösen Fanatismus. Es ist kein Krieg zwischen Staaten. Es ist ein Krieg wegen wirtschaftlicher Interessen. Und die Zerstörung der kongolesischen Frauen ist die Waffe.«

Kongo: eindrucksvolle Filme

Im Schatten des Bösen – der Krieg gegen die Frauen im Kongo ist ein beeindruckender, hochemotionaler Film über den Krieg im Kongo. Susanne Babila dokumentiert die unglaubliche Grausamkeit, mit der im Osten des Landes vor den Augen der Öffentlichkeit, aber ohne entsprechende öffentliche Reaktionen, Krieg geführt wird. Sie hat im Hospital Panzi in Bukavu ebenso gedreht wie in den Dörfern im Regenwald. Der Film lief in der *ARD.*

Der zweite beeindruckende Film, von den Zwillingsschwestern Ilse und Femke van Velzen, heißt *Fighting the Silence* und erzählt die Geschichten der Überlebenden von Massenvergewaltigungen im Ost-Kongo und wie die Dorfgemeinschaften leider oft die Opfer bestrafen, anstatt die Vergewaltiger anzuzeigen. Der Film zeigt, warum so viele Frauen und Mädchen schweigen und lieber mit den Ängsten und Traumata einer Vergewaltigung leben, als mit anderen Menschen darüber zu sprechen.

Über 50 Rebellentruppen ziehen ihre blutige Spur

Nach all den Gesprächen flehen mich die Frauen im Hospital Panzi immer wieder an: »Schreiben Sie, dass die FDLR weg muss. Diese Hutu begehen all die Grausamkeiten. Erst dann kommt wieder Frieden, erst dann können wir wieder unsere Felder bestellen und in Ruhe mit unseren Familien leben.«

Die Hutu-Milizen, die FDLR. Das sind also die Feinde. Nicht nur der Frauen, sondern aller Menschen in der

Provinz Süd-Kivu. Sie haben – so heißt es – 60 Prozent der Massenvergewaltigungen begangen. Sie seien verantwortlich, dass kein Frieden einkehrt rund um die schönen Seen und Berge. Das ist auch im Report der Harvard Humanitarian Initiative so zu lesen.

Was sind das für Milizionäre? Welche Rolle spielt die kongolesische Armee? Wie viele solcher Gruppen durchziehen das Land und die Berge? Unser UNICEF-Fahrer sagt: Es sind 56 Gruppen. Andere sprechen von zwei Dutzend. Die Größe der einzelnen Gruppierungen schwankt zwischen 300 und 2000. Hochgerechnet ergibt das eine Zahl zwischen 7200 und 112000 Milizionären. Wer weiß es wirklich?

Im UNICEF-Büro in Bukavu hängt eine bunte Landkarte der Region. Berta Travieso erklärt mir diese wichtige Arbeitsgrundlage für die UNICEF-Mitarbeiter. Damit niemand in unnötige Gefahrenzonen gerät. Wobei der Einsatz in der Region Süd-Kivu nie vollkommen gefahrlos ist. Weil es so viele feindliche Milizen gibt.

Sieben verschiedene Farben markieren entlang der Seen und entlang der ruandischen und ugandischen Grenze die Einflusszonen der »groupes armés«: die FDLR (die Hutu-Miliz) ist orange und kontrolliert laut Karte wohl das größte Gebiet. Hier versammeln sich bis heute viele der Mörder, die 1994 in Ruanda im Genozid zwischen 800000 und einer Million Menschen in 100 Tagen niedergemetzelt haben und anschließend über die nahe Grenze in den Ost-Kongo geflohen sind. Weil, aus Uganda kommend, die Tutsi mit dem jetzigen Präsidenten Paul Kagema dem grausamen Treiben in Ruanda ein Ende machen konnten.

Dem Einflussbereich der FDLR gegenüber liegt ein Gebiet, das die FARDC (Forces armées de la République démocratique du Congo, die kongolesische Armee) kontrolliert. Es kommt mir relativ klein vor. Bekannt für große

Gesetzestreue sind diese Soldaten leider auch nicht. Eigentlich sollen sie ja die Menschen im Ost-Kongo schützen. Aber immer wieder erzählen diese mir von marodierenden Soldaten, die über ihre Dörfer hergefallen seien, die Häuser geplündert hätten und binnen zweier Tage mehr als 100 Frauen vergewaltigt haben. Unter ihnen Mädchen, kaum älter als sechs Jahre …

Dann die M23-Milizen. Sie sind bereits Geschichte und auf der Karte gar nicht mehr aufgeführt. Sie haben Ende 2013 einem Friedensvertrag zugestimmt. Sicherlich auch, nachdem in New York das Mandat der UN-Mission erweitert worden war. Demnach durften jetzt Blauhelme aktiv Rebellen bekämpfen. Nicht mehr nur zugucken, wie noch 1994 in Srebrenica/Bosnien oder im selben Jahr in Ruanda beim Völkermord.

Zu all den genannten Soldanten und Rebellen haben die afrikanischen Länder zusätzlich eine schlagkräftige Eingreiftruppe geschickt. Diese »power« im Rücken hat es sicherlich dem derzeitigen US-Außenminister John Kerry ermöglicht, den ruandischen Präsidenten Paul Kagame zu »überzeugen«, sich einfach »nicht mehr einzumischen«. Erst dann waren die Führer der gefürchteten M23-Truppe zum Einlenken bereit. Immerhin.

Die Bewegung 23. März (französisch: Mouvement du 23-Mars, kurz M23) war eine Rebellengruppierung in Nord-Kivu. Die Gruppierung entstand im April 2012 aus ehemaligen Mitgliedern der 2009 aufgelösten Rebellengruppierung Nationalkongress zur Verteidigung des Volkes (CNDP) – war aber ursprünglich von meuternden kongolesischen Soldaten gegründet worden. Also Männern aus der Demokratischen Republik Kongo. Aufbegehrt hatten diese, weil sie ihren Sold gar nicht oder sehr verspätet ausbezahlt bekommen hatten. Mehrheitlich bestand die Truppe aus ethnischen Tutsi, die zuvor – nach einer blutigen Vergangenheit in anderen Rebellengruppen – in die Regierungsarmee integriert worden waren. Das hatte sich als eine fatale Entscheidung erwiesen. Hier hat man den Bock zum Gärtner gemacht. Denn das Land Ruanda hat die M23 wohl immer unterstützt. Verständlich – sie waren ja auch Tutsi. Deshalb ist Kerrys Erfolg bei Präsident Kagame, sich in Zukunft aus dem Konflikt des Nachbarlandes herauszuhalten, gar nicht hoch genug einzuschätzen für einen möglichen Frieden in der ganzen Region Ost-Kongo.

Es geht um Gold, Geld und Coltan

So viel zu den wesentlichen »Mitspielern« in diesem Krieg. Ihnen allen geht es nur um eines: um wirtschaftliche Macht. Um Bodenschätze, Geld und Gold. Solange die Rebellen aber die Minen und die Produktion von Bodenschätzen unter sich aufteilen, solange die kongolesische Armee nicht besser ausgerüstet und aufgerüstet das Land und die Menschen schützen kann und will – so lange wird es keinen Frieden geben.

In der Kette aus Gier und Gewalt geht es vor allem um unsere Smartphones, und damit sind wir Menschen in den Industrienationen mit in der Verantwortung. Wir wechseln heute alle zwei, drei Jahre unsere mobilen Geräte. Wer von uns weiß schon, dass bis zu 30 verschiedene Metalle darin verarbeitet werden? Dass die Hälfte davon aus den Gold-, Coltan-, Zinnerz- und Wolfram-Minen des Ost-Kongo kommt? Das so begehrte Coltan ist ein Erz, aus dem das Metall Tantal gewonnen wird. Wolfram ermöglicht es, dass unsere Handys nicht klingeln, sondern ganz sanft vibrieren.

All diese Metalle stammen aus der Kivu-Region an der Grenze zu Ruanda. Aus einer der rohstoffreichsten Gegenden der Welt. Das ist der Hauptgrund für die nun seit 18 Jahren andauernden Kriege. Nur deshalb werden Kinder zum Soldatendasein gezwungen, Mädchen zu Sexsklavinnen der Kommandanten gemacht, Dörfer überfallen für Lebensmittel, Geld und Geräte, Frauen vergewaltigt – weil es einen Krieg gibt um die Kontrolle dieser Rohstoffe und die Gewalt zum Alltag der Milizionäre gehört. Sie kontrollieren einen Großteil der rund 900 Minen. Mit den Erlösen finanzieren sie ihre Waffenkäufe. Sie versklaven die Menschen aus den Regenwalddörfern. Zwingen sie, in den Minen oft mit ihren bloßen Händen die Erze zu schürfen. In den ungesicherten Coltan-Minen sind es vor allem Kinder, die dort schuften müssen. Weil sie so kleine Hände haben, selbst noch so klein sind und daher besser in die gefährlichen Stollen hineinrutschen können.

Sobald die Mineralien beim ersten Zwischenhändler abgegeben sind – selten gegen Geld, oft nur, um das eigene Leben zu sichern –, kommen weitere Zwischenhändler ins Spiel. Bis die Metalle meist über Ruanda nach Mombasa in Kenia und zur Verarbeitung nach Asien exportiert werden. Von dort gelangen sie dann an die großen Handy-Produzenten in der ganzen Welt. Diese bauen sie in Smartphones und Digitalkameras ein. Sowohl Apple als auch Samsung, Nokia, Nikon, Canon oder Blackberry versichern zwar immer wieder, dass ihre Zulieferer nur »saubere« Mineralien verwenden würden. Sauber – das heißt: nicht von Blut getränkt. Vom Blut der Menschen in den Abbauregionen. Aber wer prüft den Weg zum Produzenten? Wenn vor allem Rebellen den Abbau kontrollieren? Wenn Ruanda tatsächlich 28 Prozent seines Bruttosozialproduktes mit Coltan erwirtschaftet, obwohl in dem kleinen Land keine einzige Mine liegt? Es sind die Hutu-

Milizen aus dem Kongo, die das Coltan nach Ruanda verkaufen.

Doch nicht nur Coltan ist ein großes Geschäft. Unter der kongolesischen Erde lagern Unmengen an Gold, Zinnerz, Diamanten und Kassiterit. Die Bergbauindustrie insgesamt ist die tragende Säule des Landes. Der Bergbau erbringt 80 Prozent der Exporterlöse. Wer sich den Zugriff auf die Bodenschätze sichert, verdient Milliarden. Und wenn dieses Geld in die Hände der Rebellen gerät, wird es zum großen Teil wieder in Waffen umgesetzt. Mit Waffen wird die Bevölkerung terrorisiert. Ein Teufelskreis.

Daneben lagern unter der Erde des Kongo geschätzte 180 Millionen Barrel Erdöl und 991 Millionen Kubikmeter Erdgas. Mein Gott – was für ein Reichtum! Und welche Armut. Das Pro-Kopf-Einkommen liegt im Kongo bei etwa 220 Euro. Im Jahr.

Mit diesen nicht gerade sehr ermutigenden Gedanken sehe ich hinunter auf den Kivu-See, die Grenze zwischen Ruanda und der DRC. 2650 Quadratkilometer misst der See, mit der Insel Idjwi in der Mitte, der zweitgrößten Binneninsel Afrikas. Da drüben gibt es keine Rebellen, dafür Armut, Krankheit und kaum Zugang zu den Errungenschaften der Zivilisation. Die Menschen dort sind aber sehr freundlich und hilfsbereit, das werde ich noch bei meinen Recherchen in dieser Region von anderen Bewohnern der Bergdörfer erfahren.

In meinem Hotel habe ich einen kongolesischen Arzt kennengelernt, der auf der Insel ein Krankenhaus errichten möchte und weltweit Spender sucht. So hat Dr. Mukwege auch mal angefangen – viel Glück!

Das reichste Land – die ärmsten Menschen

Es ist wirklich fatal: Der Kongo ist das reichste Land Afrikas, wahrscheinlich sogar der Welt. Aber in kaum einem anderen Land haben die Menschen so wenig von diesem Reichtum, von den größten Regenwaldgebieten Afrikas. Rund zwei Drittel der Landesfläche sind von tropischem Wald bedeckt. Die Menschen profitieren nicht von den Schätzen unter der Erde. Von den besten, fruchtbarsten Böden, besprengt von genügend Regen im ganzen Jahr. Alles wächst und könnte die Menschen wunderbar ernähren. Vor allem im Osten des Landes.

Wenn sie denn dort nicht ständig auf der Flucht sein müssten und um das tägliche Überleben kämpfen. Im ganzen Kongo fliehen die Menschen in die Städte. Sie erhoffen sich dort Arbeit, bessere Wohnbedingungen, eine Unterstützung des Staates oder zumindest Hilfe von Hilfsorganisationen. Kinshasa hat inzwischen zehn Millionen Einwohner. Städte wie Lubumbashi, Mbuji-Mayi, Kananga, Bukavu und Goma platzen aus allen Nähten. Dazu kommen mindestens zwei Millionen Flüchtlinge rund um die großen Seen und weitere zwei Millionen Vertriebene, also Kongolesen, die ihre Heimat verlassen mussten. Das Land und seine Regierung sind dem nicht gewachsen. Um die Bildung der Menschen und ihrer Kinder steht es mehr als schlecht: Formal ist zwar eine Grundbildung vorgeschrieben, vom sechsten bis zum zwölften Lebensjahr, und auch staatlich garantiert. Faktisch ist ein öffentliches Bildungssystem aber kaum existent. Die meisten Schulen erhalten keine staatliche Unterstützung. Daher müssen die Eltern die Lehrer direkt bezahlen. Bedingt durch den Krieg ging der Anteil der Kinder, die eine Schule besuchen, von rund 70 Prozent auf nunmehr etwa 40 Prozent zurück, weil für große Teile der Bevölkerung das Schulgeld unerschwinglich geworden ist.

Auch die medizinische Lage im Kongo ist sehr schlecht. Ein öffentliches Gesundheitssystem existiert nicht, viele der ohnehin kaum ausgebauten Einrichtungen wurden infolge des Krieges zerstört. So gibt es nur einen Arzt für 10 000 Menschen. In anderen Staaten liegt dieser Wert teilweise 40-mal so hoch.

Zur mangelhaften Versorgungssituation kommt zusätzlich das Problem, dass in den ländlichen Regionen nur 29 Prozent und in den Städten immerhin noch 82 Prozent der Menschen Zugang zu sauberem Trinkwasser haben. Aber eben bei Weitem nicht alle. Insgesamt beläuft sich die Zahl der Kongolesen ohne Trinkwasserzugang laut einer UN-Studie von 2011 auf rund 51 Millionen, obwohl der Staat über mehr als 50 Prozent der Wasserressourcen Afrikas verfügt. Außerdem besteht nur für ein knappes Drittel der Bevölkerung die Möglichkeit, Sanitäreinrichtungen zu nutzen. Durch den dadurch hervorgerufenen Mangel an Hygiene treten häufig lebensbedrohende Durchfallerkrankungen auf. Der Kongo hat eine der höchsten Kindersterblichkeitsraten. Laut Angaben der Weltbank waren es 2012 167,7 Tote pro 1 000 Lebendgeborene unter fünf Jahren. Ebenfalls dramatisch sind die Zahlen der Säuglings- und Müttersterblichkeit: 121 Todesfälle je 1 000 Geburten bei den Babys, 540 Todesfälle pro 100 000 Geburten bei den Müttern. Fazit: Der Kongo zählt für seine Bewohner nicht nur zu den gefährlichsten Ländern der Welt, sondern auch zu den am schlechtesten versorgten. Die Menschen können ihre Kinder nicht zur Schule schicken, ein Großteil ist unterernährt, hat keinen ausreichenden Wohnraum und keinen Zugang zu medizinischer Versorgung. Vor dem ersten Krieg und der Ausbeutung durch die Belgier zählte der Kongo zu den wirtschaftlich höchst entwickelten Ländern Afrikas ... Aber das war einmal.

Das alles wäre schon ohne die Kriege der vergangenen

18 Jahre höchst dramatisch. Dazu ist die Korruption zur tragenden Säule des sozialen und politischen Lebens geworden. Präsident Mobutu hat das mit dem sogenannten Artikel 15 der Verfassung zur Lebenswirklichkeit erklärt: »Schlagt euch durch – Behelft euch!« Die Menschen, denen ich begegnet bin, stöhnen alle unter der Korruption, die das ganze Land wie eine Krake überzogen hat. Zum Beispiel erhalten die 140 000 Soldaten der kongolesischen Armee FARDC und die Dorflehrer nur 20 Prozent ihres Gehaltes. Renten kommen erst gar nicht bei den Alten an, und die Gerichte funktionieren nur mit unerklärlichen »Gebühren«. Wirtschaftliche Initiativen ersticken an diesem System. Umgekehrt sind »Transparenz« und »Anti-Korruption« mit die meistbenutzten Worte in jedem meiner Gespräche. Nur – wer setzt das um? Wenn es einfach nur ums tägliche Überleben geht?

Hoffnung durch MONUSCO

»Es ist nur eine Stunde entfernt und auch auf guten Straßen zu erreichen.« Das erklären mir die Mitarbeiter von WorldVision, als wir uns viel zu spät auf den Weg machen. Gemeint ist unser Ziel, ein Dorf an den Berghängen in Süd-Kivu. Hoch über dem See und immer wieder Schauplatz grausamer Überfälle von Rebellen.

Wir fahren also los in Bukavu vom Südende des Kivu-Sees. Ich will in dem Bergdorf mit Frauen sprechen, die jahrelang im Regenwald überleben mussten, weil die Rebellen in ihrem Dorf alles verbrannt und gestohlen haben. Aber ich möchte auch mit den anderen Frauen reden, die nicht geflohen sind und die Vergewaltigungen und Gewaltakte gegen ihre Männer und Kinder überlebt haben.

Bis zum nationalen Flughafen Bukavu, eine Autostunde entfernt, ist die Straße für kongolesische Verhältnisse tatsächlich hervorragend. Nur wenige Schlaglöcher, alles geteert. Die Seitenränder nicht zu tief in Gräben abfallend. »Wir sind gleich da«, sagt unser Übersetzer Fiston. Aber wieder einmal zeigt sich, dass Entfernungs- und Zeitangaben nicht die besondere Stärke der Kongolesen sind. Denn was nun beginnt, ist eine der abenteuerlichsten Autofahrten meines Lebens. Gleich nach der Abfahrt zum Flughafen endet die Teerstraße. Was jetzt folgt, besteht nur noch aus Löchern, Gräben und Rinnen, herausgepresst von den Wassermassen nach den üblichen heftigen Regenschauern hier. Es ist eine Ansammlung aus Hügeln und Kratern. Ich fühle mich wie bei einer Fahrt mit der Wilden Maus auf dem Münchner Oktoberfest. Nur ist kein Ende in Sicht. Der Fahrer versucht mit rund 60 Stundenkilometern, den schlimmsten Kratern auszuweichen. Der Geländewagen schlingert und schaukelt, wackelt und springt auf und ab. Mein Genick wird aufs Äußerste strapaziert. Ich erinnere noch den Satz einer Kollegin über eine Fahrt in Afrika: »Immer locker bleiben.« Leicht gesagt – eine halbe Stunde vielleicht. Aber rund zweieinhalb Stunden? So lange dauert die Fahrt dann tatsächlich vom Flughafen ins Frauenzentrum in Kalehe. So heißt das Dorf über dem Kivu-See.

Ich kann vor lauter Wackel- und Schaukelbewegungen im Wagen gar nicht auf die grünen Felder und die reiche Vegetation rundum schauen. Mir fällt nur immer wieder auf, wie gut die Menschen hier von der Landwirtschaft leben könnten, wenn sie denn in Frieden ihre Böden bewirtschaften dürften.

Wir sind angekommen. Inzwischen regnet es. Wir laufen durch den Matsch in ein ordentliches Steinhaus. Geschützt von einem großen Eisentor. Zwei Männer in engen Bürozimmern erklären mir ihr Projekt. Nicht sehr engagiert.

Sie stehen nicht einmal auf, als wir hereinkommen. Nur widerwillig geben sie mir die Hand. 575 Frauen würden sie betreuen rund um Kalehe. Ihr Ziel sei es, Nahrung sicherzustellen und die Armut in den Dörfern zu beenden. Wie das funktioniert? Indem sie sich auf die Verbesserung der Landwirtschaft konzentrieren. Auf Gesundheit und Ernährung. Vor allem auch wollen sie die Säuglingssterblichkeit reduzieren. Frauen sollen unterstützt werden, und man will alles tun, um Epidemien zu vermeiden. Klingt anspruchsvoll und ist sicherlich richtig. Von der Basisarbeit von UNICEF weiß ich, wie schwer das alles letztlich ist, wenn es ans Umsetzen geht.

Wo ich denn jetzt ein paar Frauen sprechen könnte? Mir ist der authentische Bericht, das Zuhören, Ansehen, das Gefühl für einen Menschen immer wichtiger, als nur den Organisatoren zu trauen. »Gleich wenige Minuten mit dem Auto, um die Kurve, den Berg hinauf«, sagen die beiden. Und wollen auch gleich bei uns einsteigen. Wir sind allerdings schon vier, und einer muss zurückbleiben, nachdem er sich nicht auf den Ersatzreifen im Kofferraum setzen will.

Fast ahnte ich es schon: Aus den fünf Minuten wird wieder eine halbe Stunde. Ruckel und wackel, rauf und runter, hoch und fast im Kreis – so schaukelt sich der tapfere Fahrer mit dem Geländewagen in weitere Höhen. Landschaftlich wunderschön, immer mit dem Blick auf den See und seine hunderte von Inseln. Allmählich rinnt uns die Zeit davon. Wenn wir bei beginnender Dunkelheit am Abend wieder in Bukavu sein wollen, bleibt wenig Raum für ein Gespräch, geschweige denn für ein Kennenlernen. Wir sind jetzt sage und schreibe vier Stunden unterwegs.

Endlich Stopp, endlich angekommen. Eine freundliche Frau, Risiki, 30 Jahre alt, führt mich in ihr wirklich hübsches Haus. Massive Wände, ein dichtes Dach und innen schwere Holzsessel am rechteckigen Tisch. Wir erklären ihr, warum wir so spät dran sind und warum so wenig Zeit bleibt, zuzuhören. Sie nickt, sie versteht. Sie kennt schließlich die Wege und Straßen von und nach Bukavu. Risiki ist nach dem ersten Überfall der FDLR-Rebellen mit Mann und sechs Kindern in den Regenwald hoch in die Berge geflohen. Drei lange, schwere Jahre haben sie dort überlebt. Immer in Angst, aber wenigstens zusammen mit anderen Dorfbewohnern. Und: im Besitz eines Bootes! Mit dem sie nachts auf die große Insel im Kivu-See paddelten. Dort haben ihnen die Menschen geholfen, obwohl sie selbst nicht viel hatten. Sie haben ihnen Lebensmittel gegeben, trinkbares Wasser, Kleidung gegen die kalten Regenwaldnächte und Holz, um ein kleines Feuer zu machen. Umsonst, denn Geld hatten die Flüchtlinge keines. Das hatten ihnen die Rebellen beim Überfall natürlich auch als Erstes gestohlen.

Das alles ist Vergangenheit. Während die junge Frau erzählt, schaue ich mich in ihrem Haus ein wenig um – sie muss mit ihrem Mann unglaublich fleißig gewesen sein, wenn die beiden mit ihren sechs Kindern heute wieder in einem derart soliden Haus in ihrem Dorf leben können.

Risiki bittet ihre Nachbarin Isabella zu uns. Isabella ist damals in ihrer Hütte im Dorf geblieben. Mit der ganzen Familie. Sie wollte nicht fliehen, nicht ihre Tage und Nächte im Dschungel verbringen. Obwohl sie wusste, dass die FDRL-Rebellen als Nächstes ihr Dorf überfallen würden.

Es kommt schlimmer als befürchtet: Die gleichaltrige Freundin von Risiki muss gleich mehrere Überfälle durchstehen. Und eine schlimme Vergewaltigung in ihrer Hütte von zwei Rebellen ertragen. Ihr Mann ist derweil in einem anderen Raum, gefesselt. Doch ihre damals drei Kinder sind dabei. Isabella schüttelt es noch heute. Aber sonst, sagt sie mir, sei sie wieder stabil. Nach zwei Tagen Gefangenschaft bei den Milizionären sei ihr Mann erstaunlicherweise wieder zurückgekommen und habe seine verletzte Frau sofort in das Panzi Hospital nach Bukavu gebracht. Dort habe man ihr geholfen. Auch psychologisch. Vor allem ihr Mann ist wohl eine große Stütze. »Das ist nicht das Ende des Lebens«, hat er seiner Frau gesagt – und danach haben die beiden auch noch zwei weitere Kinder bekommen.

Ein außergewöhnliches Verhalten für einen kongolesischen Ehemann. Isabella ist sichtbar froh und sehr glücklich mit ihm. Wenngleich sie sagt, dass sie bis heute nachts von der Vergewaltigung träumt und schweißgebadet aufwacht. Wenigstens kann ihre Familie inzwischen wieder ruhig schlafen. Denn die MONUSCO-Mitarbeiter sorgen für Sicherheit. Ermächtigt von den Vereinten Nationen auch zu kämpfen und zu schießen, unterstützen sie heute die kongolesischen Soldaten auf ihren Patrouillen. Das ist ein großer Fortschritt für diese Region. Ein Lichtschimmer am Ende eines dunklen Tunnels. Und endlich ein wenig Sicherheit für die Frauen und Kinder.

Wie stark sind Afrikas Frauen?

Auf der Heimfahrt diskutiere ich mit meinen beiden kongolesischen Begleitern die derzeitige politische Situation. Schon bei der Zahl der Rebellengruppen sind die beiden Männer unterschiedlicher Meinung: von 40 Gruppen spricht der eine – 59, ganz sicher!, meint der andere. Diese Banden, so müsste man sie eigentlich nennen, haben sich in die Berge Süd-Kivus zurückgezogen. Aber immer noch sind sie wohl zwischen 300 und 2 000 Kämpfern stark. Wenngleich diese Zahlen ebenfalls niemand bestätigen kann. Doch sie sind da, sie verbreiten weiterhin Angst und Schrecken, überfallen, plündern, vergewaltigen, nehmen Gefangene, morden und brennen die Hütten nieder. Bis heute. Und es sind nicht nur die FDLR-Rebellen, die ehemaligen Hutu-Milizen, wie mir die Frauen im Panzi Hospital immer wieder gesagt haben. Nein – viel zu viele Rebellengruppen wollen hier Macht ausüben, wollen an Gold und Geld. Leidtragende sind die Kinder, die Mädchen, die Frauen.

Und die Zukunft ist alles andere als rosig. Zwei Drittel aller erwachsenen Analphabeten in Afrika – sind Frauen. Zwölf Millionen Mädchen südlich der Sahara wurden nie eingeschult. 430 Millionen Frauen in dieser Region hoffen auf einer Verbesserung ihrer Lebenssituation. Endlich aber gelangen Frauen in Führungspositionen, fallen auch Machtbastionen, die vor nicht allzu langer Zeit noch fest in Männerhand waren: Die Afrikanische Union beispielsweise wird von der Südafrikanerin Nkosazana Dlamini-Zuma geführt. In Liberia regiert Ellen Johnson Sirleaf, die erste Präsidentin in der postkolonialen Geschichte des Kontinents. In Kenia wurden erstmals seit der Unabhängigkeit eine Außenministerin und eine Verteidigungsministerin vereidigt. In Ruanda sind 64 Prozent der Unterhausabgeordneten weiblich – das ist die höchste Frauenquote der Welt! Und im Oktober 2011 erhielten zwei Afrikanerinnen den Friedensnobelpreis: Liberias Staatschefin Ellen Johnson Sirleaf und die Bürgerrechtlerin Leymah Gbowee.

Aber immer noch stimmt auch hier der Satz von Mao: Die Frauen tragen die Hälfte des Himmels. In Afrika drei Viertel. Denn sie produzieren südlich der Sahara mindestens 80 Prozent aller Nahrungsmittel. Dabei besitzen sie nur ein Prozent der landwirtschaftlichen Nutzfläche.

Die Rolle Ruandas für die Zukunft des Kongo

Hunderttausende vergewaltigter Frauen, Kindersoldatinnen und Sexsklavinnen der Rebellen, Leid und Elend von zwei Millionen Vertriebenen und zwei Millionen Flüchtlingen im Ost-Kongo – all das ist nicht zu verstehen ohne die Rolle Ruandas. Das kleine afrikanische Land, das heute einen Wirtschaftsaufschwung ohnegleichen vorweisen kann, ist eng mit der Geschichte und dem Drama der Menschen an den großen Seen verbunden. Nicht nur, dass die Grenze zwischen dem Kongo, Ruanda und Uganda mitten durch die Seen verläuft. Nein – mit dem Genozid 1994 begann alles. Als die Hutu in 100 Tagen 800 000 bis eine Million Tutsi gezielt abschlachteten. Dann flohen die Hutu nach dem Sieg der Tutsi in einer Nacht- und Nebelaktion in den Osten des Kongo. Damit hielten im Kongo Gewalt und Schlächterei Einzug. Hier die tausenden Hutu-Milizen, die sich FDLR nennen. Dort die M23, die Tutsi-Kämpfer, vereint mit den desertierten kongolesischen Soldaten. Alle, ja alle haben die Dörfer überfallen, die Frauen vergewaltigt, die Männer massakriert. Keine Miliz ist bis heute bereit, ihre Waffen an die MONUSCO abzugeben. Frieden ist nicht in Sicht im Ost-Kongo.

Dafür wirkt das kleine Nachbarland Ruanda wie ein Musterschüler, ein Musterstaat. So, als hätte es nichts zu tun mit dem Ost-Kongo. Alles friedlich, mit seinen tausend Hügeln und seinen 11 Millionen Einwohnern, inzwischen auch international geachtet. Gepflasterte und schlaglochfreie Straßen, Strom, Wasser, Schulen für alle, Universitäten, geringe Arbeitslosigkeit. Auch Frauen können nachts ohne Gefahr nach Hause gehen. Als erstes Land Afrikas gibt es eine flächendeckende Krankenversicherung für alle. Mehr als 60 Prozent der Abgeordneten im Parlament sind Frauen. Die Korruption wird konsequent bekämpft, und die Wirtschaft wächst. Paul Kagame, der jetzige Präsident und einstige Milizenführer, hat 1994 aus Uganda kommend die Hutu vertrieben und damit das Massenmorden beendet. Ausländische Politiker sagen heute voller Bewunderung über ihn: »Er hat vieles richtig gemacht.« Aber viele kritische Stimmen halten dagegen.

Denn Ruandas wirtschaftlicher Erfolg beruht vor allem auch auf der Ausbeutung der Ressourcen des Ost-Kongo. Was oft verschwiegen wird. Wer in Ruanda gar behaupten würde, dass das Land den Ost-Kongo ausplündere und destabilisiere – der würde sofort verhaftet und verurteilt werden. Denn Paul Kagame führt ein strenges, höchst autoritäres Regime. Die Oppositionsführerin ist inhaftiert, denn Opposition lässt er nicht zu. Auch keine Presse, die aus seiner Sicht »unwahre« Behauptungen aufstellt. Hutu und Tutsi gibt es nicht mehr – alle sind Ruander. Versöhnung ist erste Bürgerpflicht. Dass Ruanda aber noch bis vor Kurzem die Milizen der M23 unterstützt hat, weil sie eben ethnische Tutsi sind, wird nicht nur hinter vorgehaltener Hand berichtet. Erst als die Tutsi die Stadt Goma Ende 2013 überfallen und erobern, wird die UN wach. So kommt es zum längst überfälligen Befehl an die MONUSCO, die Menschen auch mit Waffengewalt zu schützen, die Täter anzugreifen und zu vertreiben. Das ist das – vorläufige – Ende der M23. Ruandas Präsident Kagame will von alldem nichts gewusst haben. Er hat stets jegliche Verbindung zu den Rebellen weit von sich gewiesen.

Noch ein Satz zu MONUSCO: Das ist die größte und teuerste UN-Mission aller Zeiten. Bisher. Die Kongolesen selbst sind allerdings nicht gut auf die internationalen Soldaten zu sprechen. Diese hätten einfach zugesehen, als Bukavu von Rebellen überrannt wurde. Haben sich nicht gerührt, als die M23-Milizen in Goma einmarschiert sind, Zivilisten und ihre Häuser geplündert haben, Frauen und Mädchen vergewaltigten und die Bürger massakrierten.

Dazu erzählen mir die Menschen im Kongo von üblen Sexskandalen und vielen Fällen, in denen die UN-Soldaten Geschäfte mit den Rebellen gemacht hätten. Die MONUSCO scheint in den Augen der Bürger nicht unbedingt ein großer Schutz. Da gibt es noch viel aufzuarbeiten seitens der Blauhelme im Ost-Kongo.

Wer stellt die Täter vor Gericht?

Und noch etwas anderes können die Menschen im Kongo nicht begreifen und schütteln resigniert den Kopf, wenn sie mir davon berichten: Bisher sind die wenigsten Täter, Anführer, Vergewaltiger und Milizionäre vor ein ordentliches Gericht gestellt worden. Auch wenn bereits seit 2006 Menschenrechtsverletzungen in der Demokratischen Republik Kongo Gegenstand internationaler Strafprozesse sind. Bis jetzt stehen in Den Haag nur der Milizenführer Thomas Lubanga und der gefürchtete Warlord Germain Katanga vor Gericht. Beide wegen der von ihnen angeordneten Massenvergewaltigungen, wegen der Massaker und der Rekrutierung von Kindersoldaten. Lubanga erhielt 14 Jahre Haft. Bei Katanga habe es sich um ein »besonders grausames«, ethnisch motiviertes Massaker gehandelt, das er vor elf Jahren angeordnet habe, befanden die Richter. Der 36-Jährige wurde dann im März 2014 schuldig gesprochen. Das Verfahren gegen den Warlord und M23-Anführers Bosco Ntaganda läuft noch.

Im Kongo selbst wurde 2011 der erste Kommandant ins Gefängnis geschickt: Oberstleutnant Kibbi Mutware erhielt vor Gericht eine Strafe von 20 Jahren. Im selben Jahr klagte man Oberst Mathieu Ngudjolo Chui wegen Massenvergewaltigungen an. Er war verantwortlich für eine

Schlachtorgie ohnegleichen: Im Morgengrauen töteten seine Milizionäre 200 Menschen, vergewaltigten Frauen und machten das Dorf Bogoro im Nordosten der Republik Kongo dem Erdboden gleich. Ein Kriegsverbrechen und ein Verbrechen gegen die Menschlichkeit.

Das alles ist nicht gerade eine überzeugende Bilanz, bei mindestens 200 000 vergewaltigten Frauen im Osten Kongos. »Ein Ende der Straflosigkeit müsste an erster Stelle stehen. Doch die allermeisten Täter können völlig unbehelligt ihr Leben fortführen«, beklagt auch Immaculée Birhaheka, die Projektleiterin von PAIF (Promotion et Appui aux Initiative Féminines – Unterstützung und Hilfe für die Initiative der Frauen). Darüber sind sich eigentlich alle einig. Vor allem die missbrauchten Frauen müssten ganz anders geschützt werden. Und eine wirkliche Hilfe nach dem Grauen kann nur wirkungsvoll sein, wenn die Frauen und Mädchen sicher sein können, ihren Peinigern nicht später irgendwo auf der Straße zu begegnen.

Außerdem bemängeln viele Vertreterinnen von Frauenrechtsorganisationen im Kongo, dass es immer noch zu wenige Frauen bei der kongolesischen Polizei gabe. Frauen könnten dort vieles bewirken. Nicht nur eine Sensibilisierung der männlich dominierten Polizeitruppe erreichen, sondern auch als Gesprächspartnerinnen und Unterstützung für die Opfer helfen. Vor allem, wenn es um die Anklagen gegen die Täter geht. Denn nur, wenn endlich auch die Gerichtsbarkeit greift und funktioniert, wenn Recht Recht wird und auch so gesprochen wird, dann kann allmählich das Vertrauen der Menschen in den Staat wachsen. Solange Gerichte aber von den Bürgern Geld fordern, solange Korruption jede demokratische Rechtsprechung verhindert, so lange werden die Menschen ihrer Politik nicht trauen. Aber gerade Vertrauen ist dringend nötig, wenn das Land eine Zukunft haben soll.

Viele wollen helfen – am wenigsten tut der Staat

Warum dieser Krieg? Warum diese abartigen Grausamkeiten? Der Schriftsteller Armin Rosen nennt in einem Text im Magazin *The Atlantic* den Konflikt im Kongo den »tödlichsten« seit dem Zweiten Weltkrieg. Mit geschätzten 3,5 bis 5,4 Millionen Toten. Ndiaga Seck, UN-Communication-Spezialist und seit fünf Jahren in Goma für UNICEF im Einsatz, liefert mir eine zutiefst deprimierende Erklärung dafür: »Das Land ist zu reich, zu viele wollen an die Bodenschätze und die Minen ausbeuten. Aber niemand kümmert sich wirklich um die Not der Menschen hier. Wer Waffen hat, kommt zu Geld. Wer Geld hat, kauft die Waffen. Ein Kreislauf ohne Ende. Ein Kreislauf der Gewalt.«

Fachleute schätzen, dass der Kongo für 24 Trillionen Dollar Bodenschätze besitzt. Die Böden sind so fruchtbar, dass mir jede Fahrt über Land vorkommt wie das Löffeln eines Fruchtsalates – mit Bananen, Orangen und Papayas, Zuckerrohr und allen Formen von Getreide. Es könnte ein Paradies sein. Aber ohne funktionierende Infrastruktur verrotten die Böden, verhungern die Menschen. Denn wie sollen die landwirtschaftlichen Schätze zu den Märkten, zu den Menschen kommen? Bei diesen Straßenverhältnissen, bei der vollkommen fehlenden Infrastruktur? Vor allem die Frauen tragen die Produkte auf ihren Köpfen – aber mehr kommt nicht an bei den Verkaufsständen und damit in den Bäuchen der Bevölkerung. Die hungert. Unverändert.

Dabei wollen so viele helfen. Zum Beispiel die Vereinten Nationen. Indem sie Blauhelme schicken und sie bezahlen. Und die unzähligen NGOs, die sich um die Schwächsten, um Frauen und Kinder kümmern.

UNICEF hat ein Büro in Bukavu. 20 Millionen Dollar fließen von dort in die Hilfsprojekte der Region Süd-Kivu für Kinder. Und kaum eine deutsche Organisation, die nicht im Ost-Kongo vertreten ist. Kaum eine kirchliche Einrichtung, die nicht helfen will. Am wenigsten kommt vom Staat – aus Kinshasa. Manchmal fliegen Politiker ein. Bewegen sich dann per Hubschrauber vom eleganten, französisch inspirierten Mittagessen im Luxus-Resort Orchid am Kivu-See zu Empfängen und Gesprächsrunden in den Städten. Ihren Fuß setzen sie dabei nicht wirklich auf den Boden des geplagten Landes, und damit nahe an die Wirklichkeit.

Ein Deutscher hat schon früh die Not der Frauen und Kinder im Ost-Kongo gesehen: Dr. Gustav Rau. Der einzige Sohn eines reichen Unternehmers in Stuttgart studierte zunächst Wirtschaftswissenschaften, dann Medizin. Er spezialisierte sich auf Tropenmedizin und Pädiatrie, also Kinderheilkunde. Nach dem Tod des Vaters verkaufte er das Familienunternehmen für 400 Millionen Mark und gründete mit dem Geld zwei Stiftungen. Dann verwirklichte er seinen Traum und arbeitete von 1974 bis 1993 als Tropen- und Kinderarzt in Nigeria und im Kongo. In Ciriri bei Bukavu im Osten des Kongo errichtete er ein Krankenhaus für tausende Kinder und Erwachsene. Das Besondere: Rau versorgte die Menschen zusätzlich mit Nahrungsmitteln. Außerdem finanzierte er für 30 000 Kinder pro Jahr den Schulbesuch. 12 Jahre nach Gründung von Hospital und Schule stirbt im Umkreis von 12 Kilometern kein Kind mehr an Unterernährung. Heute wird das Hospital vom Erzbistum Bukavu betrieben und von der deutschen Sektion von UNICEF unterstützt.

Das will ich mir ansehen. Das ist anscheinend ein guter Ort für Frauen und Kinder. Im Gegensatz zum übrigen Land. Wir halten uns fest im Geländewagen von UNICEF, hinauf geht es auf 1920 Meter Höhe. Dort liegt Ciriri, auf Kisuaheli das Wort für »R« – R wie Rau.

Wir machen einen Rundgang durch die ebenerdigen

Gebäude auf dem weitläufigen Gelände. Ich zähle in den Mütterzimmern die Frauen und Babys. Drei Frauen, drei Babys – alle in einem einzigen Bett? Wie geht das? Ich frage den Chefarzt Dr. Bernard Ruchogeza. Er schüttelt ein wenig ratlos den Kopf: »Ich weiß es auch nicht, vielleicht schläft immer eine mit ihrem Baby auf dem Boden?«

Tatsache ist: Die Ciriri-Klinik platzt 2014 aus allen Nähten. Mehr denn je ist das Krankenhaus wichtigster Anlaufpunkt für Frauen und ihre Kinder. Sie kommen von weit her, zusammengepfercht in engen Minibussen, auf Motorrädern, oft zu dritt. Oder zu Fuß, viele Stunden Marsch hinter sich. In wenigen Jahren ist die Zahl der Betten von 76 auf 320 angestiegen. Dr. Ruchogeza will schon im nächsten Jahr 500 Betten zur Verfügung haben. Sie werden dringend benötigt. Denn allein 2012 kamen 10 000 Frauen.

Die Klinik ist zudem ein Erfolgskonzept: Im Jahr 2011 ist in der ganzen Region keine einzige Frau bei der Geburt ihres Kindes gestorben. Das ist im übrigen Land ganz anders. Der Ost-Kongo gehört zu den Ländern mit der höchsten Sterblichkeitsrate bei Geburten. Sowohl von Müttern als auch von Kindern.

Heute kümmern sich 13 Ärzte um die Kongolesinnen, dazu 119 medizinische Mitarbeiter. Allesamt ebenfalls Kongolesen. Das ist dem Chefarzt wichtig, das war Dr. Rau wichtig, als er in einem kleinen Ziegelsteinbau begann, die Frauen und Kinder medizinisch zu versorgen. Vor allem auch den Kindern wird hier eine Zukunft ermöglicht. Zu viele erkranken im Ost-Kongo immer noch an Osteomyelitis, einer Knochenentzündung, die das Wachstum hemmt, die Knochen brechen lässt. Eine Folge der Mangelernährung. Deshalb auch Dr. Raus Idee, den Patienten neben Medikamenten Lebensmittel zur Verfügung zu stellen.

Das Kinderkrankenzimmer hat heute 20 Betten. Die meisten Kinder werden von ihren Müttern und Großmüttern betreut. Väter sehe ich keine. Zur Versorgung der Patienten ist kein Personal vorhanden. Wie in so vielen Ländern dieser Welt.

Die 14-jährige Chanceline lebt als Patientin schon zwei Jahre in Ciriri. Immer noch ist ein Bein eingegipst, immer noch kann sie es nicht belasten. Trotzdem lacht sie uns an. Sie hat einen Stock als Krücke und scheint wohl sehr froh, dass es ihr nicht so ergeht wie dem kleinen Leon neben ihr. Der sitzt wie ein Häufchen Elend in seinem Bettchen, die Beine im 120-Grad-Winkel gespreizt, eingegipst von der Hüfte bis zu den Knöcheln. Mir zerreißt sein Anblick das Herz. So unglücklich, so tieftraurig guckt er mich, uns alle an. Er leidet seit der Geburt an einer Fehlstellung der Hüfte, muss zwei Monate so durchhalten. Sitzend, mit den gespreizten Beinchen. »Kann er denn so schlafen?«, frage ich den Chefarzt. Er nickt, streichelt dem Kind ermutigend über den Kopf und geht zum nächsten Krankenzimmer. So ist das in einem großen Krankenhaus. Viel Zeit für Zuwendung bleibt da nicht bei den Ärzten. Leons Großmutter steckt ihm schnell ein Bananenstück in den Mund und will ihn so wohl ablenken von uns allen, die wir wieder weggehen von seinem Bettchen. Ich hoffe sehr, dass er später einmal wie alle anderen Kinder über die Felder und durch die Wälder toben kann.

UNICEF unterhält die Klinik Ciriri als Verpflichtung des Rau'schen Erbes. Zahlt für den Betrieb der Klinik, die Infrastruktur und die Ausstattung. Dazu gehören die Betten, die Geburtstische, das Chirurgenbesteck und die Medikamente. Ein Generator, der durch Sonnenkollektoren angetrieben wird, macht das Hospital außerdem unabhängig von den lokalen und eher unzuverlässigen Stromzufuhren des Landes. Das ist wichtig, um auch die Kühlketten in den Laboren aufrechtzuerhalten.

Beim elften Kind der Luxus eines Hospitals!

Noch bekommen zwar auch in der Provinz Süd-Kivu die meisten Frauen ihre Babys zu Hause. Aber gerade die Geburtsabteilung entwickelt sich in Ciriri rasant. Die sechs großen Zimmer mit den jeweils sechs Betten für die jungen Mütter sind allesamt überbelegt. Sie liegen nicht nur in dem Zimmer, das ich gesehen habe, zu zweit oder zu dritt in den Betten. Nach einer normalen Geburt bleiben die Frauen zwei, höchstens drei Tage im Krankenhaus. Nach einem Kaiserschnitt bis zu sieben Tage. Und Kaiserschnitte nehmen zu. Nicht etwa, weil die Frauen wie in Deutschland den Geburtstermin selbst bestimmen wollen. Nein, viele Frauen leiden unter massiver Mangelernährung. Das ist gefährlich für die Mutter und vor allem für das Baby.

In Ciriri jedoch fehlt es ihnen während ihres Aufenthaltes an nichts: Die meisten Mütter können sich in der Klinikkantine versorgen, sie waschen ihre Wäsche und die ihrer Babys selbst. Das alles ist für sie normal. Und wenn sie sich schon fitter fühlen, sitzen sie draußen mit ihren Kindern unter schattigen Bäumen oder in kleinen, strohgedeckten Pavillons, die gerade erst gebaut wurden. Ein friedliches Bild in einem nach 18 Jahren Krieg zutiefst verstörten und zerstörten Land.

Das Hospital Ciriri ist ein wunderbares Beispiel, was ein einzelner Mensch mit einem großen Herzen und dem Sinn für die Not der Frauen bewegen kann. Nicht ohne Grund hängt das Bild von Dr. Gustav Rau in einem der Laborzimmer. Denn nicht nur die Sterblichkeitsrate der Mütter sinkt durch die Hilfe der Klinik, sondern auch die Säuglingssterblichkeit geht massiv zurück. Kaum eine Frau im Ost-Kongo kann sich eine ärztliche Betreuung leisten. In Ciriri ist sie umsonst. Wer etwas zahlen kann, legt zehn bis zwölf Dollar für eine Geburt auf den Tisch. Immer noch viel

Geld in einem Land, in dem über 71 Prozent der Menschen von unter zwei Dollar am Tag leben müssen.

Die 43-jährige Mudahunga Simiri strahlt mich an. Sie ist so glücklich und gerne bereit, zehn Dollar an die Klinik zu zahlen. Denn seit sie vor zwei Tagen ihr elftes Baby (!) zur Welt gebracht hat, lebt sie in einem großen, luftigen Raum mit Wasseranschluss und funktionierenden Sanitäranlagen. Das wollte sie bei ihrem elften Kind endlich erleben. Außerdem hatten ihr schon vor der Geburt die Ärzte gesagt, dass ihr Baby wohl sehr groß sei. Deshalb kam es auch zu einem Kaiserschnitt. Der kleine Junge mit zehn Pfund bereitete seiner Mutter damit keine allzu große Mühe mehr auf dem Weg ins Leben.

Was all diese Mütter und Kinder erwartet, wenn sie die Klinik verlassen, mag ich mir gar nicht vorstellen. Trotzdem ist das Hospital ein Hoffnungsstrahl im zwar sonnig-heißen, aber ansonsten eher finsteren Ost-Kongo. Hoffnung für das Leben der Frauen und ihrer Kinder.

Wachsende Gewalt und keine Rechte – die aktuelle Situation der Frauen im Kongo

Das ist ja leider nicht neu: Krieg macht Männer gewalt-tätig. Krieg bringt die Gewalt in die Familien, Opfer sind Frauen und Kinder. Auf der ganzen Welt. Und auch im Ost-Kongo.

Die Gewalt nimmt seit Ausbruch der Kriege 1996 im Kongo dramatisch zu. Die gute Nachricht bei all diesem Horror ist: Die kongolesischen Frauen tun sich zusammen, sie wehren sich. Sie wollen nicht mehr missachtet werden, ihre Kinder nicht mehr in Armut aufwachsen sehen oder vor Hunger sterben. Sie wollen nicht mehr an

Unterernährung leiden, an Krankheiten, die eigentlich behandelbar wären, und sie wollen schon gar nicht mehr Opfer sein eines schrecklichen Dauerkrieges. Das ist mutig, das ist wichtig und dringend nötig, um die Gewaltspirale zu durchbrechen.

Die momentane Ausgangslage ist dabei nicht unbedingt ermutigend. Denn trotz eines Gesetzes, dass Frauen nicht diskriminiert werden dürfen, wird dieses Gesetz weder angewandt noch umgesetzt. Frauen im Kongo – und das sind immerhin 53 Prozent der Bevölkerung – sind bis heute weitgehend ausgeschlossen aus dem politischen und juristischen Bereich. Sie dürfen noch immer keinen Vertrag ohne ihren Ehemann unterschreiben. Sie brauchen seine Erlaubnis, wenn sie arbeiten, ein Bankkonto eröffnen, eine Kreditkarte benutzen oder ein Geschäft aufmachen wollen. Auch alleine reisen ist nicht erlaubt. Zudem erhalten Frauen sehr oft gegen jedes Gesetz keine Renten und können kein Erbe antreten. Das trifft vor allem Witwen.

Dass es so finster aussieht für die Rechte von Frauen im Kongo, liegt nach Meinung der NGO-Frauen daran, dass seit 1960 kaum Frauen in politischen Positionen agieren konnten und durften. Bis heute ist keine einzige Frau Mitglied des Büros des Senates und damit im Rang einer Ministerin. Nur eine Frau sitzt im Büro der Nationalversammlung, vergleichbar unserem Bundestag. Von 108 Senatoren sind gerade mal sechs weiblich. In der Nationalversammlung selbst mit 500 gewählten Mitgliedern sind es 43. Die Regierung zählt 45 Mitglieder, darunter fünf Frauen. Es gibt keine einzige weibliche Gouverneurin oder Vize-Gouverneurin einer der elf Provinzen des Landes. In der aktuellen Statistik des Kongo heißt es, dass gerade einmal 9,2 Prozent Frauen in Entscheiderpositionen vertreten sind. So viel zur Gleichberechtigung und der Umsetzung des bestehenden Gleichstellungsgesetzes.

So weit die politische Ebene. Bitterer wirkt sich der sogenannte »Familiencode« für die Frauen aus. Der Code steht zwar nicht im Gesetz, schreibt aber in Form eines Vertrages das Eheleben fest. Er beginnt mit dem alles erklärenden Satz: »Der Mann ist der Kopf des Haushaltes, und die Frau muss ihm gehorchen.« Neben den schon beschriebenen Verboten für eine Frau wird sie auch bei der Abwesenheit oder beim Tod des Ehemannes völlig entrechtet. Denn dann muss sie sich einem seiner Verwandten unterordnen, das heißt, die Erlaubnis für eine Unterschrift, ein Bankkonto, ein Geschäft beim männlichen Verwandten ihres Mannes einholen. Außerdem geht die Erbschaft im Fall des Todes des Mannes an seine Familie, nicht an die Ehefrau. Kein Wunder, dass manche Witwen die Besitztümer ihres Mannes einfach »stehlen« und sich weigern, alles an die Familie des Mannes herauszugeben.

Es gibt aber noch weitere Gepflogenheiten in der kongolesischen Gesellschaft, die eine Stärkung der Frauen und eine Teilhabe am gesellschaftlichen und politischen Leben erschweren. Zum einen ist die Kinderehe allgemeine Praxis. 74 Prozent aller Mädchen zwischen 15 und 19 Jahren sind im Kongo bereits verheiratet. 15 Jahre ist die gesetzliche Untergrenze. Nur – wer kennt das Alter wirklich? So ist es nicht ungewöhnlich, wenn schon die 13-jährigen Mädchen verheiratet werden. Oft an ältere, weit über 65-jährige Männer. Denn dann fließt das Vermögen des alten Mannes in die Familie des Mädchens ein, und die Eltern des Kindes müssen kein Geld für die nicht mehr nötige Bildung ausgeben. Logischerweise werden diese Mädchen dann auch ganz schnell Mütter, zum Teil Jahr für Jahr … Was nicht nur für die sehr jungen Kindermütter, sondern auch für ihre Babys medizinisch gesehen gefährlich ist. Vor allem die reichen Kongolesen, die gut ausgebildeten Schichten, leisten sich ein sogenanntes »deuxième bureau«, eine zweite Frau. Nach dem Gesetz strafbar – aber nicht im wirklichen kongolesischen Leben.

Auch deshalb schließen sich in den letzten Jahren immer mehr Frauenverbände im Land zusammen. Sie wollen die patriarchalen Strukturen nicht länger mittragen. Sie sind erschrocken ob der monatlich wachsenden Zahl von häuslicher Gewalt. Vor allem gegen Mädchen im Alter zwischen zehn und 17 Jahren. Zehn Prozent der Opfer sind gar unter zehn Jahre alt – man mag es nicht glauben. Wobei es keine neuen Statistiken gibt über die angezeigten Delikte. Von denen Fachleute ohnehin behaupten, dass sie nur die Spitze des Eisbergs seien. Die Mehrzahl der Frauen geht gar nicht erst zur Polizei. Denn auch dort sitzen vor allem: Männer.

Zurzeit ist die Situation für Frauen im Kongo noch aus einem anderen Grund extrem schwierig. Denn sie sind vor allem eines: arm. Ärmer als die Männer. Sie besitzen kein Land, kein Haus. Sie haben keinen Zugang zu hilfreichen Technologien, wie Waschmaschinen, einem Herd, gar einem Laptop. Daneben sind sie unverändert bedroht von Rebellentruppen, vor allem in den ländlichen Gegenden. Umso beachtlicher ihre Leistungen in diesen schwierigen Zeiten. Denn die Kongolesinnen sind die Bewahrerinnen und Trägerinnen des Fortschritts. Des Fortschritts im kleinen, privaten Bereich. Ohne ihren Einsatz wäre alles nichts. Denn sie sorgen und kümmern sich, trotz ihrer geringen Einkünfte, um das Überleben der Familien und damit um das Fortbestehen des ganzen Landes. Wenn man noch mit einbezieht, dass Frauen im Gegensatz zu Männern im Kongo kaum Zugang haben zu guter ärztlicher Versorgung, zu Bildung, Wohnung, Wasser und Strom, dann kann man das gar nicht genug hervorheben.

Und die Männer? Sie lassen die Frauen werkeln, tun meist nichts, wenn sie nicht in den Milizen und Armeen organisiert sind. Die großen Lasten auf den Köpfen tragen nicht sie – sondern ihre Frauen und Mütter. Das habe ich auf allen Straßen und Wegen sehen können.

Jetzt aber gibt es kämpferische Frauenverbände. Sie erinnern immer wieder mahnend daran, dass sich die Rolle der Frauen in der DRC dringend verändern muss. Wieder verändern. Warum? Weil Frauen im Kongo der Vor-Kolonialzeit gleichberechtigte Mitglieder der Gesellschaft waren. Weil sie erst in der Kolonialzeit ins Abseits geschoben wurden. Heute sind sie von der gesellschaftlichen Teilhabe komplett ausgeschlossen. Zynischerweise wurden sie während der drei Kriege in den vergangenen 18 Jahren als Soldatinnen, Kämpferinnen, Köchinnen in den Lagern und letztlich auch als Sexsklavinnen gebraucht. Erinnert das an etwas? An die Millionen Frauen, die während des Ersten und Zweiten Weltkrieges das Land am Funktionieren hielten und erst nach der Rückkehr ihrer Männer wieder zurück zu Heim und Herd sollten?

Starke Stimmen

Justine: »Sag ihnen doch, dass der Krieg im Kongo endlich aufhören soll«

»Wir müssen fortfahren auf dem Weg, den Frauen moderne landwirtschaftliche Techniken beizubringen. Wir müssen die Gemeinschaftsfarmen unterstützen, die Gewinne und Kosten der Programme mit ihnen berechnen und den Frauen lesen und schreiben beibringen. Das alles hilft, die Position der Mädchen und Frauen in der Dorfgemeinschaft zu verändern.« Justine vom Roten Kreuz unterstützt auch ehemalige Soldatinnen und Kämpferinnen. Sie alle bitten sie, auf ihrer Seite zu bleiben, sie nicht zu bemitleiden. »Du hast schließlich Zugang zu den wichtigen Menschen in anderen Ländern. Sag ihnen doch, dass der Krieg im Kongo endlich aufhören soll.«

Im Kongo ist es jetzt aber endlich Zeit für einen Neuanfang. Das sagen die Kongolesinnen selbst. Wie Thérèse, unsere Übersetzerin. Sie ist schon durch Deutschland gereist, um in Vorträgen auf die Situation der Frauen im Ost-Kongo aufmerksam zu machen. Um zu erzählen, wie das Koltan für unsere Handys von Kindern abgebaut wird, um dann durch die Rebellenführer an Ruanda verkauft zu werden. Wie mit dem Geld immer neue Waffen gekauft werden, und der Krieg gegen die Frauen so kein Ende nimmt. Thérèse hat selbst drei Kinder. Mit ihrem Verdienst will sie nur eines: den Kindern eine gute Ausbildung ermöglichen, einen Beruf. So dass sie menschenwürdig leben können. Noch wohnt sie mit ihrem Mann und den Kindern in einer Drei-Zimmer-Wohnung mitten im überfüllten Bukavu. Immerhin. Sie wird weiterkämpfen. So wie auch die Frauen der Women's International League for Peace and Freedom (WILPF – Internationale Frauengruppe für Frieden und Freiheit) und von COMMON CAUSE, einer britischen Bürgerorganisation, die offenes, ehrliches und transparentes Regieren fordert: »Wir müssen das Schweigen brechen und der unzähligen überlebenden und toten kongolesischen Frauen gedenken.«

Starke Stimmen

Jeanine Gabrielle Ngungu: »Die Frauen kämpfen für den Fortschritt«

Über den Status der Frauen im Kongo sprach Jeanine Gabrielle Ngungu vor den Vereinten Nationen in New York: »Mein Land besitzt einen vielfältigen kulturellen Reichtum. Aber eingebettet in diese Kulturen sind patriarchale Gewohnheiten und Strukturen, die Ungleichheit und Diskriminierung gegen Frauen vermeintlich rechtfertigen. Was auch Gewalt gegen sie bedeutet. Lange

258

Jahre haben in diesem Land kongolesische Frauen Krieg und bewaffnete Konflikte ausgehalten. Dazu erleben müssen, dass sexuelle Gewalt als Kriegswaffe eingesetzt wurde, um die Bevölkerung zu terrorisieren und aus ihren Dörfern zu vertreiben. Diese Form der Gewalt bedeutet aber auch, dass Menschen zerstört werden, dass zu viele Frauen bei ihren Geburten sterben und dass die Bevölkerung insgesamt verarmt. Dazu haben die vergewaltigten Frauen alle Würde verloren. Dennoch haben diese Frauen aber auch den Mut und die Stärke aufzustehen, sich für den Frieden einzusetzen. Sie kämpfen für den Fortschritt, ihre Rechte und soziale Gerechtigkeit.«

Auch wir tragen Verantwortung

Was also muss geschehen im Ost-Kongo, in der ganzen DRC? Solange eine Regierung weder die bestehenden Gesetze umsetzt noch die Korruption quer durch die Gesellschaft wirklich bekämpft, wird sich nichts ändern. Dabei sind wir alle mit verantwortlich. Wir, die internationale Völkergemeinschaft. Wie Bodenschätze gewonnen werden, auf welchen illegalen Wegen sie aus dem Land transportiert werden und schließlich an ihre Käufer kommen, kann der Welt nicht egal sein. Die Industrienationen, die diese Reichtümer des Kongo aufkaufen, sind moralisch in der Pflicht. Dafür, dass Coltan für unsere Handys nur von Kindern aus höchst gefährlichen, weil ungesicherten engen Minen gewonnen wird. Dafür, dass sie nicht bezahlt werden. Nur hineinkriechen, weil sie sonst geschlagen werden und um ihr Leben fürchten müssen. Denn die Erträge kassieren entweder die Milizen oder die kongolesische Regierung. Kein Mensch fragt nach, wie es um die Sicherheitsbestimmungen steht bei der Gewinnung der Bodenschätze. Es gibt nämlich gar keine. Wie die Produkte gewonnen werden, wie sie aus dem Land transportiert werden und zum Verbraucher gelangen? Das muss transparent gemacht werden, nach Recht und Ordnung geschehen. Ausbeutung ist unsozial, unmenschlich. Gesetzesverstöße müssen geahndet werden.

Davon ist der Ost-Kongo leider noch weit entfernt. Es gibt zu viele marodierende Soldaten – aber keinen funktionierenden Staat. Es sind über 20 000 Mann der UN-Friedenstruppen stationiert – und es ist kein Frieden in Sicht. Der Kongo ist zwar vermeintlich eine Demokratie mit Gesetzen – aber einhalten muss sie niemand. Denn keine Staatsmacht setzt sie durch.

Am Ende des Tages schließt sich der Kreis: Nach dem Genozid 1994 ist es noch ein langer Weg zum Frieden zwischen Hutu und Tutsi, zwischen den Ethnien und den Regierenden. Aber ohne einen Frieden sind Frauen und Mädchen weiter wehrlose Opfer. Sicher, da gibt es ein Rahmenabkommen. Unterzeichnet 2013. Darin versprechen elf afrikanische Länder, inklusive Ruanda, einen ernsthaften Friedensprozess einzuleiten. Doch ich habe erlebt, gesehen und gehört: Der Krieg ist nicht vorbei. Das haben mir gerade auch die Frauen und Mädchen bestätigt, denen ich bei meinen Recherchen begegnet bin. Aber ich habe auch in den Gesichtern der Männer gelesen: Der Kongo ist zu reich – für einen Frieden. Eine bittere Erkenntnis.

BUCH 4 – GENITALVERSTÜMMELUNG

Täglich werden in der ganzen Welt tausende Mädchen und Frauen verstümmelt

Das grausame Ritual ist eine Menschenrechtsverletzung

Damals, 1997, konnten wir uns in der Redaktion des *ZDF*-Frauenjournals *ML Mona Lisa* nicht vorstellen, was eine sexuelle Verstümmelung für ein Mädchen bedeuten könnte. Damals sagten wir ja auch noch alle: Beschneidung. So, als würde dem Mädchen, ähnlich wie den Jungen, nur die Vorhaut durchtrennt. Aber die sexuelle Verstümmelung eines Mädchens ist so viel grausamer.

Weltweit werden bis heute täglich über 8 000 Mädchen und Frauen verstümmelt. An jedem Tag des Jahres! Insgesamt sind in den nächsten Jahren nach vorsichtigen Schätzungen 86 Millionen Mädchen und Frauen davon bedroht. Schon jetzt sind 150 Millionen Mädchen und Frauen derart »beschnitten«.

Dabei werden ihnen bei der häufigsten Form dieses Rituals die äußeren und inneren Schamlippen abgeschnitten und die äußere Klitoris abgetrennt. Danach wird alles brutal zusammengenäht. Sodass Urinieren, die monatliche Blutung und Sex ein einziges schmerzhaftes Drama sind. Lebenslang. Ganz zu schweigen davon, wenn eine so verstümmelte Frau ein Baby bekommt. Das überleben viele nicht.

Aber von vorne: Mithilfe von UNICEF gelang es in der *ML-Mona-Lisa*-Redaktion meiner Kollegin Ariane Vuckovic und dem ägyptischen Kameramann Ibrahim El Batout einen Drehtermin in einem äthiopischen Dorf zu organisieren. Dort sollte ein achtjähriges Mädchen diesem Ritual der sexuellen Verstümmelung unterzogen werden. Im Film wandert das Kind am Tag davor noch unbeschwert und fröhlich durch das Dorf. Fröhlich, weil es ein paar Bonbons bekommen hat und ein neues Kleid. Die Mutter ist in ein anderes Dorf gereist, die Tante und die Großmutter wollen sich um das Mädchen kümmern. Am nächsten Morgen dann soll es geschehen. Niemand aus dem Team konnte sich vorstellen, was dann passiert.

Unser Kameramann Ibrahim El Batout hat das Stativ im Eingang zur Hütte aufgebaut. Weit entfernt und doch noch nah genug. Ich glaube, auch er ahnte nicht, was da auf ihn zukommen würde. Geschweige denn das kleine Mädchen. Er hat dann alles, wirklich alles in der kleinen Hütte gefilmt: Das schreiende Kind, dem man einen Holzstock zwischen die Zähne schiebt. Wie im Mittelalter. Dem die beiden Frauen brutal die Beine auseinanderziehen, damit die »weise Alte« aus dem Nachbardorf mit ihrer Rasierklinge ihre Arbeit vollbringen kann. Der Kameramann wird später erzählen, dass er nur durchgehalten habe, weil die Kamera zwischen ihm und dem ganzen Geschehen stand. Weil er sich nur so schützen konnte.

Später, im Schneideraum, ist dieses Leid, diese Grausamkeit an dem kleinen Mädchen kaum zu ertragen. Wir schneiden die schlimmsten Szenen heraus. Der Film wird später viele Preise gewinnen. Auch weil es gelungen ist, die ganze Brutalität und Unmenschlichkeit dieser Prozedur so zu zeigen, dass der Bericht um 18 Uhr im deutschen Fernsehen laufen kann. Das war die Sendezeit von *ML Mona Lisa*.

Weil weltweit 86 Millionen Mädchen und Frauen weibliche Genitalverstümmelung droht, weil 150 Millionen Mädchen und Frauen bereits verstümmelt sind (FGM/C-female genital mutilation/cutting ist der Fachausdruck), will ich darüber auch in diesem Buch schreiben. Wenngleich es nicht so einfach unter der Überschrift »hier sind Frauen nichts wert« gesehen werden kann. Aber was ist denn ein solches Ritual anderes, wenn den Mädchen und Frauen die weiblichen Genitalien entfernt werden? Was ist das anderes als ein zutiefst verletzender Eingriff in die Weiblichkeit? Eine Attacke gegen alles, was das Frausein ausmacht? Ein Eingriff noch dazu, der inzwischen in vielen Ländern offiziell verboten ist, auch weil er nicht nur zu lebenslangen Beeinträchtigungen, sondern oft auch zum Tod führt?

Dabei, und das darf nicht verschwiegen werden, sind es die Frauen, die diese Art der »Operationen« durchführen. Außer eine Familie geht in einem vermeintlich zivilisierten Land mit der Tochter zu einem Arzt, der das Ganze dann unter Narkose vollzieht. Was steckt dahinter? Warum richten gerade Frauen andere Frauen, ihre Töchter, so zu? Warum erlauben es Mütter, dass ihre Töchter den gleichen grausamen Weg beschreiten müssen, den sie selbst in ihrem Frauenleben durchlitten haben? Hat das wirklich mit dem Koran, mit der Religion zu tun? Oder mit den Männern, die angeblich verstümmelte Frauen bevorzugen? Weil sie »rein« sind? Unberührt von anderen Männern?

Ein weites Feld.

Es gibt verschiedene Formen der Verstümmelung

Die Praxis weiblicher Sexualverstümmelung ist in Afrika geografisch in einem breiten Band zu finden, das sich von Ägypten im Nordosten und Tansania im Südosten bis zum Senegal im Westen erstreckt. Bis heute werden in den Ländern Ägypten, Dschibuti, Guinea und Somalia mehr als 90 Prozent der Mädchen verstümmelt. Im Irak, in Kenia, Liberia, Tansania und der Zentralafrikanischen Republik unterstützen dagegen immer weniger Frauen und Männer diese Tradition. Dabei muss noch einmal festgehalten werden: Diese Praxis kann in keiner Weise mit der männlichen Beschneidung verglichen werden. Denn diese Verstümmelung fügt den Sexualorganen einen weit größeren Schaden zu und hat viel weitreichendere Auswirkungen auf die Gesundheit der Mädchen und Frauen.

Grundsätzlich unterscheidet man fünf Formen der Verstümmelung:

- Die milde Sunna: Dabei wird die Vorhaut der Klitoris entfernt oder eingestochen, eingeritzt. Sunna ist arabisch und heißt »Tradition«.
- Die modifizierte Sunna: Dabei wird die äußere Klitoris teilweise oder vollständig entfernt.
- Die Verstümmelung: Dabei werden ein Teil oder die gesamten inneren Schamlippen entfernt, ebenso wie die Klitoris, teilweise oder ganz. Bei diesem Verfahren ergibt sich häufig ein großes Narbengewebe, das die Vagina völlig verdeckt. Im Sudan heißt das ebenfalls »sunna«.
- Die Infibulation oder pharaonische sexuelle Verstümmelung: Dabei werden die äußere Klitoris, die inneren Schamlippen und die inneren Schichten der äußeren Schamlippen entfernt. Die übrig gebliebenen äußeren

Schamlippen werden dann mit Katzendarm zusammengenäht oder mit Dornen aneinander befestigt. Die Wunde wird so zusammengenäht, dass die verbleibende Haut der äußeren Schamlippen zusammenwächst und eine Brücke aus Narbengewebe über der Vagina bildet. Ein kleines Holz- oder Strohstückchen wird dann in die Vagina eingeführt, um einen vollständigen Verschluss zu verhindern. Aber weder Urin noch das monatliche Blut können ungehindert ausfließen. Das Wasserlassen kann bis zu einer halben, höchst schmerzhaften Stunde dauern. Die monatliche Blutung staut sich im Unterleib und verursacht ebenfalls höllische Schmerzen.

All diese Formen der FMG/C erleiden bis zum heutigen Tage täglich 8 000 Mädchen und Frauen. Sie werden in den meisten afrikanischen Gesellschaften in recht frühem Alter beschnitten, meistens zwischen dem vierten und zwölften Lebensjahr. Weil kleine Mädchen eben auch leichter unter Kontrolle gebracht werden können, weil sie sich nicht wehren, nicht wehren können. Denn sie wissen ja noch nicht, was mit ihnen geschieht. Außerdem, so sagen Vertreter der sexuellen Verstümmelung, hätte dieses Ritual bei jüngeren Mädchen weniger traumatische Auswirkungen. Manche der Kinder könnten sich später gar nicht mehr daran erinnern. Das sagen die Männer, die die FGM/C verteidigen. Umkehrschluss: Das grausame Ritual hat bei älteren Mädchen und erwachsenen Frauen traumatische Auswirkungen. Das ist dann ja wohl klar.

Wer je die Autobiografie von Waris Dirie, *Wüstenblume,* gelesen hat, der weiß, dass das stimmt. Das ehemalige Model hat sich dem Kampf gegen die Genitalverstümmelung verschrieben. Sie will erreichen, dass kein einziges Mädchen auf der Welt jemals das durchleben muss, was ihr geschehen ist: die Folter der rituellen Beschneidung. 1998 hat sie ihr Buch veröffentlicht und 2002 die Waris Dirie Foundation gegen das grausame Ritual gegründet. Inzwischen ist der Eingriff als »Verletzung der körperlichen Unversehrtheit« in den Staaten der Europäischen Union eine Straftat. In Deutschland und vielen anderen europäischen Ländern gibt es darüber hinaus spezielle Gesetze gegen die Genitalverstümmelung. Strafprozesse haben in Frankreich, Italien und Spanien stattgefunden. Zunehmend wird in einigen Ländern die Flucht vor einer Beschneidung auch als Asylgrund anerkannt.

Wir in den Industrienationen denken ja gerne, dass es die Männer in den afrikanischen, arabischen und asiatischen Ländern seien, die diese sexuelle Verstümmelung einfordern. Aber nach der neuesten UNICEF-Untersuchung aus dem Jahr 2013 über »Female Genital Mutilation/Cutting« (Weibliche Genitalverstümmelung) sind die Ausführenden dieses Rituals überwiegend traditionelle Heilerinnen, Geburtshelferinnen und sonstige »weise« Frauen. Diese Frauen handeln auf Anweisung der Mütter – nicht der Väter. Nur im Sudan und in Ägypten, so sagt die Statistik, seien die Ausführenden wenigstens zur Hälfte Ärzte, Krankenschwestern, Hebammen und geschultes medizinisches Personal. Das gilt aber vor allem für Städte, wo sich die reicheren Bürger klinikähnliche Bedingungen für ihre Töchter leisten können. In allen anderen 27 Ländern im mittleren Afrika greifen heimische Frauen zu Rasierklinge, Glasscherbe oder zur Schere, die von Dorf zu Dorf in schmutzigen Tüchern transportiert werden. Die Mädchen können schon froh sein, wenn nicht mit derselben Rasierklinge mehrere Mädchen hintereinander »beschnitten« werden. Weil sonst das Infektionsrisiko gewaltig steigt.

Was mich dabei aber noch mehr erschüttert: Die meisten dieser Verstümmelungen werden außerhalb von Krankenhäusern oder Praxen ausgeführt. Die Mädchen werden in Hütten oder auf freiem Feld »geschnitten«. Meist ohne Narkose. Das schon beschriebene Holzstück ist oft die einzige »Narkose«, es soll zwischen den Zähnen der Mädchen die Schreie verhindern. Das erinnert eher an das Mittelalter. Ebenso wie das Handwerkszeug: Akaziendornen, Bindfaden, Schafdarm, Pferdehaar, Bast oder Eisenringe, die zum Wundverschluss verwendet werden. Asche, Kräuter, kaltes Wasser, Pflanzensäfte, Blätter oder Wundkompressen aus Zuckerrohr sollen nach der Verstümmelung die häufig auftretenden starken Blutungen stoppen. Es schüttelt einen, wenn man das hört.

Das kleine Mädchen in unserem *ML-Mona-Lisa*-Film wurde nach diesem grausigen Eingriff an den Beinen fest zusammengeschnürt. Sie konnte tagelang nicht gehen. Geschweige denn Wasser lassen. Ihr Gesicht schien um Jahre gealtert. Erst nach drei Tagen wankte sie an der Hand ihrer Tante aus der Hütte. Mit kleinen, tippelnden Schritten. Sie hatte sichtlich den Glauben an die Erwachsenen verloren. Die Schmerzen waren ihr noch ins Gesicht geschrieben.

Wir haben für diesen Bericht noch andere Frauen befragt, die diese Prozedur bereits hinter sich hatten. Wir erfuhren, wie unglaublich schmerzhaft bei einer Eheschließung der erste sexuelle Kontakt ist. Einige Frauen erzählten uns, dass sie erst von einer traditionellen Heilerin mit einer Klinge aufgeschnitten werden mussten, weil der Mann nicht mit seinem Penis in sie eindringen konnte. Kommt dann das erste Baby zur Welt, überleben viele der verstümmelten Frauen die Geburt nicht. Die Kinder wollen heraus – aber durch die Beschneidung sind Damm und Vagina so fest verwachsen, dass der Kinderkopf nicht ans Licht der Welt kommen kann. Wohl der Mutter, die in geübten medizinischen Händen ist. Wenn Ärzte oder Hebammen in der Nähe sind, die einen Kaiserschnitt ausführen können oder wenigstens den Geburtskanal öffnen für den Durchtritt des Kindes. Doch die Mehrzahl der werdenden Mütter in den Ländern Sudan, Somalia, Mali oder Ägypten haben dieses Glück nicht. Sie quälen sich über Tage mit den Wehen – wenn sie denn überhaupt überleben.

Schmerzen verdrängen bei Müttern das Mitgefühl

Alle Frauen in den betroffenen Ländern wissen um die Leiden eines Frauenlebens mit sexueller Verstümmelung. Aber sie lassen es wieder und wieder zu bei ihren Töchtern. Sie bringen ihre Töchter zur Beschneiderin. Sie fliegen diese sogar ein, zum Beispiel nach Deutschland, Frankreich oder Großbritannien. Mir will das nicht in den Kopf. Was tun da Frauen anderen Frauen an? Die meisten Mädchen sind zum Zeitpunkt der Beschneidung Kinder. Erwachsene Frauen werden manchmal erst kurz vor der Eheschließung beschnitten. Nicht selten auch dann, wenn eine frühe, oft zu einfache »Genitalbeschneidung« dem Ehemann oder der Schwiegermutter nicht ausreichend erscheint.

Laut der schon zitierten UNICEF-Untersuchung hat der Eingriff in die weibliche Sexualität eines Mädchens oder einer Frau auch mit ihrer Herkunft zu tun. In der ländlichen Bevölkerung Afrikas bejahen etwa 73 Prozent die Beschneidung. Vor allem, wenn die Frauen eine geringe Schulbildung haben. Sie alle halten dann mehr an Traditionen fest und sind in ihrem Dorf, in ihrer Gemeinschaft abhängiger von ihrem Umfeld als Frauen, die in Städten leben. Und in diesem dörflichen Umfeld ist Frau »verstümmelt«, sonst ist sie keine Frau.

Hier liegt wohl einer der Gründe, warum Mütter ihre Töchter dem Ritual unterziehen. Auch wenn sie selbst ein Leben lang an den Folgen gelitten haben. Es ist die Tradition, der sie sich verpflichtet fühlen. Die Verstümmelung der Genitalien gehört praktisch zu ihrer kulturellen Welt. Psychoanalytiker und Psychiater haben aber noch eine ganz andere Erklärung für das aus unserer Sicht so grausame Ritual: Sie glauben, dass alle beschnittenen Mütter in ihrem Körpergedächtnis den gespeicherten Schmerz der Beschneidung zu verdrängen versuchen, ja vermeiden. Als Folge davon können sie keine Empathie, also Mitgefühl für ihre Töchter entwickeln. Es entstehe quasi eine gefühlsmäßige »Entwicklungshemmung«. Deshalb würden diese Mütter auch nichts empfinden, wenn sie ihre Töchter zur Beschneiderin bringen und ihnen das gleiche Leid, die gleichen Schmerzen zufügen.

Warum Mädchen die »Beschneidung« fordern

Erstaunlicherweise fordern aber umgekehrt viele Mädchen von ihren Müttern die Beschneidung. Warum? Weil sie sonst riskieren, von der Gemeinschaft ausgegrenzt zu werden. Sie betrachten es als notwendige Voraussetzung für eine Heirat. Dazu kommt, dass Frauen, je abhängiger sie von einem Mann sind, desto mehr darauf achten, attraktiv für den Mann zu bleiben. Sie erzählen sich untereinander, dass Männer von nicht beschnittenen Frauen häufiger fremdgehen, dass sie sich eine zweite oder dritte Frau suchen. Dass Männer nur an die Unberührtheit ihrer Braut glauben, wenn sie beschnitten ist. Am besten sei es dann noch, wenn die junge Braut vor der ersten Nacht von einer Heilerin mit einer Rasierklinge geöffnet werden muss. Dann sei der Mann ganz sicher. Sicher, dass sie »rein« ist.

Zudem erzählen Eltern ihren Töchtern, dass Ehemänner über viele Jahre hinweg als Wanderarbeiter umherziehen müssen. Nur dann schütze die Beschneidung ihre Tochter und spätere Ehefrau vor Unehre, beruhige »ihre sexuellen Bedürfnisse«.

Ganz schlimme Geschichten grassieren über die Klitoris. Jedenfalls im afrikanischen Raum. Eine Klitoris könne einen Ehemann töten, heißt es da. Im Ägyptischen gibt es dafür Ausdrücke wie »Wespe«, »Stachel« oder »Exzess«. Das kann man nur wegschneiden, oder? Ein Stamm in Afrika glaubt gar, die Klitoris sei giftig und würde einen Mann töten, wenn er mit seinem Penis während des Geschlechtsverkehrs mit ihr in Kontakt kommt. Ein anderer Stamm ist überzeugt, die Beschneidung fördere die Fruchtbarkeit, wieder ein anderer bezeichnet es als Reife, die »hässlichen Genitalien« einer Frau abzuschneiden. Man stelle sich vor, so etwas würden Frauen von einem Mann fordern: Sein »hässlicher Penis und seine Hoden« sollten abgeschnitten werden, weil ein Mann nur dann wirklich treu sein könne. Manchmal hilft es, die Vorzeichen einfach umzukehren …

Zu all diesen Diskussionen um das Pro und Contra einer sexuellen Verstümmelung gesellen sich aber auch ästhetische Gründe. Eine reduzierte oder infibulierte, also verengte Vulva wird in den betroffenen Ländern als normal angesehen, ist fest in der Kultur verankert. Ganz im Gegensatz zu nicht beschnittenen Genitalien. Die werden als unästhetisch betrachtet, entsprechen nicht dem Schönheitsideal. Die weiblichen Genitalien sollen vor allem glatt und schmal erscheinen. Das erinnert ein wenig an die heute bei jungen Frauen (und Männern?) so beliebten glatten Intimbereiche.

Jetzt aber zu den Männern. Auch da hat UNICEF geforscht und in den 29 Ländern nachgefragt, in denen die genitale Verstümmelung Praxis ist. Demnach sind die meisten der befragten Männer zwischen 15 und 49 Jahren dafür, diese Praxis zu beenden. Nur in Mauretanien, Ägypten, Mali und Guinea ist die Mehrzahl der Meinung, dass Mädchen und Frauen weiterhin beschnitten werden sollen. Viele Männer bekennen, keine klare Präferenz für beschnittene Frauen zu haben.

Hanny Lightfoot-Klein beschreibt das schon 1992 in ihrem damals bahnbrechenden Buch *Das grausame Ritual:* dass Männer nicht unbedingt die sexuelle Verstümmelung ihrer Töchter und Ehefrauen fordern. In den Interviews mit ihr räumen einige Männer sogar ein, dass sie wenig sexuelle Lust bei ihrer beschnittenen Frau erleben. Die befragten Frauen wiederum geben zu, selten oder gar nie einen Orgasmus zu bekommen. Kein Wunder. Denn längst wissen alle, die sich mit dem Thema beschäftigen, dass der Geschlechtsverkehr für eine beschnittene Frau sehr oft sehr schmerzhaft ist. Was viele Männer nicht stört. Denn es gibt sie natürlich, die Männer, die die Beschneidung ihrer Frau fordern. Auch, damit sich der Mann sicher sein kann, dass diese Frau vor ihm mit keinem anderen zusammen war. Und in der Ehe nicht auf die Idee kommt, sich mit einem anderen Mann einzulassen. Die Verstümmelung quasi als Versicherung der Reinheit. Sehr beruhigend für Männer, oder?

Wie steht der Islam zur sexuellen Verstümmelung?

Kommen wir zum Glauben. Der Islam fordere die sexuelle Verstümmelung, so heißt es oft in den nicht islamischen Ländern. Aber klar ist auch: Vor Allah sind Männer und Frauen gleich. Sex in der Ehe gilt als gottgefällig, und der Mann darf vier Frauen haben. Vorausgesetzt, er behandelt alle gleich gut. Die wichtigste Quelle für die islamischen Gesetze ist der Koran. Die zweitwichtigste Quelle sind die sogenannten Hadithen. Sie enthalten eine ganze Reihe von Empfehlungen. Was in den Hadithen steht, ist »sunna«, also empfohlen, aber nicht vorgeschrieben. Drei Hadithen befassen sich mit der weiblichen Beschneidung. In einer Hadith verbietet der Prophet die Infibulation oder pharaonische Beschneidung. Er empfiehlt, wenn es sein muss, die Exzision, also die Beschneidung der inneren Schamlippen und der Klitoris. Außerdem zitiert das Hadith den Propheten damit, dass die Beschneidung »nicht übertrieben« werden soll, um »es nicht ganz zu zerstören«. Daraus leiten viele arabische Muftis das Verbot der Infibulation ab. Andere schlussfolgern, dass die Exzision empfohlen wird. Im dritten Hadith wird die weibliche Beschneidung als »makrumah«, als nobel und empfehlenswert für islamische Frauen bezeichnet.

Fazit: Es gibt keinen Konsens. Einige sehen Genitalverstümmelung als vorgeschrieben, andere als empfohlen, und viel Muftis meinen, davon sei abzuraten. An ganz anderer Stelle des Koran steht, dass die körperliche Unversehrtheit ein Prinzip sei und dass Verletzungen verboten sind. Was gilt jetzt bitte?

Schauen wir genauer auf die afrikanischen Muslimgesellschaften. Hier existiert eine unverheiratete Frau in der Gesellschaft erst einmal – gar nicht. Sie kommt nicht vor. Das Ziel jedes Mädchens muss also sein, zu heiraten. Damit sie ein Mitglied des Dorfes, ihrer Gemeinschaft wird. Das islamische Recht regelt aber noch in ganz anderer Weise die Rechte und Verpflichtungen der Frauen, unabhängig von den Gesetzen des Staates, in dem sie leben. So sind Mädchen, bis sie heiraten, in der Obhut ihrer Väter. Dann übernehmen die Ehemänner die Vormundschaft für ihre Frau. Scheidung ist das Privileg der Männer. Nur in Ausnahmefällen hat die Ehefrau das Recht auf Scheidung. Zum Beispiel, wenn er sie misshandelt oder seiner Verantwortung für ihr körperliches Wohlergehen nicht nachkommen kann. Das Familieneigentum gehört dem Mann, die Frau hat nur mit seinem Einverständnis Zugriff darauf. Die Frau wiederum ist letztlich Familieneigentum – und gehört dem Mann. Genital verstümmelt – dann ist sie ihm sicher, oder?

Bereits 2005 haben islamische Gelehrte in Somalia, wo die Infibulation nahezu flächendeckend praktiziert wird, eine Fatwa veröffentlicht, die sich gegen die Beschneidung an Mädchen richtet. Der weit gereiste Menschenrechtler Rüdiger Nehberg initiierte dann 2006 eine internationale Konferenz von Islam-Gelehrten in der Al-Azhar-Universität in Kairo. Die Gelehrten beschlossen damals, dass die Beschneidung weiblicher Genitalien nicht mit der Lehre des Islam zu vereinbaren sei. Sie schreiben in ihrer Begründung: Es sei eine »ererbte Unsitte ... ohne Grundlage im Koran, respektive einer authentischen Überlieferung des Propheten ... Die Legislativ-Organe sind aufgefordert, diese grausame Unsitte als Verbrechen zu deklarieren.« (Prof. Dr. Ali Gom'a, Grand Mufti Al-Azhar)

Es ist wohl trotzdem noch ein langer Weg bis zur Beendigung dieses grausamen Rituals.

Die medizinische Seite der Verstümmelung

Die genitale Verstümmelung eines Mädchens und einer Frau hat schwere medizinische Folgen. Akute Komplikationen entstehen zuerst aufgrund unzureichender Hygiene. Unser kleines Mädchen in Äthiopien in dem *ML-Mona-Lisa*-Film lag auf einer dreckigen Matte in einer dunklen Hütte. Die alte Frau, die mit dem Rasiermesser an die Genitalien des Kindes ging, hatte dieses Rasiermesser vorher weder gesäubert noch abgewischt, geschweige denn desinfiziert. Das war noch nie so, das muss nicht sein, so die Meinung der Tante und Großmutter, die das Kind mit ihren Armen und Beinen festklemmten. Das Mädchen hatte erfreulicherweise nicht zu viel Blut verloren. Denn viele Mädchen und junge Frauen erleiden einen Schock, wenn es zu hohem Blutverlust, einer sogenannten Hämorrhagie, kommt. Wenn die heimische Beschneiderin nicht gut zunäht nach dem Eingriff, kann es durch schlechte Wundvernähung zu Narben kommen, die später große Probleme bereiten. In vielen Fällen erleiden die Mädchen und Frauen auch Blasen- und Niereninfekte, haben Probleme beim Entleeren der Blase, bekommen eine Sepsis, oder es bilden sich Fisteln und Zysten. So weit die akuten Folgen eines solchen Eingriffs.

Mediziner aber beobachten auch langfristige Folgen. Längst weiß man, dass die Klitoris mit einer hohen Dichte an Nervenenden ausgestattet und daher besonders berührungsempfindlich und empfänglich für sexuelle Reize ist. Wenn eine Frau weder eine äußere noch eine innere Klitoris mehr hat, weil sie ihr durch die genitale Verstümmelung weggeschnitten wurde, kommt es zu einer reduzierten sexuellen Stimulierbarkeit. Viele Frauen erleben dann keinen Orgasmus mehr, wie auch Hanny Lightfoot-Klein im Buch *Das grausame Ritual* recherchiert hat.

Wird ein Mädchen oder ein Frau »pharaonisch« beschnitten, wird an ihr also eine Infibulation durchgeführt, kommt es sehr oft durch die Verengung des Scheidenvorhofes und durch Narbenbildung zu großen Schmerzen beim Geschlechtsverkehr. Eine Befragung von 300 infibulierten sudanesischen Frauen und 100 sudanesischen Männern ergab, dass es zwischen drei und vier Tagen, aber auch bis zu einigen Monaten dauern kann, bis der verengte Scheidenvorhof so geweitet ist, dass der Geschlechtsverkehr zum ersten Mal normal vollzogen werden kann. Gelingt die Weitung nicht – und das ist laut der Dissertation von Fana Asefaw mit dem Titel *Weibliche Genitalbeschneidung* aus dem Jahre 2007 bei 15 Prozent der Frauen der Fall –, muss meist eine Geburtshelferin herangezogen werden. Doch die Sozialpsychologin und Autorin Hanny Lightfoot-Klein stellte auch fest, dass die meisten der von ihr befragten Frauen keine »nicht beschnittene« Sexualität kennen. Es ist also schwer, hier wirklich Vergleiche anzustellen. Noch dazu, da die Frauen in den betroffenen afrikanischen Ländern kulturell bedingt nicht sonderlich geneigt sind, mit Fremden über ihre sexuellen Empfindungen und Probleme zu sprechen.

Schwerwiegender, weil lebensbedrohlich, sind allerdings die Folgen der Infibulation bei Geburten. Beschnittene Frauen sind wesentlich gefährdeter, bei und nach der Geburt zu sterben, als nicht beschnittene Frauen. Laut einer Untersuchung aus dem Jahre 2011 an 4800 schwangeren Frauen ist eindeutig belegt, dass Frauen mit FGM/C wesentlich länger für eine Geburt brauchen, dass es viel häufiger zu Kaiserschnitten kommen muss und dass viel mehr Babys dabei sterben. Viele Frauen erleiden bei der Geburt einen Dammriss, weil das Gewebe aufgrund der Vernarbung nicht mehr so elastisch ist.

An dieser Stelle muss auch mit einem Märchen, warum

die FGM/C so gut für Frauen sei, aufgeräumt werden: Die Verstümmelung führt keinesfalls zu einer höheren Fruchtbarkeit. Das Gegenteil ist der Fall. In Khartum wurden rund 300 beschnittene Frauen untersucht. Ein Drittel war unfruchtbar. Verglichen mit einer nicht beschnittenen Kontrollgruppe ein eklatant höherer Anteil.

Wie schon Waris Dirie in *Wüstenblume* beschreibt: Das Leben nach einer Infibulation ist für eine Frau vor allem bei einer Geburt und beim Sexualverkehr ein täglicher Horror. Die meisten haben zudem große Probleme beim Wasserlassen. Das kann oft bis zu einer halben schmerzhaften Stunde dauern, bis die Blase geleert ist. Und die monatliche Blutung kann nicht wie bei nicht beschnittenen Frauen normal abfließen. Das Blut staut sich im Unterleib und die Frauen peinigen schlimme Schmerzen. Je drastischer ein Mädchen oder eine Frau verstümmelt wurde, desto schmerzhafter und lebensbedrohender sind die Folgen.

Erster Prozess gegen Genitalverstümmelung in Ägypten

Eigentlich ist es seit 2008 in Ägypten verboten, Frauen zu beschneiden. Das hat aber keinen Einfluss auf die Realität – es geschieht unverändert und täglich, bei 91 Prozent aller Mädchen und Frauen. 2014 wurden nun erstmals ein Arzt und der Vater eines Mädchens angeklagt. Denn das Mädchen starb bei dem Eingriff.

Was ist geschehen? Der Vater bringt seine 13-jährige Tochter zum Arzt. Der soll die Klitoris des Mädchens verkleinern. Das ist schon zwei Jahre zuvor so an ihrer älteren Schwester gemacht worden. Zusammen mit drei anderen

Mädchen wird das Kind in den OP gebracht. Das ist das letzte Mal, dass der Vater seine Tochter lebend sieht. Denn sie stirbt bei der Genitalverstümmelung. Woran, ist nicht ganz sicher. Es könnte der übliche septische Schock gewesen sein, wenn Keime in die Wunde gelangen oder das Mädchen zu viel Blut verliert. Im Bericht des Pathologen ist von einer Allergie auf Penizillin die Rede. Mit keinem Wort aber von der Genitalverstümmelung. Die UNICEF-Arbeitsgruppe Ägypten kennt das schon. Hinter der »Penizillin-Allergie« als Todesursache verstecke sich oft, dass ein Mädchen an einer Genitalverstümmelung gestorben ist. So gibt es in Ägypten auch keine Zahlen darüber, wie viele Mädchen tatsächlich an dieser Prozedur sterben.

Die Eltern des toten Mädchens haben den Arzt wegen eines Behandlungsfehlers angezeigt. Sie selbst sind sich keines Unrechts bewusst. Doch die Staatsanwaltschaft erhob die Anklage nicht wegen fahrlässiger Tötung, sondern wegen des Verstoßes gegen das Verbot der Genitalverstümmelung. Dabei ist nicht nur der Arzt, sondern auch der Vater angeklagt. Der unverändert die von der Familie geplante Klitorisverkleinerung leugnet. Beiden Mannern drohen zwischen drei Monaten und zwei Jahren Haft oder eine Geldstrafe von 500 Euro. Seit der Vater mitangeklagt ist, leugnet er die geplante Klitorisverkleinerung. Er bc hauptet jetzt, wie der Arzt, es sollte nur eine »Genitalwarze« entfernt werden. Die Gynäkologin und Vorsitzende Randa Fakhr Eddin von der Koalition von Nichtregierungsorganisationen gegen weibliche Genitalverstümmelung sieht in diesem Prozess einen wichtigen Schritt: »Es fehlt an Unrechtsbewusstsein, bei den Familien und bei Polizei und Staatsanwaltschaft.«

Auch in Asien sind Millionen Mädchen betroffen

Bisher wurden in allen Statistiken über Genitalverstümmelung nur betroffene Mädchen und Frauen in Afrika und im Nordirak erfasst. Aber dieses Ritual ist keineswegs ein afrikanisches Problem. Die Genitalverstümmelung wird auch in Asien praktiziert. Nach Informationen der Menschenrechtsorganisation Terre des Femmes sind allein in Indonesien 100 Millionen Mädchen und Frauen beschnitten. Der Rat der Islamgelehrten in dem zu 88 Prozent islamischen Land erklärte diesen Eingriff 2008 zur religiösen Pflicht. In manchen Regionen Indonesiens sind bis zu 99 Prozent der Mädchen und Frauen davon betroffen. Dabei hat Indonesien die Menschenrechtskonvention unterzeichnet, in der ja auch der Schutz von Frauenrechten gefordert wird. Daran scheint man sich in Kreisen der muslimischen Imane nicht zu erinnern. FGM/C verbreitet sich ebenfalls in Malaysia, Sri Lanka, Thailand, Indien und Pakistan. Es ist unerklärlich, wie sich auch hier die Vorstellung von der »reinen Braut« auf so brutale Weise durchsetzen kann.

Bleibt die Frage: Was tun? Was kann geschehen, wenn rund 150 Millionen Frauen beschnitten sind und damit leben müssen? Wenn nach Hochrechnungen 86 Millionen Mädchen und Frauen in den nächsten Jahren dieses Schicksal droht? Wenn dies Mütter bei ihren Töchtern zulassen, wenn die heimischen Heilerinnen dieses Ritual in unhygienischen Bedingungen vornehmen?

Fast alle Organisationen und Parteien im westlichen Kulturraum befürworten inzwischen die Abschaffung von FGM/C. Wegen der negativen gesundheitlichen Folgen für die betroffenen Frauen und der erhöhten Säuglingssterblichkeit bei der Geburt. Wegen der unhygienischen und medizinisch unzureichenden Vorgehensweise während der Operation. Wegen der Unterdrückung der Frauen durch sexuelle Kontrolle, also der Einschränkung ihrer Fähigkeit, körperliche Lust zu empfinden. Und schließlich wegen der Verletzung der Menschenwürde und des Rechts auf körperliche Unversehrtheit durch einen medizinisch nicht notwendigen Eingriff ohne Einwilligung der Betroffenen.

UNICEF und andere internationale Organisationen streben seit den 1990er-Jahren die vollständige Abschaffung der Beschneidung weiblicher Genitalien an. Eine der recht erfolgreichen Maßnahmen ist, alternative Berufsmöglichkeiten für die traditionellen Beschneiderinnen zu schaffen. Die UN-Vollversammlung hat zudem am 20. Dezember 2012 einstimmig eine Resolution verabschiedet, die die Mitgliedsstaaten auffordert, die Anstrengungen für die vollständige Beendigung weiblicher Genitalverstümmelung zu verstärken. Zu den Mitgliedsstaaten gehören auch die 29 FGM/C-praktizierenden Länder.

Was geschieht in Europa?

Seit Juni 2013 ist in Deutschland die weibliche Genitalverstümmelung ausdrücklich im Strafgesetzbuch geregelt. Allerdings immer noch nur als Körperverletzung und nicht als eigener Straftatbestand – was viele Parteien und engagierte Frauenorganisationen fordern. Deutschland setzt damit zwar ein eindeutiges Signal: In unserem Land ist die weibliche Genitalverstümmelung ein Verbrechen. Aber das ist noch nicht genug.

Denn jedes Jahr sind tausende von Mädchen, aufgewachsen in Deutschland, von Genitalverstümmelung bedroht, wenn sie die Eltern beim nächsten »Heimaturlaub« beschneiden lassen. Oder wenn diese gar einen Arzt in

Deutschland finden, der die Verstümmelung in einer Praxis durchführt.

Großbritannien stellte die Genitalverstümmelung mit dem »Prohibition of Female Circumcision Act« schon 1985 unter Strafe. In Frankreich erhob 1994 zum ersten Mal ein Opfer, die damals 18-jährige Malinesin Mariatou Koita, Anklage gegen ihre Eltern und gegen die Beschneiderin. Ein sensationeller Prozess, der 1999 mit dem Ergebnis endete, dass die Beschneiderin Hawa Gréou zu acht Jahren Haft verurteilt wurde. Das Urteil ging um die Welt und sendete ein klares Signal auch an die französischen Migranten-Communities.

So weit ist Deutschland immer noch nicht. Denn Eltern, die ihre Töchter im Ausland beschneiden lassen, können nur dann in Deutschland angeklagt werden, wenn ihr Verbrechen als »Auslandsstraftat« eingestuft wird. Das ist aber bei einem Delikt wie der Körperverletzung nicht der Fall.

Da hilft es sicher auch nicht sehr, wenn quasi als Feigenblatt ein Hilfsprogramm anläuft: Für die betroffenen Frauen und Mädchen und für ihre Familien werden bundesweit Beratungsstellen eingerichtet. Flächendeckend sollen in der nächsten Zeit Lehrerinnen und Lehrer, Erzieherinnen und Erzieher sowie die Polizei in ihrer Ausbildung zum Thema geschult werden.

Das alles sind erste Schritte. Doch noch lange nicht genug. Denn unverändert sind Millionen von Mädchen in Gefahr. Vielleicht auch, weil das Thema derzeit nicht mehr ganz oben auf der Tagesordnung der Menschen in den betroffenen Ländern steht? Weil Kriege, Konflikte, Hunger und soziale Not im Vordergrund stehen? Dabei ist es längst bewiesen, dass Frauen und nicht die Männer in Afrika ihre Familien ernähren, dass Frauen bereit sind, bis zu 90 Prozent ihres Einkommens für ihre Kinder, Männer und Eltern

auszugeben. Diese Frauen sollten also auch ein schmerz-
freies, unbeschwertes Leben führen dürfen. Unbeschnitten.
Denn die UN-Sonderbotschafterin Waris Dirie hat völlig
recht: Die Beschneidungspraxis ist Genitalverstümmelung,
Folter und Verbrechen. Damit muss Schluss sein. Zum Wohle
der Mädchen und Frauen in der ganzen Welt.

BUCH 5 – BOSNIEN

Am Ende wünschst du dir
nur noch den Tod

Die Massenvergewaltigungen im Krieg auf dem Balkan

Keiner wollte es damals glauben: Massenvergewaltigungen im Krieg auf dem Balkan, 1992? Mitten in Europa? Gezielt, geplant, als Waffe eingesetzt? Um die Frauen zu missbrauchen, aber auch, um die Familien zu zerstören und den Männern zu zeigen: Deine Frau, deine Tochter gehört uns. Du kannst nichts machen. Wir haben die Macht. Mal wieder.

Wir Journalistinnen von *ML Mona Lisa* haben damals recherchiert, berichtet, sind immer wieder in die Lager in Kroatien, später mitten hinein in den Krieg nach Sarajewo gereist, um mit den Frauen zu sprechen. Weil alles so unfassbar schien. Später wird die Mazowiecki-Kommission des ehemaligen polnischen Präsidenten in Genf in einer Untersuchung bestätigen: Es sind 50 000 bosnische Musliminnen in diesem serbischen Eroberungskrieg in den Lagern planmäßig vergewaltigt worden. Die Frauengruppen Tresnjevka und Kareta haben damals als Erste in Zagreb in den Lagern die Weltöffentlichkeit auf dieses Geschehen aufmerksam gemacht. Mutige Journalistinnen und Journalisten berichteten weltweit. Denn in diesem Krieg mit 250 000 Toten und 1,5 Millionen Vertriebenen waren es vor allem die Frauen, die so grausam wie selten zuvor zu Opfern wurden.

Aus dem Interviewprotokoll mit Aniza vom 15. November 1992: »Es ist egal, ob ich schweige oder nicht. Ich musste ihn oral befriedigen. Vier oder fünf Stunden lang. Und ich kann sagen, es war wirklich fürchterlich, weil, wenn ich es nicht schaffte, dass er steif wurde, und wenn ich es nicht schaffte, dass er zum Höhepunkt kam und ich es schluckte, habe ich Prügel am Kopf und am Rücken bekommen und Ohrfeigen, sodass mein Mund am nächsten Morgen durch diese Qualen geschwollen war. Ich wusste nicht, was ich tun soll. Vierzehn Tage dauerte es, Tag und Nacht, sodass mir von vierundzwanzig Stunden zwei bis drei Stunden zum Schlafen blieben. Manchmal passierte es, dass er zum Höhepunkt kam und mein Magen würgte und ich das Sperma nicht schlucken konnte. Es rann aus meinem Mund. Dann hat er mich wieder geprügelt und mir befohlen, es aufzulecken.«

Aniza war neun Monate in serbischer Gefangenschaft, in einem Lager in Begeda, danach im Militärgefängnis Belgrad. Kein Einzelschicksal, wie sich bei unseren weiteren Recherchen herausstellt. Die Ordensschwester Ancilla Vujković in einer Zagreber Klinik berichtet: »Die Frauen waren in einem schlechten psychischen und physischen Zustand. Es war für mich schlimmer als diese Massaker, weil, dort sind die Menschen innerhalb weniger Minuten tot. Aber hier schaffen sie totale Invaliden. Die psychischen Leiden dieser gequälten Frauen sind noch viel schwerer als das, was sie physisch durchleiden mussten. Sie wurden mit den schrecklichsten Sachen vergewaltigt. Es gab furchtbare familiäre Trennungen. Vor ihren Augen wurden Brüder umgebracht, Schwestern, Eltern, Opa, Oma. Sie haben die Frauen im Lager festgehalten, bis sie hochschwanger, im sechsten, siebten Monat waren und nicht mehr abtreiben konnten. Dann haben sie sie in einen Bus gesetzt, das habe ich mit eigenen Augen gesehen, auf dem stand: ›Wir schicken euch kleine Tschetniks‹.«

Die damals 34-jährige Asisa berichtet nach ihrer Flucht aus dem Gefangenenlager Manjaza: »Einer hat mich gehalten. Und zwei haben mich gleichzeitig vergewaltigt. Und die ganze Zeit diese Worte gesagt: ›Du wirst ein Kind gebären mit der serbischen Kokarde und nicht mit dem muslimischen Halbmond.‹ Aber das Schlimmste war in dem Moment, als sie sagten: ›Du taugst gut dazu.‹ Ich sollte eine Aussage machen, wo sich mein Mann befindet. Zwei haben mich festgehalten, der dritte hat zugeschaut. Als sie fertig waren, haben sie gesagt, da ich nichts sagen will, wird auch meine Tochter vergewaltigt werden. Ich soll sie auf die Vergewaltigung vorbereiten. Sie haben sie abgeführt, nach einer Stunde wurde sie zurückgebracht. Ich konnte es nicht aushalten, bekam einen Schock. Ich habe meine Tochter gefragt, was gemacht wurde. Sie sagte: ›Nix, Mama, nix‹. Sie war total schwarz und blau geprügelt. Dann haben sie den Kleinen abgeführt. ›Jetzt kommst du an die Reihe. Dir werden wir die Genitalien abschneiden.‹ Ich habe gebettelt, damit sie ihm nichts tun. Sie sollen mit mir wirklich alles machen, was sie wollen: umbringen, Körperteile abschneiden, alles. Die Antwort war: Weil du deine Kinder so liebst und dich selbst nicht, werden wird dich braten. Sie haben so was Ähnliches wie ein Feuerzeug, aber viel größer, genommen und angezündet und damit haben sie mich verbrannt. Ich sollte sagen, wo mein Mann ist. ›Wenn du immer noch nicht sagst, wo dein Mann ist, werden wir dich zerschneiden.‹ In diesem Moment habe ich gebettelt, mich und meine Kinder umzubringen. Einfach, weil ich mich nicht mehr quälen kann. ›Nein, das kommt nicht infrage‹, sagten die Männer.

›Moslems sollen nicht so leicht sterben, ihr Moslems müsst leiden. Man muss euch zerstückeln, weil wir euer Blut trinken müssen.‹«

»Wir haben nur auf Befehl vergewaltigt«

Der Krieg auf dem Balkan war ein grausamer Krieg. Dazu ein Krieg, der über die Frauen und Mädchen gegen die Väter, Ehemänner und Brüder geführt wurde. Vor allem aber ein Krieg gegen die patriarchalische, muslimische Gesellschaft. Die Ehre der Frau ist in diesen Familien ein besonders hohes Gut. Sie muss mit allen Mitteln geschützt werden. Wie wir heute wissen, oft auch durch vermeintliche »Ehrenmorde«. Umso infamer war damals die Vorgehensweise der serbischen Soldaten. Sie vergewaltigten in den Dörfern und Städten in ihrem Krieg gegen Bosnien alle weiblichen Wesen. Vom zehnjährigen Mädchen bis zur 70-, ja 80-jährigen Großmutter. Stets vor den Augen der Familienangehörigen. Das war so befohlen. Viele dieser Vergewaltiger werden später sagen: »Wir haben das nur auf Befehl getan.« Die Botschaft sollte vor allem die Väter und Ehemänner der Mädchen und Frauen erreichen: Deine Frauen gehören jetzt uns, wir machen mit ihnen, was wir wollen. Du hast keine Macht mehr.

Dass tausende von Frauen Tag für Tag von unzähligen Serben so lange vergewaltigt wurden, bis sie schwanger waren, gehörte ebenfalls zur Kriegsstrategie. So wird der Völkergenozid des Krieges damals noch ergänzt durch unschuldige Kinder, die weder Bosnier noch Serben sind. Sondern als Mischlinge beider Völker eines Tages zu den »Exekutoren ihrer Väter« heranwachsen sollen. So jedenfalls formulierten das 1992 die geschockten Männer in der damaligen bosnischen muslimischen Partei. Die Kinder der Vergewaltigungen sind im Jahr 2014 21 Jahre alt.

Der ganze geplante Wahnsinn der Vergewaltigungen gipfelte in der Einrichtung von sogenannten »Hotels« als reine Vergewaltigungslager. 42 kannten die Lagerhelferinnen in Zagreb beim Namen. Sie lesen sich wie schönste Urlaubsadressen: Hotel Galeb (Möwe) in Brcko, Motel Vilina Vlas (Feenhaar) in Visegrad oder Hotel Elvis. In fast jedem kleineren Dorf entstand während des Krieges zudem ein »Freudenhaus« für das grauenvolle Tun der Truppen. Im Lager Sekovice in der Nähe von Tuzla waren dort 800 Frauen, davon 80 Prozent Mädchen unter 15 Jahren.

Unbestritten erfüllen geplante und organisierte Massenvergewaltigungen von Frauen den Tatbestand des Kriegsverbrechens. Sie sind als solches auch in der Menschenrechtskonvention der Vereinten Nationen international geächtet. Aber es dauerte Jahrzehnte, bis die Kriegsverbrecher endlich vor dem Internationalen Gerichtshof in Den Haag standen. Ein Gericht, das von den Vereinigten Staaten von Amerika im Übrigen nicht anerkannt wird. Erstaunlich – denn mit den Nürnberger Prozessen in Deutschland nach dem Zweiten Weltkrieg haben sich gerade die Amerikaner um Recht und Rechtsprechung nach erfolgtem Unrecht verdient gemacht.

1993, noch bevor der Friedensvertrag von Dayton ein Jahr später die Waffen in Bosnien schweigen ließ, kamen auf dem Balkan viele hunderte ungewollter Kinder zur Welt, Tschetnik-Babys genannt. Denn sie wurden von serbischen Freischärlern durch Vergewaltigung gezeugt. Tschetniks war die Bezeichnung dieser Freischärler. Ihre Mütter sind die leidvoll geplagten bosnischen Musliminnen. Wie viele Kinder es tatsächlich waren – das lässt sich nicht mehr ermitteln. Die Frauen schweigen. Aus Scham vor der eigenen Familie, vor den Nachbarn. In den ersten Monaten 1993 jedenfalls stiegen die Geburtenraten in den Zagreber Kliniken um über 30 Prozent an. Ebenso die Zahl der Abtreibungen.

Viele Frauen schafften die Flucht aus dem damals noch tobenden Krieg in Bosnien nicht. In den Wäldern rund um Sarajewo, bevor jeder Baum und jeder Busch abgeholzt wurde während der dreijährigen Total-Blockade der Hauptstadt, sollen bis zu 300 schwangere Frauen campiert haben. Sie wollten in der eisigen Kälte zwischen Reisig und Gras die verhassten Kinder zur Welt bringen und dann aussetzen. Erfunden – oder die Wahrheit? Das kann heute keiner mehr sagen. Keine der interviewten Frauen wollte uns das später bestätigen.

Damit die Vergewaltigungen später nicht vergessen werden, damit niemand sagen kann, er habe es nicht gewusst, haben die Frauen der kroatischen Gruppe Kareta in Zagreb als Erste Protokolle verfasst. Von Zeugen erstellte Berichte des Grauens. Sie sollten auch in späteren Verfahren gegen die Kriegsverbrecher als Beweise helfen. Denn das haben sich alle Frauen gewünscht, in Kroatien genauso wie in Bosnien: dass die Täter eines Tages vor Gericht gestellt werden.

Die damals 15-jährige Aszra berichtet von ihrer Zeit im Lager Trnopolje im Juli 1992: »… Man hatte uns erlaubt, in Gruppen zum Brunnen zu gehen, der etwa 50 Meter vom Lagereingang entfernt lag. Die Frauen durften wieder zurückgehen, uns sechs junge Mädchen aber hielten sie auf. Dann fanden sie noch vier. Sie brachten uns in ein Haus, ein neues, ordentliches Haus … Bald darauf erschien eine Panzerbesatzung mit ein paar Tschetniks. Es war eine Gruppe von 30 Personen, alles Schlächter von der kroatischen Front. »Ihr seid aber schöne F(otzen)«, verspotteten sie uns. »Schade, dass ihr Türkinnen seid.« Wir weinten alle und hatten große Angst. Sie befahlen uns, die Kleider auszuziehen. Falls wir uns weigerten, so sagten sie, würden sie sie uns vom Leib reißen. Drei von uns weigerten sich, also zerfetzten sie ihre Kleider mit Messern. Nackt standen wir im Kreis. Sie saßen nur herum und tranken und rauchten. Dann befahlen sie uns, im Kreis herumzugehen. Das taten wir eine Viertelstunde lang. Während sie tranken und uns mit den Augen verschlagen. Dann fing es an.

Seltsamerweise näherten sie sich alle auf einmal einem einzigen Mädchen, anstatt sich jeder eine auszusuchen, und begannen »eine Nummer zu schieben«. Die anderen Mädchen schauten zu, weinten und flehten. Aber die Männer waren taub und stumm. All das fand auf einem Stein im Hof statt. Ich war als Dritte an der Reihe. Sie kamen auf mich zu, und ich begann sie anzuflehen, sie sollten mich nicht anrühren … Der Mann, der links von mir stand, schlug mich zweimal mit seinem Gewehrkolben auf den Rücken, dann fingen beide Männer an, mich zu schlagen. Ich fiel zu Boden. Dann begann das Schlimmste. Zuerst wurde ich von dem mit dem Gewehrkolben vergewaltigt. Ich wurde ohnmächtig. Als ich wieder zu mir kam, wurde ich von Neuem vergewaltigt. Ich kann es nicht beschreiben. Die Schmerzen waren fürchterlich. Als ich noch bei Bewusstsein war, vergewaltigten mich acht von ihnen. Was danach geschah, weiß ich nicht. Da ich noch Jungfrau gewesen war, blutete ich schrecklich. Alle Vergewaltiger waren zwischen 22 und 40 Jahren alt.«

Die verlogene »Dampfkesseltheorie«

Wir haben diese Zeugenaussagen im *ZDF* gesendet. Und ich habe sie in meinem Buch über die Massenvergewaltigungen auf dem Balkan veröffentlicht. Dazu auch die spannenden Erkenntnisse von Ruth Seifert vom sozialwissenschaftlichen Institut der Bundeswehr. Sie hat die Massenvergewaltigungen als Soziologin unter der Überschrift *Krieg und Vergewaltigung* genauer untersucht. Denn wenn man nach den Gründen für das Tun der Soldaten sucht, stößt man oft auf einen Wust aus Mythen und Ideologien. Da sagen die einen, Vergewaltigung hätte etwas mit dem unbezwingbaren männlichen Trieb zu tun, der sich austoben müsse, gern bezeichnet als sogenannte »Dampfkesseltheorie« der männlichen Natur.

Heißt das etwa, Männer sind nicht Herr über ihren eigenen Körper? Sind willenlose Opfer ihrer gewalttätigen und triebhaften Natur? Diese Theorie hat Vorteile. Auch weil sie den einzelnen Mann, den Täter, seiner Verantwortung enthebt und als Entschuldigung für die sexuelle Gewalt gelten kann. Aber ist es so einfach?

Ich zitiere Ruth Seifert: »Tatsächlich gibt es gute Gründe dafür anzunehmen, dass Vergewaltigungen weder mit der Natur noch mit der Sexualität recht viel zu tun haben. Sie sind vielmehr ein extremer Gewaltakt, der sich allerdings sexueller Mittel bedient. Das belegen Vergewaltigungsstudien, die vor allem in großer Zahl in den USA, mittlerweile auch im deutschsprachigen Raum vorliegen. Sie zeigen, dass Vergewaltigung kein aggressiver Ausdruck von Sexualität, sondern ein sexueller Ausdruck von Aggression ist. Sie dient in der Psyche des Täters nicht sexuellen Zwecken, sondern der Artikulation von Wut, Gewalt und Herrschaft über eine Frau. Es geht darum, eine Frau zu erniedrigen, zu demütigen, zu unterwerfen. Diese Gewalttat wird allerdings mit sexuellen Mitteln durchgeführt. Das gewalttätige Eindringen in das Innere des Körpers einer Frau bedeutet den schwersten denkbaren Angriff auf das intimste Selbst und die Würde des Menschen und ist in aller Regel ein Kennzeichen schwerer Folter. Das gewaltsame Eindringen in den Innenraum der Frau hat Wirkungen, die der Folter vergleichbar sind. Es bewirkt körperlichen Schmerz, den Verlust der Würde, einen Angriff auf die Identität und den Verlust der Selbstbestimmung über den eigenen Körper ...

Vergewaltigungsopfer empfinden in den meisten Fällen die Tat nicht als sexuelle Handlung, sondern als extreme und demütigende Form der Gewaltausübung gegen ihre Person und ihren Körper, die mit starken Todesängsten verbunden ist. Aber auch Vergewaltiger sprechen selbst kaum jemals von einem sexuellen Erlebnis. Jeder dritte Täter hat bei der Tat sexuelle Funktionsstörungen. Was die Täter selbst artikulieren, sind Gefühle der Feindseligkeit, der Aggression, der Macht und der Herrschaft.

Bei Gruppenvergewaltigungen kommen zusätzliche Motive hinzu: Hier geht es offenbar in erster Linie darum, sich gegenseitig seine Potenz zu beweisen. Gruppenvergewaltigungen [wie auch die jetzt so häufigen in Indien – Anmerkung der Autorin] zeichnen sich oft durch ein ritualisiertes Vorgehen aus. Das heißt: die Reihenfolge der Vergewaltigung richtet sich nach dem Status innerhalb der Gruppe. Es wurde auch festgestellt, dass Vergewaltiger dazu tendieren, die Opfer zu entpersonalisieren. Sie nehmen sie kaum als konkrete Person wahr und können das Opfer, wenn es ihnen unbekannt war, hinterher kaum beschreiben. Das Opfer steht für den Täter stellvertretend für »Frau« und nicht als konkrete Person. Resümierend lässt sich sagen: Die Sexualität des Täters steht bei der Tat nicht im Mittelpunkt. Sie wird vielmehr instrumentell in den Dienst der Gewaltausübung gestellt.« (Zitiert nach Seifert, Ruth: *Krieg und Vergewaltigung*.)

Slavenka Drakulić: »Endlich wird sexuelle Gewalt als eine Waffe erkannt«

Die kroatische Schriftstellerin Slavenka Drakulić hat viel geschrieben über die Kriegsverbrechen auf dem Balkan seit den 1990er-Jahren. Eines ihrer Bücher *Keiner war dabei: Kriegsverbrechen auf dem Balkan vor Gericht* handelt von den Kriegsverbrecher-Tribunalen in Den Haag. Die Resolution des UN-Sicherheitsrates hält sie für historisch: »Endlich wird sexuelle Gewalt als eine Waffe erkannt und kann damit bestraft werden. Wir wissen jetzt, wie wir es auch schon vor dieser Resolution wussten, dass Vergewaltigung eine Art von langsamem Mord ist.« Damit ist auch für den Sicherheitsrat der UN endgültig klar, dass Vergewaltigung eine Kriegstaktik ist und damit eine Bedrohung für die internationale Sicherheit. Bleibt nur die Frage, ob die UN-Resolution wirklich dem Kampf gegen sexuelle Gewalt gegen Frauen in Kriegen den nötigen Druck verleiht.

Jahrzehntelang haben die bosnischen Frauen geschwiegen. Jetzt erst, im 21. Jahrhundert, sprechen einige wenige aus, was alle anderen Opfer bis heute niemandem gesagt haben. Nicht ihren Freunden, und schon gar nicht ihren Ehemännern oder Kindern. Diese wenigen mutigen Frauen reden vor Gerichten, Staatsanwälten, Menschenrechtlern und Journalisten. Weil ihnen wohl auch bewusst ist, was die amerikanische Psychologin und Trauma-Forscherin Yael Danieli in ihrem Buch *International Handbook of Multigenerational Legacies of Trauma* (Handbuch der generationsübergreifenden Traumata) so formuliert hat: »Worüber nicht gesprochen wird, kann nicht zur Ruhe kommen. Und wenn es nicht zur Ruhe kommt, wird es weiter schwären, von Generation zu Generation.« Aber klar ist auch: Die Männer in Bosnien hätten es lieber, wenn die Frauen den Mund halten würden. Eine Frau, die damals mit 18 Jahren von Männern, die sie gut kannte, gefangen genommen und vergewaltigt wurde, hat einen ihrer Vergewaltiger auf der Straße gesehen. Das sei drei Jahre her, erzählt sie später der Journalistin Gabriela Herpell für das *SZ-Magazin*.»Ich habe ihn angezeigt – aber es ist nichts passiert.«

Schon 2001 hat der Internationale Strafgerichtshof in Den Haag Vergewaltigung im Krieg als Kriegstaktik und Verbrechen gegen die Menschlichkeit bezeichnet. Der Staat Bosnien selbst dagegen schweigt eher beschämt und tut nichts. Vereinzelt melden sich jetzt, 2014, die Opfer. Bilden kleine Gruppen, wie in Tuzla die Vereinigung Na Glas – Unsere Stimme. Dort treffen sich die Frauen, die sexuelle Gewalt erfahren haben, und reden. Eine von ihnen war schon 1996 vor dem Kriegsverbrechertribunal in Sarajewo. Sie hat dort ausgesagt, anfangs aus Angst nicht unter ihrem richtigen Namen. Doch die Männer, die diese Verbrechen begangen haben, laufen unverändert frei herum, in Bosnien und in Serbien. Eine andere der Frauen, die heute den Mund aufmacht, hat in Den Haag gegen ihren Vergewaltiger ausgesagt. Der Mann, der vor dem Krieg Gast in ihrem Restaurant war, wurde zu 24 Jahren Haft verurteilt. Aber nicht wegen der Vergewaltigungen – sondern wegen anderer Kriegsverbrechen.

Das ist manchmal deprimierend, sagen vor allem diejenigen Frauen, die damals in Zagreb die ersten Protokolle erstellt haben. Die Sammlung der Dokumente haben sie übertitelt mit:»Ich flehte um meinen Tod«. Weil die Opfer oft lieber gestorben wären, als ihren Männern, Vätern, Brüdern und Söhnen danach wieder unter die Augen treten zu müssen. In der bosnischen Gesellschaft ist die Frau die Säule der Familie. Auch wenn sonst patriarchale

Strukturen herrschen. Aber genau die haben die serbischen Vergewaltiger zum Einstürzen gebracht. Die Protokolle sollten zwei Dinge bewirken: Einmal, das Vergessen zu verhindern, und zum anderen, Beweise festzuhalten, damit die Täter eines Tages bestraft werden können.

Die Vizeministerin für Menschenrechte und Flüchtlinge in Bosnien und Herzegowina, Saliha Duderija, kämpft seit Jahren um ein neues Gesetz. Damit sollen alle Frauen in jeder Stadt, in jedem Dorf das Recht auf den Status als zivile Opfer des Krieges haben – und damit Anrecht auf Gelder und entsprechende Hilfsangebote. Der Bevölkerungsfonds der Vereinten Nationen (UNFPA – United Nations Population Fund) in Sarajewo unterstützt dieses Anliegen. Aber bis jetzt ist es nicht geglückt, diesen Gesetzentwurf durch das Parlament zu bringen. Die wirtschaftliche Situation des ganzen Landes ist weiterhin nicht rosig. Noch dazu, da die Überschwemmungen im Frühjahr 2014 einen Großteil der landwirtschaftlichen Erträge zerstört haben, den Menschen die Häuser weggeschwemmt wurden und längst vergessene Landminen wieder überall herumliegen. Da haben die Menschen andere Sorgen. Da sind die Vergewaltigungen des Jahres 1992 weit weg. Vor allem in den Köpfen der Männer und Söhne.

Zwei Filme aber werden das Grauen ganz sicher nicht vergessen lassen: Der eine ist *Grbavica – Esmas Geheimnis* von der bosnischen Regisseurin Jasmila Žbanić. Sie gewann mit ihrem Spielfilm 2006 den Goldenen Bären auf der Berlinale. Der Film erzählt die Geschichte von Esma, die im Krieg von den Tschetniks geschwängert wurde. Sie zieht das Kind auf und erzählt ihrer Tochter, der Vater sei im Krieg umgekommen. Aber die Tochter, mittlerweile ein Teenager, spürt, dass etwas an der Geschichte nicht stimmt. Jetzt beginnt sie, nach ihren Wurzeln zu suchen. Ein schmerzlicher Prozess.

Im zweiten Film, *In the Land of Blood and Honey,* führte Angelina Jolie Regie. Sie zeigte ihn auch auf der Konferenz zum Thema »Krieg und Vergewaltigung« in London im Sommer 2014. Der Film dokumentiert, was sich alle Frauen in Bosnien wünschen: dass das Thema ihrer Vergewaltigungen im Krieg 1992 nie und nimmer in Vergessenheit gerät. Dafür kämpfen sie, darüber reden sie. Auch wenn das so vielen Menschen in ihrem eigenen Land nicht gefällt.

GEDANKEN ZUM SCHLUSS

Warum sind Kriege männlich?

Oder: Wie wird die Welt friedlich?

Als Reporterin habe ich aus Bosnien, aus Ruanda und Goma, aus Tschetschenien und aus dem Gazastreifen berichtet. Habe Sendungen gemacht über wachsende häusliche Gewalt, Zwangsprostitution und Menschenhandel. Überall sind mir vor allem Männer begegnet. Sie waren die Täter, die Schläger, sie waren »im Krieg«, trugen die Kalaschnikows oder Uzis vor sich her. Ratterten mit den Panzern durch zerstörte Straßen, zielten auf normale Bürger und in der Sniper-Alley in Sarajewo vor allem gerne auf Journalisten. Frauen, Kinder und alte Menschen habe ich überall als Opfer erlebt, als die Leidtragenden der großen und kleinen Konflikte.

Warum diese Gewalt? Warum diese Millionen Toten? Warum diese Kriege? Wie werden Menschen aggressiv – und wie schafft man eine friedliche Welt?

Tausende Wissenschaftler und Wissenschaftlerinnen haben sich mit diesem Thema auseinandergesetzt. Unter ihnen auch die promovierte österreichische Kunsthistorikerin Hilde Schmölzer. Sie kommt zu dem Ergebnis, dass frühere Gesellschaften vor allem dann friedlich und ohne nennenswerte kriegerische Auseinandersetzungen zusammenlebten, wenn es keine Hierarchien gab, keine Klassen und politischen Führer. Frauen hatten dort größeren Einfluss. Wir wissen heute, dass matriarchale Strukturen in einigen Dörfern im Süden Indiens zu einem zutiefst friedlichen Miteinander führen. Dort besitzen Frauen Grund und Boden, sie suchen sich ihre Männer aus, und es wird genug erwirtschaftet, damit alle gut davon leben können.

Immer wieder kommen Wissenschaftler auf der ganzen Welt zu dem Ergebnis, dass vor allem egalitäre, also auf Gleichheit ausgerichtete Gesellschaftsstrukturen, die Gleichwertigkeit der Frau und Friedensliebe Gründe für friedliche Gesellschaften sind. Rassismus, gesellschaftliche Klassen, Militarismus und Sexismus kommen da nicht vor. Die Psychologin Carola Meier-Seethaler nennt in ihrem Buch *Gefühl und Urteilskraft* Krieg darum auch eine »neurotische Fehlentwicklung der männlich-menschlichen Kultur«. Sie forschte intensiv in den indianischen Gesellschaften und stellte fest, dass der Mann das matriarchale Weltbild stürzen musste, die Frau aus dem Mittelpunkt der gesellschaftlichen Ordnung vertreiben musste, um seine Identität zu stärken. Das erfolgte einmal durch die Jagd, aber eben auch durch Krieg und Gewalt.

Dass Aggression dem Menschen angeboren sei, wird ja immer wieder gern angeführt. Zunächst einmal sei jeder Mensch gleichermaßen aggressiv. Aber Männer seien davon stärker betroffen. Wo dann auch immer wieder das wohl zu hoch dosierte Hormon Testosteron angeführt wird. Doch Erich Fromm, Psychologe und kluger Denker, hielt das für »absurd«. In seiner spannenden Untersuchung *Anatomie der menschlichen Destruktivität* sieht er die Ursachen für die Entstehung von Kriegen in dem komplexen System patriarchaler Herrschaft, das durch Ausbeutung charakterisiert sei. Das Prinzip der Kontrolle und Herrschaft über die Natur, die Sklaven, Frauen und Kinder seien dabei ein wesentlicher Teil.

Bis heute wirkt dieses Prinzip. Gewalt geht aus vom Stärkeren. Wenn dann in Diskussionen die britische Premierministerin Margaret Thatcher, die indische Premierministerin Indira Gandhi oder die israelische Premierministerin Golda Meir als Anstifterinnen von Kriegen angeführt werden, führt dennoch nichts an der Tatsache vorbei, dass über 99 Prozent aller kriegerischen Auseinandersetzungen weltweit von Männern initiiert wurden und werden. Dass häusliche Gewalt zu 98 Prozent die Schläge sind, die der Mann der Frau »verpasst«. Und nicht die Frau dem Mann. Dass Menschenhandel weltweit von Männern betrieben wird, die die Milliardengewinne einstecken. Dass 87 Prozent aller Straftäter in Gefängnissen männlich sind.

Doch noch ein weiterer Faktor darf als Grund für die männliche Gewalt und Aggression nicht vergessen werden: Macht. Ohne Macht kann niemand Gewalt anwenden. Und Frauen haben sie eben nicht. Robin Haarr, Professorin für Strafjustiz an der Eastern Kentucky University, schreibt dazu in ihrem Aufsatz *Violence against Women:* »Eine Gesellschaft, die die Bedeutung traditioneller, patriarchalischer Praktiken hervorhebt, die zu ungleichen Machtverhältnissen zwischen Frauen und Männern führen und Frauen eine untergeordnete Rolle zuweisen, zeigt meist ein größeres Ausmaß an Gewalt gegen Frauen. Vor allem, wenn Frauen sozial eingeschränkt sind, an ihr Zuhause gebunden sind und vom Arbeitsmarkt ausgeschlossen werden. Gewalt gegen Frauen ist eine Folge von mangelnder Gleichberechtigung und verhindert den Aufstieg von Frauen in der Gesellschaft.«

Denn so einfach, wie sich das Astrid Lindgren, die schwedische Schriftstellerin und Erfinderin von Pippi Langstrumpf, vorgestellt hat, ist es leider nicht: »Wir wollen ja den Frieden. Gibt es denn da keine Möglichkeit, uns zu ändern, ehe es zu spät ist? Könnten wir es nicht vielleicht lernen, auf Gewalt zu verzichten? Könnten wir nicht versuchen, eine ganz neue Art Mensch zu werden? Wie aber sollte das geschehen, und wo sollte man anfangen? Ich glaube, wir müssen von Grund auf beginnen. Bei den Kindern.« (Zitiert nach: Lindgren, Astrid: »Niemals Gewalt«.)

Aber wie funktioniert das in den meisten Gesellschaften dieser großen Welt? Da heißt die Botschaft an Mädchen: »Du bist nicht viel wert, bist an Haus, Küche, Mann und Kinder gebunden. Der öffentliche und politische Raum ist nicht der deine, du brauchst keine Macht – und wenn du sie wolltest, wirst du keine erhalten.«

Da hilft es auch nicht viel, dass die Vereinten Nationen bereits 1979 ein Übereinkommen zur »Beseitigung jeder Form von Diskriminierung der Frau« (abgekürzt CEDAW – Convention on the Elimination of All Forms of Discrimination against Women) verfasst haben. Denn diese wunderbare Idee der Gleichstellung und Gleichbehandlung weltweit ist nie in Kraft gesetzt worden. Erstens haben nicht alle Länder in den Vereinten Nationen unterzeichnet – da beginnt es schon! Zweitens sind viele der Unterzeichner meilenweit von der Gleichberechtigung von Männern und Frauen entfernt. Dabei ist eines klar und unbestritten: Nur wenn die Gleichberechtigung umgesetzt ist, wird es ein Ende der Gewalt gegen Frauen geben.

Was ist nur mit uns Menschen los? Da verfassen wir wunderbare, kluge Papiere zu Gleichberechtigung, gegen Diskriminierung, gegen Gewalt. Die UNO formulierte 1993 in unnachahmlichem Juristendeutsch: »Jede Tat, die zu einem körperlichen, sexuellen oder psychischen Schaden oder Leiden von Frauen führt oder dazu zu führen droht, einschließlich der Androhung solcher Taten, Zwang oder willentlichem Freiheitsentzug, unabhängig davon, ob sich dies im privaten oder im öffentlichen Bereich ereignet«, sei Gewalt. Es ergeht später eine Resolution des Weltsicherheitsrates, dazu kommen die Papiere der Aktionsplattform der Weltfrauenkonferenz von Peking 1995. Der UN-Sicherheitsrat verabschiedete 2008 die Resolution »Women, Peace and Security: Sexual Violence in Situations of Armed Conflicts (Frauen, Friede und Sicherheit: Sexuelle Gewalt in Waffen-Konflikten)«. Darin werden erstmals (!) Vergewaltigungen und andere Formen sexualisierter Gewalt als Kriegsverbrechen und Verbrechen gegen die Menschlichkeit anerkannt. Das Jugoslawien-Tribunal sprach 2009 (17 Jahre nach Kriegsende!) die ersten Urteile gegen Kriegsverbrecher und Vergewaltiger.

Noch immer aber fehlt im internationalen Völkerrecht ein Rechtsschutz für die betroffenen Frauen. Damit die Täter konsequent und bedingungslos in allen Ländern verfolgt und vor Gericht gestellt werden können. Leider existiert in so vielen Staaten gar keine funktionierende Gerichtsbarkeit. Wie zum Beispiel im Kongo. Wie in Indien, wo Verfahren Jahrzehnte dauern können. Dazu sind sie immens teuer. Also von einem ganz normalen Bürger gar nicht zu bezahlen. In anderen Ländern, überwiegend in den muslimisch geprägten, wird nach der Scharia geurteilt und nicht nach einer demokratischen Gesetzgebung. Das gilt bis heute in Afghanistan.

Eine friedliche Welt als Zukunft? Solange die Männer das Sagen haben, die Macht ausüben, solange können wir nur davon träumen. Leider.

EPILOG

Ein Aufruf zu Demonstration,
Streik, Verweigerung:
Damit sich etwas ändert in der Welt

Eineinhalb Jahre habe ich recherchiert. Bin in die Länder gereist, von denen die UN sagt, sie seien für Frauen die gefährlichsten der Welt: Afghanistan, Indien und Ost-Kongo. Habe den Frauen zugehört, sie ausgefragt, mit ihnen Lösungen diskutiert. Ihre Verzweiflung erlebt, ihre Machtlosigkeit. Aber auch ihren Mut gespürt und vor allem: ihre Wut über die fehlende Gleichbehandlung als Frau und Mädchen.

Mit dem Blick auf das Ganze, der Erkenntnis, dass sich nicht schnell etwas ändern wird, komme ich immer wieder zum Ergebnis, dass Bildung der Schlüssel ist zu allem. Bildung für Mädchen und Jungen gleichermaßen. Damit sie eines Tages auch die gleichen Chancen haben. Mädchen, die lesen und schreiben können, werden argumentieren, werden diskutieren und sich, wenn nötig, gegen Ungerechtigkeiten wehren. Kinder haben da ein sehr gutes Gespür. Und hier geht es los.

Wenn junge Frauen einen Beruf erlernen können, wenn sie studieren, eigenes Geld verdienen und nicht abhängig sind von einem Vater, von einem Ehemann und von Schwiegereltern – dann wird man sie auch nicht mehr schlagen, treten, anzünden und umbringen. Denn dann sind sie etwas »wert«.

Mädchen und Frauen, die ihren »Wert« kennen, weil sie ihn erwirtschaften durch eigene Arbeit, werden sich in der Gesellschaft einbringen. Vielleicht erst einmal in Frauengruppen, aber später dann in der Kommune, in einem Parlament. Sie werden entscheiden, was mit dem Geld dort passiert. Ob Kindergärten gebaut werden oder Brücken. Ob die Schulen vergrößert werden müssen oder das Büro des Bürgermeisters. Sie werden bei Abstimmungen für ihre Familien entscheiden, für die Kinder des Dorfes, der Stadt. Für die Menschen – und nicht dagegen.

Junge Frauen werden, wenn sie gebildet sind, über Empfängnisverhütung Bescheid wissen. Ich erinnere noch sehr gut, wie interessiert und gespannt die einfachen Frauen in einem Dorf mitten in Afghanistan waren, als ich von der Pille erzählte. Denn auch das ist klar: Keine Frau der Welt will Jahr für Jahr Kinder gebären, die sie womöglich nicht ernähren kann.

Gebildete Frauen schicken ihre Kinder in die Schule. Auch ihre Töchter. Gerade weil sie wollen, dass diese bessere Chancen haben als sie selbst. Wenn Eltern in den Entwicklungsländern wenig Geld haben und nur ein Kind zur Schule gehen kann, dann ist das in der Regel der Junge. Weil zum einen der Vater darüber entscheidet, da er das Geld hat, und weil er zum zweiten nicht den »Garten eines anderen Mannes wässern will«, wenn er seine Tochter verheiratet.

Ein weiterer wichtiger Punkt, warum Mädchen lesen und schreiben lernen und einen Beruf ergreifen sollten: Es ist erwiesen und wissenschaftlich belegt, dass Frauen ihre eigenen Bedürfnisse und weniger wichtige Investitionen zurückstellen und der Ernährung der Familie Vorrang einräumen, auch und gerade wenn Nahrungsmittel knapp sind. Nach einer UNICEF-Umfrage in Kamerun geben Frauen aus dem eigenen Einkommen 84 Prozent aus, um die Lebensmittelvorräte der Familie zu finanzieren, um also ihre eigene Familie zu ernähren. Männer dagegen wollen hier höchstens 22 Prozent ihres eigenen Einkommens abgeben.

Wir, die Frauen in den Industrienationen, haben eindeutig mehr Chancen als zum Beispiel die Frauen in Afghanistan, Indien oder im Ost-Kongo, die ich besucht habe. Denn für unsere Rechte haben einst unsere Großmütter und Mütter heftig gekämpft: für das Recht auf Schulbildung, auf Studium, auf freie Berufswahl und für das Wahlrecht.

Hierzulande gelingt es ganz allmählich, dass Frauen in die Entscheidungspositionen gelangen. Um auf der politischen Ebene Dinge zu bewegen und zu verändern. Im Gemeinderat, im Kreistag, Stadtrat, im Landtag und Bundestag der jeweiligen Länder. Auch in den europäischen Gremien und bei den UN in den Vereinigten Staaten von Amerika. Hier überall können Frauen dafür sorgen, dass die reichlich vorhandenen Gelder fair verteilt werden. Sie können in den Gremien für Frieden votieren und gegen Kriege stimmen. Für Gleichheit und Gerechtigkeit kämpfen. In Deutschland müssen wir längst nicht mehr fragen, ob wir einen Beruf ausüben dürfen. Wir können die Scheidung einreichen, bei häuslicher Gewalt in ein Frauenhaus laufen, den Mann anzeigen und unser Leben eigenverantwortlich gestalten.

Wie man es dreht und wendet: Bildung für Mädchen und Frauen ist der Schlüssel zur Gleichberechtigung, zur fairen Teilhabe an der Welt – und damit auch der Schlüssel zu einem Ende jeglicher Gewalt. Denn gebildete Frauen können nicht nur reden und sich wehren. Sie können notfalls demonstrieren. Mit Argumenten gegen Unrecht und Gewalt. Wie im Taliban-geprägten Kandahar in Afghanistan.

Dort sind während meines Besuches zum ersten Mal in der afghanischen Geschichte im Süden des Landes die Frauen auf die Straße gegangen. In der Burka zwar, aber immerhin. Die Zeitungen haben mit Fotos und langen Texten über diese »Ungeheuerlichkeit« berichtet. Die Frauen forderten von der Regierung mehr Schutz für sich selbst und für die wenigen weiblichen Politikerinnen. Denn gerade erst war eine Ministerin durch ein Bombenattentat in ihrem eigenen Auto ums Leben gekommen.

Was die Afghaninnen getan haben, sollten alle Frauen tun, wenn sie unterdrückt, geschlagen, vergewaltigt und missbraucht werden: sich wehren und kämpfen. Wie unsere Großmütter. Auf die Straße gehen, wie schon die Mütter in Argentinien gegen das Vergessen ihrer entführten Söhne durch die Militärjunta. Notfalls streiken und sich verweigern, wie einst die Griechin Lysistrata mit ihren Mitkämpferinnen, weil die Männer den 20-jährigen Peloponnesischen Krieg nicht beendeten. Laut der Geschichtsschreibung hat die weibliche Verweigerung des Liebesaktes tatsächlich zum Ende der kriegerischen Auseinandersetzungen geführt.

Wir müssen auf die Straße gehen wie die Frauen in Bosnien: gegen das Schweigen der Männer zu den Massenvergewaltigungen. Wir sollten Woche für Woche schweigend auf einem belebten Platz stehen und den Menschen Plakate entgegenhalten, wie die schwarzen Frauen in Israel: für den Frieden mit den Palästinensern. Sicher, die meisten dieser Frauen haben keinen Krieg verhindert. Nur Lysistrata und ihre Mitstreiterinnen konnten einen Krieg beenden. Aber immerhin haben sie die Aufmerksamkeit der Weltöffentlichkeit auf ihre Probleme lenken können.

Außerdem müssen wir Frauen aller Länder hinein in die Männergremien, in die Männerhochburgen Einfluss gewinnen und nehmen. Notfalls die Sitzungstermine verschieben, damit es auch ins Leben von uns Frauen passt. Erste Schritte sind mit einem Weltfrauensicherheitsrat bei der UNO gemacht. Auch wenn die Konvention zur Beseitigung jeder Form von Diskriminierung der Frau (CEDAW) noch nicht konsequent umgesetzt wird. Sie ist zumindest formuliert. 181 Staaten haben sie unterschrieben. Alle vier Jahre müssen die Beteiligten Bericht erstatten über die Situation der Frauen in ihrem Land. (Deutschland hinkt beim Abgeben des Berichtes immer etwas hinterher.)

Auch das Statut des Internationalen Strafgerichtshofes, das sexuelle Gewalttaten und Vergewaltigung in seine Definition von Kriegsverbrechen und Verbrechen gegen die Menschlichkeit aufgenommen hat, gilt als großer Erfolg. Zu verdanken ist es einem internationalen Netzwerk von renommierten Juristinnen. Nicht zu vergessen, dass der Sicherheitsrat die Resolution 1325 verabschiedet hat, in der es um die Notwendigkeit geht, Frauen bei der Regelung internationaler Konflikte, bei Friedensverträgen und beim Wiederaufbau nach Beendigung eines Konfliktes zu berücksichtigen. Und dass seit der Weltfrauenkonferenz in Peking 1995 in fast allen Ländern Gesetze verabschiedet wurden, die im politischen und öffentlichen Bereich eine zunehmende Beteiligung von Frauen möglich machen – auch das ist ein Schritt nach vorne, in die richtige Richtung.

Und noch etwas: Gebildete Mädchen, gebildete Frauen sorgen in ihrer Heimat dafür, dass es mit dem ganzen Land aufwärts geht. Mit ihrem Einkommen verbessern sie das Bruttosozialprodukt. Alle gewinnen, auch die Söhne und Väter. Bangladesch ist dafür ein gutes Beispiel. Früher, als es noch Ost-Pakistan hieß, war das Land arm und die Lebensumstände unsicher. Heute hat das von Pakistan getrennte Bangladesch viel in die Bildung von Mädchen und Frauen investiert. Jedes Mädchen geht dort zur Schule. In Pakistan dagegen wird Mädchen wie Malala in den Kopf geschossen, weil sie Bildung für alle pakistanischen Mädchen forderte.

Damit ist klar: Länder, die ihre Mädchen und Frauen nicht fördern, stehen erwiesenermaßen am unteren Ende der weltweiten Armutsliste. Und Armut gebiert zusätzlich Gewalt. Auch das ist leider nicht neu.

Unabhängig von der Forderung nach Bildung für alle Mädchen dieser Welt bleibt der Wunsch nach Frieden. Das vereint, so denke ich, so hoffe ich, die Mehrheit der Menschen. Männer und Frauen gleichermaßen. Aber: Immer noch töten Soldaten in derzeit weltweit 38 Kriegen. Die Opfer, wie so oft: vor allem Frauen und Kinder. Darum ist neben der Forderung nach Bildung ein Einsatz von uns Frauen für eine friedlichere Welt dringend nötig und das Gebot der Stunde.

Wir müssen uns für Frieden einsetzen, weil vor allem wir es sind, die unter Kriegen leiden. Denn Kriege sind die größten Feinde der Emanzipation. Militarismus und Patriarchat dagegen die üblen Geschwister. Dabei ist klar: Friede – als Gegenteil von Krieg – kann immer nur erreicht werden, wenn Männer und Frauen über alle Grenzen hinweg zusammenwirken. Wenn Frauen so viel wert sind wie Männer. Mädchen so viel wie Jungen. Wenn Rassen, Völker, Klassen und Religionen nicht mehr trennend erlebt werden.

Wenn es keinen Krieg mehr gibt, verschwindet die Gewalt. Gewalt ist ja im Umkehrschluss zusammen mit Mord, der Unterdrückung eines Geschlechts, eines Volkes, einer Rasse und Klasse wiederum die Zündschnur für einen weiteren Krieg. Ein Teufelskreis. Den gilt es zu durchbrechen. Sonst wird es nichts mit einem friedlichen Leben. Vor allem aber: mit dem Ende von weltweitem Terror gegen Mädchen und Frauen.

DANKE!

Sehr viele Menschen haben mich unterstützt, sodass ich dieses Buch schreiben konnte. Sie haben mich beraten, informiert, hin und wieder gewarnt. Mir bei Grenzübertritten geholfen, sensibel und klug übersetzt. Mich bewahrt vor zu großen Fehlern gegenüber der Kultur ihres Landes. Und vor allem haben sie immer eines: mein Buchprojekt unterstützt, im Kampf gegen Gewalt an Frauen. Ihnen allen an dieser Stelle ein herzliches Danke:

IN AFGHANISTAN
der Übersetzerin Mariam Alimi, Humaira Rasuli von Medica Afghanistan.

Alistair Gretarsson und Peter Crowley von UNICEF Afghanistan.

IN INDIEN
Bindu Lall als Producerin, Übersetzerin und perfekte Organisatorin.

Suman Nalwa von der Spezialeinheit der indischen Polizei für Frauen und Kinder.

IM OST-KONGO
Berta Travieso und Ndiaga Seck von UNICEF DRC, die mich in einem Kokon aus Fürsorge und Vorsicht vor Ungemach bewahrt haben.

IN DEUTSCHLAND
Beate Jung und Christian Schneider von UNICEF Deutschland in Köln, die mir stets hilfreich bei allen internationalen Kontakten zur Seite standen.

Dr. Monika Hauser von Medica Mondiale, die mir seit den Vergewaltigungen in Bosnien stets unterstützend zur Seite steht und gerne ihre Kontakte mit mir teilt.

Peter Müller und Christian Spreitz, Fotografen aus dem Hause *Bild* und *Bild am Sonntag,* die neben ihrer guten Laune, gepaart mit stets hilfreicher Unterstützung, wunderbare Fotos beigesteuert haben.

Thomas Montasser, meinem Agenten, der als Erster diesem Thema der weltweiten Gewalt gegen Frauen eine Chance zur Veröffentlichung einräumte und mich bei den langen Recherchen und beim Schreiben stets ermutigt hat.

Meinem Mann Klaus Häusler, der aus Sorge um mich sogar mit in den Ost-Kongo geflogen ist, die Impfarien über sich hat ergehen lassen und mir später, beim Schreiben des Buches, hunderte Tassen Kaffee und Tee gekocht hat.

Den beiden klugen und hilfreichen Lektorinnen Ellen Venzmer von Random House und Ruth Wiebusch vom Textbüro, die beide mit viel Einfühlungsvermögen das Manuskript abgerundet haben.

LITERATURVERZEICHNIS

Abd al-Rahman al-Dschaziri: Kitab al-fiqh 'ala l-madhahib al-arba'a, Bd. V, S. 48, in: Nagel, Tilman: Das islamische Recht. Eine Einführung, WVA-Verlag, 2001

Afghanistan Independent Human Rights Commission, Peace, Reconciliation, and Justice in Afghanistan, Action Plan of the Government of the Islamic Republic of Afghanistan, 6.–7. Juni 2005
http://www.aihrc.org.af/media/files/Reports/Thematic%20 reports/Action_Pln_Gov_Af.pdf (01.06.2014)

Afghanistan-Konferenz. Zusammenarbeit für die Zukunft des Landes, Focus online, 2. November 2011
www.focus.de/politik/weitere-meldungen/afghanistan-konferenz-zusammenarbeit-fuer-die_zukunft-des-landes_ aid_680631.html (01.06.2014)

Afghan Women's Network, Reaction from Afghan Women Civil Society Leaders to the Communiqué of the London Conference on Afghanistan, 29. Januar 2010
http://peacewithjustice4afghanistan.blogspot.de/2010/ 01/afghan-women-react-to-london-conference.html (01.06.2014)

A miracle to Bukavu. Meet Dr. Denis Mukwege, founder of the Panzi Hospital in Bukavu, Congo, Panzi Hospital Foundation USA, 2014
www.panzifoundation.org/DrMukwege.aspx (01.06.2014)

Asefaw, Fana: Weibliche Genitalbeschneidung: Hintergründe, gesundheitliche Folgen und nachhaltige Prävention, Ulrike Helmer Verlag, 2008

Asia Society, Clinton to Taliban: Dump al-Qaida or ›Face Consequences‹, 18. Januar 2011 http://asiasociety.org/clinton-taliban-dump-al-qaida-or-face-consequences (01.06.2014)

Auswärtiges Amt, Abzugsperspektive sichtbar, 22. März 2011
http://www.auswaertiges-amt.de/DE/Aussenpolitik/
RegionaleSchwerpunkte/AfghanistanZentralasien/
AktuelleArtikel/110322-Transition.html?nn=382590 (01.06.2014)

Bhandare, Namita:/I Will Vote as a Woman, *Hindustan Times,*
06.12.2013
www.hindustantimes.com/comment/
namitabhandare/i-will-vote-as-a-woman/article 1–1159972.
aspx (01.06.2014)

Braeckman Colette: L'homme qui répare les femmes, GRIP
André Versaille Eds, 2012

Bundesministerium für Wirtschaftliche Zusammenarbeit
und Entwicklung: Was wir machen. Afghanistan, September
2011
www.bmz.de/de/was_wir_machen/laender_regionen/asien/
afghanistan/profil.html (01.06.2014)

Bundesregierung, Fortschrittsbericht Afghanistan zur Unter-
richtung des Deutschen Bundestags, Dezember 2010
http://dip21.bundestag.de/dip21/btd/17/042/1704250.pdf
(01.06.2014)

CARE Canada: Looking for Leadership. Women's Empowerment and Canada's New Role in Afghanistan, Oktober 2010
www.care.ca/sites/default/files/files/publications/
Looking%20for%20Leadership%20compressed%281%29.pdf
(01.06.2014)

Clammer, Paul, et al.: Afghanistan. Lonely Planet Publications, 2007

Dangwal, Parnesh: I Dare. Kiran Bedi – a Biography, UBS Pub-
lishers Distributors, 1995

Danieli, Yael: International Handbook of Multigenerational
Legacies of Trauma, Springer, 1998

Die Bundeswehr: Entscheidung in Afghanistan. Interview mit
Generalmajor Dieter Warnecke, in: *Die Bundeswehr,* März 2014

Dirie, Waris: Wüstenblume, Droemer/Knaur Verlag, 2007

Drakulić, Slavenka: Keiner war dabei: Kriegsverbrechen auf
dem Balkan vor Gericht, Paul Zsolnay Verlag, 2004

D'Souza, Shanthie Mariet: The Afghan Peace Jirga. Is an end
in sight?, Institute of South Asien Studies, No. 105,
5. Juli 2005
http://www.isn.ethz.ch/Digital-Library/Articles/
Detail/?ots591=0c54e3b3-1e9c-be1e-2c24-
a6a8c7060233&lng=en&id=118492 (01.06.2014)

Faleiro, Sonia: The Dowry Murder, *The New York Times,*
01.01.2013

Frogh, Wazhma: Will the Afghan Government's Reintegration
and Reconciliation Efforts Bring Peace to Afghanistan?,
Lowy Institute for International Policy, 17. Juni 2010
http://www.lowyinstitute.org/files/pubfiles/Frogh%2C_
Will_the_Afghan.pdf (01.06.2014)

Fromm, Erich: Anatomie der menschlichen Destruktivität,
rororo, 1996

Gantenbrink, Nora: Schockschwerenot, *Stern,* 1. August 2013

Gettleman, Jeffrey: Chaos in the Congo, *The New York Times,*
15. Oktober 2007

Gettleman, Jeffrey: Rape Epidemic Raises Trauma of Congo
War, Interview mit Dr. Denis Mukwege, *The New York Times,*
07. Oktober 2007

Global Rights Afghanistan: Living with Violence – A National
Report on Domestic Abuse in Afghanistan, März 2008
http://www.globalrights.org/sites/default/files/docs/final_
DVR_JUNE_16.pdf (01.06.2014)

Goma'a, Prof. Dr. Ali, Grand Mufti Al-Azhar: Beschluss zur
Mädchenverstümmelung, Hamburg/Kairo, 2006
http://www.target-human-rights.com/HP-00_aktuelles/
alAzharKonferenz/index.php/?p=2 (01.06.2014)

Government of Afghanistan, Ministry of Finance: Development
Cooperation Report 2010
www.mof.gov.af/Content/files/Development%
20Cooperation%20Report%202010.pdf (01.06.2014)

Haarr, Robin: Violence against Women, in: *Women in the World Today*, US-Außenministerium, September 2012

Herpell, Gabriela: Sie wollten uns zerstören, *SZ Magazin,* Frühjahr 2014

Hudson, Valerie M. und den Boer, Andrea M.: A Surplus of Men, A Deficit of Peace: Security and Sex Ratios in Asia's Largest States. International Security Vol. 26, No. 4, Frühjahr 2002
kar.kent.ac.ok/11430/1/surplus_men_IS_article.pdf (01.06.2014)

Human Rights Watch (a): Military Assistance to the Afghan Opposition. Human Rights Watch Backgrounder, 5. Oktober 2001
www.hrw.org/legacy/backgrounder/asia/afghan-bck1005. pdf (01.06.2014)

Human Rights Watch (b): Just Don't Call It a Militia, September 2011
www.hrw.org/sites/default/files/reports/ afghanistan0911webwcover.pdf (01.06.2014)

Inspector General, US Department of Defense: Assessment of US Government Efforts to Train, Equip, and Mentor the Expanded Afghan National Police, Report No SPO-2011-003, 3. März 2011
www.dodig.mil/SPO/Reports/ANP_FinalReport_28Feb.pdf (01.06.2014)

International Crisis Group (a): Aid and Conflict in Afghanistan, Asia Report No. 210, August 2011
http://www.crisisgroup.org/en/regions/asia/south-asia/ afghanistan/210-aid-and-conflict-in-afghanistan.aspx (01.06.2014)

International Crisis Group (b): Reforming Afghanistan's Broken Judiciary, Asia Report No. 195, 17. November 2010
http://www.crisisgroup.org/~/media/Files/asia/south-asia/ afghanistan/195%20Reforming%20Afghanistans% 20Broken%20Judiciary.ashx (01.06.2014)

Islamic Republic of Afghanistan (a): Afghan National Development Strategy, 2008
www.undp.org.af/publications/keyDocuments/ANDS_Full_Eng.pdf (01.06.2014)

Islamic Republic of Afghanistan (b): Afghanistan Peace and Reintegration Program (APRP), Juli 2010

Kämpchen, Martin: Wir sind Frauen ohne Zukunft, *Frankfurter Allgemeine Zeitung*, 04. Januar 2014

Krack, Rainer: Kulturschock Indien, Reise-Know-How-Verlag, 2013

Kristof, Nicholas D. and WuDunn, Sheryl: Half the Sky, First Vintage Books Edition, 2010

Levine, Corey: A Woman's Place is at the Peace Table. An analysis of women's participation in the Afghan peace process, Peacebuild, 23. März 2011
www.peacebuild.ca/Levine%20-%20Participation%20FINAL.pdf (01.06.2014)

Lightfoot-Klein, Hanny: Das grausame Ritual. Sexuelle Verstümmelung afrikanischer Frauen, Fischer Taschenbuch, 1993

Lindgren, Astrid: Niemals Gewalt, Dankesrede beim Erhalt des Friedenspreises des Deutschen Buchhandels, 1978
www.boersenverein.de/sixcms/media.php/806/1978_lindgren.pdf

Maaß, Citha D.: Afghanisierung der Stabilisierungsstrategie, in: Schmidt, Peter (Hg.): Das internationale Engagement in Afghanistan – Strategien, Perspektiven, Konsequenzen, SWP-Studie, August 2008, S. 13–30
http://www.swp-berlin.org/fileadmin/contents/products/studien/2008_S23_smt_ks.pdf (01.06.2014)

medica mondiale: Zehn Jahre internationaler Afghanistan-Einsatz. Positionspapier medica mondiale, November 2011

Meier-Seethaler, Carola: Gefühl und Urteilskraft: Ein Plädoyer für die emotionale Vernunft, C.H. Beck, 2001

National Priority Project: Cost of War to the United States,
www.costofwar.com/en/ (01.06.2014)

NATO Training Mission Afghanistan: Professionalizing the
ANP. Extending Basic Patrolmen Training, 4. Oktober 2011
http://ntm-a.com/archives/7127 (01.06.2014)

Ngungu, Jeanine Gabrielle: The Screams of Congolese Women,
Rede vor den Vereinten Nationen, VDAY 2014
www.vday.org/vmoment/congo (01.06.2014)

Ockrent, Christine (Hrsg.): Das Schwarzbuch zur Lage der
Frauen, Pendo Verlag, 2007

Oldenburg, Talwar Veena: Dowry Murder – The Imperial
Origins of a Cultural Crime, Oxford University Press, 2003

Open Society Foundations – Regional Policy Initiative on Afghanistan and Pakistan, The Cost of Kill/Capture: Impact of the
Night Raid Surge on Afghan Civilians, Executive Summary,
19. September 2011
www.soros.org/initiatives/washington/articles_
publications/publications/the-cost-of-kill-captureimpact-
of-the-night-raid-surge-on-afghan-civilians-20110919/
Night-Raids-Report-FINAL-092011.pdf (01.06.2014)

Oxfam: No Time to Lose. Promoting the Accountability of the
Afghan National Security Forces, Joint Briefing Paper,
Mai 2011
www.oxfamnovib.nl/Redactie/Downloads/Rapporten/
No%20Time%20to%20Lose-20110510.pdf (01.06.2014)

Phoolan, Devi: Die Rebellin, Laika Verlag, 2012

Project 2049 Institute: The Police Challenge. Advancing Afghan
National Police Training, 13. Juni 2011
www.project2049.net/documents/police_challenge_
advancing_afghan_national_police_training.pdf
(01.06.2014)

Rahman, Shaik Azizur: Sexuelle Ausbeutung in Indien, *Stern,*
11. März 2008

Reuters: Billions spent on Afghan police but brutality, corrup-
tion prevail, 24. August 2011

http://www.reuters.com/article/2011/08/24/us-afghanistan-police-crime-idUSTRE77N10U20110824 (01.06.2014)

Rosen, Armin: The Origins of War in the DRC, *The Atlantic,* 26. Juni 2013
http://www.theatlantic.com/international/archive/2013/06/the-origins-of-war-in-the-drc/277131/ (01.06.2014)

Rubin, Alissa J.: Afghan Proposal Would Clamp Down on Women's Shelters, The *New York Times,* 10. Februar 2011
www.nytimes.com/2011/02/11/world/asia/11shelter.html?pagewanted=all (01.06.2014)

Ruttig, Thomas: The Ex-Taleban on the High Peace Council. A renewed role for the Khuddam ul-Furqan?, The Afghanistan Analysts Network, 2010
http://www.afghanistan-analysts.net/uploads/20101020TRuttig_ExT_in_HPC.pdf (01.06.2014)

Sahebjam, Freidoune: Die gesteinigte Frau, rororo, 1994

Save the Children, Champions for Children. State of the World's Mothers, Mai 2011 www.savethechildren.org/atf/cf/%7B9def2ebe-10ae-432c-9bd0-df91d2eba74a%7D/SOWM2011_FULL_REPORT.PDF (01.06.2014)

Schefter, Karla: Ich gebe die Menschen nicht auf: Afghanistan, ein Land ohne Hoffnung? Rowohlt Verlag, 2011

Schmölzer, Hilde: Der Krieg ist männlich – ist der Friede weiblich? Verlag für Gesellschaftskritik, 1996

Scholl-Latour, Peter: Das Schlachtfeld der Zukunft, Siedler Verlag, 1996

Seifert, Ruth: Krieg und Vergewaltigung. Ansätze zu einer Analyse, Sozialwissenschaftliches Institut der Bundeswehr, 1993
http://www.mgfa-potsdam.de/html/einsatzunterstuetzung/downloads/ap076.pdf?PHPSESSID=92bb8 (01.06.2014)

Sieff, Kevin: Afghan women doubt gains despite role on peace council, *The Washington Post,* 14. August 2011
http://www.boston.com/news/world/middleeast/articles/2011/08/14/afghan_women_doubt_gains_despite_role_on_peace_council/ (01.06.2014)

Sieff, Kevin: Afghan women opposed by former allies, *The Washington Post,* 25. Juli 2011
www.washingtonpost.com/world/asia-pacific/afghan-women-opposed-by-formerallies/2011/07/17/gIQACR0iYI_story_1.html (01.06.2014)

Small Arms Survey: DD&R in Afghanistan – Wenn Staatenbildung und Unsicherheit kollidieren, 2009
www.smallarmssurvey.org/fileadmin/docs/A-Yearbook/2009/ge/Small-Arms-Survey-2009-Chapter-09-summary-GE.pdf (01.06.2014)

Spiegel Online (a): Bundeswehr bleibt einsatzbereit – dank Amerika, 6. Oktober 2011
www.spiegel.de/politik/ausland/0,1518,790375,00.html (01.06.2014)

Spiegel Online (b): Londoner Konferenz. Afghanistan soll über Hilfsgelder bestimmen, 28. Januar 2010, www.spiegel.de/politik/ausland/0,1518,674634,00.html (01.06.2014)

Spiegel Online (c): Uno streicht 14 Taliban von Sanktionsliste, 16. Juli 2011
http://www.spiegel.de/politik/ausland/weltsicherheitsrat-uno-streicht-14-taliban-von-sanktionsliste-a-774857.html (01.06.2014)

Spiegel Online (d): Weichenstellungen in Kabul. Was die Afghanistan-Konferenz beschlossen hat, 20. Juli 2010, www.spiegel.de/politik/ausland/0,1518,707519,00.html (01.06.2014)

Steinberger, Karin: Wo Frauen nichts wert sind, *Süddeutsche Zeitung,* 16. Januar 2014

Steiner, Michael: Afghanistan – warum wir uns weiter engagieren, in: *Die Bundesregierung, Magazin für Europa und Internationales,* Nr. 1, Januar 2011
http://www.bundesregierung.de/Content/DE/Magazine/03MagazinEuropaInternationales/2011/01/Doorpage-1.html?context=Inhalt%2C0 (01.06.2014)

Stiebitz, Antje: Frauenrechte in Indien. Interview mit Geetanjali Shree, *Tagesspiegel,* 4. Februar 2013

The London Conference on Afghanistan: The Afghanistan Compact, 31.01.–01.02.2006 www.nato.int/isaf/docu/epub/pdf/afghanistan_compact.pdf (01.06.2014)

Ulbert, Cornelia: Human Security als Teil einer geschlechtersensiblen Außen- und Sicherheitspolitik, in: Sicherheit und Frieden, Nr. 1, 2005, S. 20–25
http://www.sicherheit-und-frieden.nomos.de/fileadmin/suf/doc/SuF_05_01.pdf (01.06.2014)

UNAMA/OHCHR (a): Silence is Violence. End the Abuse of Women in Afghanistan, 8. Juli 2009
http://unama.unmissions.org/Portals/UNAMA/v aw-english.pdf (01.06.2014)

UNAMA/OHCHR (b): Treatment of Conflict-Related Detainees in Afghan Custody, Oktober 2011
www.unama.unmissions.org/Portals/UNAMA/Documents/October10_%202011_UNAMA_Detention_Full-Report_ENG.pdf (01.06.2014)

UNAMA/OHCHR (c): Harmful Traditional Practices and Implementation of the Law on Elimination of Violence against Women in Afghanistan, 9. Dezember 2010
www.unama.unmissions.org/Portals/UNAMA/Publication/HTP%20REPORT_ENG.pdf (01.06.2014)

UNICEF: State of the world's children UNDP 2011, Human Development Report Ministry of Education EMIS WHO/UNICEF Joint Monitoring Plan, 2012

United Nations Assistance Mission in Afghanistan: Afghanistan Midyear Report 2011. Protection of Civilians in Armed Conflict, Juli 2011
www.unama.unmissions.org/Portals/UNAMA/Documents/2011%20Midyear%20POC.pdf (01.06.2014)

United Nations Development Programme Afghanistan (a): Annual Report, 2010
www.undp.org.af/Publications/KeyDocuments/2011/june/UNDP%20Afghanistan%20Annual%20Report%202010.pdf (01.06.2014)

United Nations Development Programme Afghanistan (b): Afghanistan Peace and Reintegration Programme (APRP) – UNDP
Support, Second Quarter Progress Report 2011, Mai 2011
www.undp.org.af/Projects/Report2011/APRP/2011-07-25-%
20Second%20Quarter%20Progress%20Report%20of%20APRP.
pdf (01.06.2014)

United Nations Development Programme: Human Development
Index (HDI – Index für menschliche Entwicklung), 2013
http://hdr.undp.org/en/data (01.06.2014)

United States Agency International Development Afghanistan:
Budget and Obligations, 14. Januar 2010 Afghanistan.usaid.
gov/en/about/budget (01.06.2014)

United States Agency International Development: English
Translation. Shiite Personal Statute Law, April 2009
www.unhcr.org/refworld/pdfid/4a24ed5b2.pdf (01.06.2014)

United States Institute of Peace: Afghanistan's Police. The Weak
Link in Security Sector Reform, Special Report, August 2009
www.usip.org/files/afghanistan_police.pdf (01.06.2014)

UNO: CEDAW-Law 1993, Ausführungen zu Gewalt gegen
Frauen

Vishal, Chandra: The Evolving Politics of Taliban Reintegration and Reconciliation in Afghanistan, in: Strategic
Analysis, No. 35, Vol. 5, September 2011, S. 836–848

Von Welser, Maria: Am Ende wünschst du dir nur noch den
Tod, Droemersche Verlagsanstalt Th. Knaur, 1993

Voykowitsch, Brigitte: Göttingen und Frauenrechte – Indiens
Töchter. Picus Reportagen, Picus Verlag, 2000

Waldman, Matt: Golden Surrender? The Risks, Challenges and
Implications of Reintegration in Afghanistan, Afghanistan
Analysts Network Discussion Paper, März 2010
www.aan-afghanistan.com/uploads/2010_AAN_Golden_
Surrender.pdf (01.06.2014)

Willemsen, Roger: Afghanische Reise, Fischer Taschenbuch
Verlag, 2007